さよなら！ハラスメント

小島慶子・編

自分と社会を変える11の知恵

晶文社

装　丁　佐藤亜沙美（サトウサンカイ）
イラスト　澤 里佳

さよなら！　ハラスメント　目次

はじめに

二〇一七年にアメリカの映画業界の大物プロデューサー、ハーヴェイ・ワインスタイン氏のセクハラを複数の女性が告発したことで一気に広まった＃ＭｅＴｏｏの動き。日本にもそのうねりが及び、ジャーナリストの伊藤詩織さんが自らの性暴力被害を告白し、さらに人気ブロガーのはあちゅうさんも続きました。彼女たちの勇気に共感する声があがる一方で、売名行為だとか本人に原因があるなどのバッシングがネットなどで広がり、深刻な二次被害を生みました。勇気を出して声をあげた人が支援されるどころか、袋叩きにされるような社会はおかしいと考える人が増えたものの、なかなか大きな動きにはなりませんでした。

二〇一八年に入ってからも＃ＭｅＴｏｏへの関心は消えることなく、しかしそれ以上に高まることもない状況を見て、性暴力被害者の支援を行っている人たちと伊藤詩織さんが中心となって＃ＷｅＴｏｏ Ｊａｐａｎという呼びかけが立ち上げられました。命名したのは伊藤さん。「私も被害にあいました」と声をあげることに抵抗が強い日本で、ハラスメントや性暴力被害にあった人を一人にしないためには「私たちもこのハラスメントや性暴力を黙認している社会を変えるために何かをします」という輪を広げることが大事ではないか、という思いが込められているそうです。

私もこの取り組みにはとても共感しました。というのも、これまでハラスメントを受けてもそれがハラスメントだと気づいていなかったり、いやだなと思っても受け流したりしてきたことがあると気づいたからです。それだけでなく、自分が普通だと思って行っていたコミュニケーションが実はハラスメントになっていたのかもしれないと思い当たったこともありました。被害者であり傍観者であり時には加害者でもあった自分に気がついて、悔やむ気持ちが湧きあがりました。そんな自戒も込めて「もうやめよう」と呼びかけることにしたのです。

ハラスメントや性暴力の被害にあっても泣き寝入りをする人を生まないためには、「それはあってはならないことだ」という社会の合意を作ることがとても大切です。ではどうやってその合意を作ればいいのか？　そのためにはどんな事実を知るべきなのか？

これを機に、たくさんの人に伺ってみようと思いました。様々な分野から、深い知見を述べてくださった一一人のみなさん。その裏にはそれぞれに個人的な動機もありました。読むとなんだか力が湧いてきます。どの章から読んでも構いません。どうすればハラスメント社会とさよならできるのか、一緒に考えてみませんか。

小島慶子

怒るのは悪いことか？

小説家

桐野夏生

NATSUO KIRINO

一九五一年生まれ。九三年『顔に降りかかる雨』で江戸川乱歩賞、九七年『ＯＵＴ』で日本推理作家協会賞、九九年『柔らかな頬』で直木賞、二〇〇三年『グロテスク』で泉鏡花文学賞、〇四年『残虐記』で柴田錬三郎賞、〇五年『魂萌え！』で婦人公論文芸賞、〇八年『東京島』で谷崎潤一郎賞、〇九年『女神記』で紫式部文学賞、一〇年『ナニカアル』で島清恋愛文学賞、一一年『ナニカアル』で読売文学賞を受賞。一五年秋の紫綬褒章を受章。近著に『路上のX』『ロンリネス』。他、著書多数。

家を出たくて結婚した

小島 桐野さんと武田（砂鉄）さんがハラスメントについて話している雑誌の対談記事を拝読して、ぜひともお話をうかがいたいと思い、ご連絡を差し上げました。砂鉄さんとの対談の中でおっしゃっていた、怒るということの大切さは、とても重要なことだと思います。

桐野 私、怒りんぼうなんですよ（笑）。他人の無礼にものすごく敏感だし、子どもの頃からフェアでないことがすごく嫌だった。もちろん自分のことだけでなく、他人のこうむるアンフェアも。だからいつもぷんぷん怒っているんです（笑）。

小島 なぜ不公平が嫌だったんですか。

桐野 三人兄弟の真ん中で、兄と弟と対等にやっていたからじゃないでしょうか。私は六七歳になりますが、六〇年ぐらい前の日本は教育環境を含め社会全体が男性中心で、男尊女卑なんてものじゃなかったから、なにかと引っかかってきたのだと思います。

小島 ご家庭でご両親に「女の子なんだからやめなさい」とか言われていましたか。

桐野 それはなかったのですが、やはり兄や弟とは違うんですよ。どうせお嫁に行って、妻として母として生きていくんだ、と最初から女の子のレールが敷かれていることは感じ取っていました。そもそも女性の仕事なんて多くはありませんでしたしね。でも母には、「夫が死んだら生きていけなくなるから、ピアノを習ってピアノ教師になれ」とか、そういうことはよく言われました。

小島 お母様はお仕事されていなかったのですか。

桐野 完全な専業主婦です。でも、不安だったのではないでしょうか。夫と子どもが三人、姑も同居という六人家族ですから、家事労働も大変だったと思います。私は母みたいになりたくないと思って育ちました。

小島 お母様はつらそうでしたか。

桐野 つらかったと思います。当時は姑との同居は当然でしたが、それも相当嫌だったでしょうね。

小島 桐野さんご自身は二四歳で結婚されたのですね。

桐野 ええ、そうです。その頃は普通でしたね。

小島 二五までに結婚しようと決めていらしたんですか？　〝適齢期〟のうちに、とか。

桐野 いえ、ぜんぜん。私は家を出たくて、学生時代に知り合った夫と、「面倒くさいから結婚しちゃおうか」みたいな感じでした。実家が東京だとなかなか家を出られないじゃないですか。この際結婚して出ちゃおうと思って。

女がなぜこんな目にあうのか

小島 桐野さんは大学卒業後、最初にお勤めになったのが、岩波ホールだったんですよね。

桐野 はい。創立時からの総支配人、高野悦子さんがいらした時代です。高野さんは女性を雇うときは「東京にお家のある方」とおっしゃるんです。要するに、激務で夜も遅くなるから、家のことは母親にやってもらえということなんです。母は専業主婦でしたからそれでもよかったのですが、自分は家で何もしないで仕事ばかりするのって、おかしいと思うわけですよ（笑）。男と同じになれということか、と。それでなんとなくうまくいかなくなって、一年ほどで辞めてしまいました。

小島 母親を家事労働者としてあてにするのはおかしいと。

桐野 そう。母親の労働を搾取して私がキャリアを築いていくことへの後ろめたさですよね。

小島 でも当時は、女性がバリバリ働くとなると、男性と同じように働くしかなかったのではないですか。

桐野 私が入ったのは、ちょうど高野さんが『大地のうた』をはじめとするサタジット・レイ監督作品などの上映を「エキプ・ド・シネマ」として始められた忙しい年でした。チケットもぎりも含めて即戦力がほしかったようで、三月から来いと言われました。一日も休みがなく、大学の卒業式も出られませんでした。

小島 その当時の桐野さんは、ご自分も男並みにバリバリやって出世しようとお考えでしたか？

あるいは、専業主婦願望はおありでしたか？

桐野 どちらもまったくなかったですね。七〇年代の学生運動を横で見ていた世代ですから。根っからのはねっ返りなんですよ。すべてにノーと言い続けていました。

小島 私はその時代を知らないのですが、学生運動の中でも女性差別はあった、と聞きます。

桐野 性差別はどこの世界でもすごくありました。学生運動をやっている人たちも一見進歩的に見えるけど、結局、セクトの中では女の人がご飯作ったりしていました。しかも当時の男たちって、『抱く女』（新潮文庫）にも書きましたが、女の品定めを平気でやるんですよね。あの子は足が短いとか、あの子はブスだとか、平気で言いつのるのでみんな傷ついたと思います。本当に嫌な時代でした。

小島 桐野さんご自身は、女であることに居心地の悪さを感じたり、不全感を抱いたりはされましたか。

桐野 女はなんでこんなに差別されるんだろうと怒っていましたね。当時アメリカでウーマンリブという運動が出てきて、私たちのところにも届いた。その前から、もちろん女性解放運動はありましたが、リブは性的なことにも触れていて、もっと自由でした。私は「近代化と性の抑圧」というタイトルの卒論を書いていたくらいですから、女がなぜ自由に生きられないのだ、と思っていたので。

小島 中学・高校生活でも感じていたんですか。

桐野 もちろん。女は損だとずっと思っていました。一人で生きていきたくても仕事もないし、結局、家庭に入るしかないのかと。閉塞感があった。

「ルーシー・ショー」（銀行に勤めている未亡人をコメディエンヌのルーシル・ボールが演じている）というアメリカのテレビドラマをよく見ていました。彼女の一人で生きる姿を見て、アメリカの女は羨ましいと思いました。みんな仕事を持って楽しそうにしている。

小島 そういう人、周りにいなかったんですね。

桐野 いませんでしたね。親戚に独身のおばさんが一人いましたが、彼女は親戚の中では「結婚していないかわいそうな人」なんですよね。祖母がいつも「誰かいい人いませんか」と探していました。いま思えば三〇代だったと思うんですけど。仕事を持って一人で生きる女性、という人生のモデルがほとんどいなかった。だから本当に羨ましかったんです。カラフルなドレスを着て、仕事に行って、ＯＬ仲間がいて。アメリカの都会の話ではありますが、こういう世界があるんだなあ、と憧れました。

小島 「女って社会で割りを食っているよね」という感覚を共有できるお仲間は、周囲にいましたか。

桐野 大学時代には大勢いました。会を作って、それこそウーマンリブの集会も行きました。ガリ版刷り資料もどっさりあります。使えないかな、あれ（笑）。

小島 まだとってあるんですか。歴史の資料になりそうですね。

桐野 そうですね。この間、整理したら出てきたんです。ちょうどその頃、田中美津さんが「抱かれる女から抱く女へ」、つまり、自分たちは男に抱かれるだけじゃなくて、これから主体的に男も抱くんだ、と高らかにおっしゃったんですね。みんなで勉強会して、会合で会うと、「がんばろうね」と言われたりしていました。そのときは、「そうだ、がんばろう」なんて思うんですが、運動体としてはやはりむずかしい。会合に行くと「あなたみたいにミニスカートはいて、口紅つけてる女が嫌い」と言ってくる人が必ずいるんです。

小島 ああ、それは不毛ですねえ。あるべきフェミニスト像の押し付け。

桐野 いまのように、おしゃれは自分のためにするという認識がほとんどないから、「男に媚びている」というベクトルに行ってしまう人もいる。

小島 もうブラもしないぞ、と(笑)。

桐野 そうそう。ブラを燃やしたりね。だからそういうこととも戦わなければいけなかった。

小島 桐野さんは「もうブラもしない、ミニスカートもはくまい」とは思わなかったんですね。

桐野 まったく。だっておしゃれしたいもん(笑)。ちょうど日本が大衆消費社会に入りつつあったときです。私が一八、一九歳ぐらいの頃は、アメ横でリーバイスのジーンズやスニーカーを買ったりと、いまの時代にも通じる服装をしていたんです。物は今ほど豊富ではありませんでしたが、『ポパイ』や『平凡パンチ』がおしゃれをしたい若者たちに支持されていました。

小島 男にモテたくて、ミニスカートをはいていたのではなかったということですね。

桐野 単にそういう格好をしたかったんです。ツイッギーとか、カッコいいじゃないですか。あんなふうになりたくて、三七センチのミニスカートをはきました。

小島　わかります、私もそうです。水着もミニスカートも化粧もブラも、男にモテるためじゃなくて、自分が心地いいから着たいんですよ。なのにいまだに「女のおしゃれは男ウケのため」と信じている人が男性にも女性にもいるんですよね。

結婚しても自立したい

小島　退職後は、何をなさっていたのですか。専業主婦でやっていこうと思われましたか。
桐野　一歳半ぐらいの子どもを抱え、ライターをやっていました。専業主婦になりたくないというよりは、自分の収入を得ることが一番の目標でしたね。自立して、夫とは違う人生を生きたかったんです。だからともかく仕事をしなくちゃ、と。
小島　それは離婚をする前提ではなく、経済的に依存しないということですか。
桐野　そうです。だってイヤじゃないですか、買いたいものが買えないなんて。私、買い物の鬼なんです（笑）。
小島　「おまえいくら使ったんだ」とか言われたくない。
桐野　絶対言われたくない（笑）。浪費を自分で反省することはありますが、自分のお金なら仕方がない。
小島　私も、パンツ一枚でも他人のお金で買うのは嫌なんです。
桐野　その頃、放送作家組合でシナリオライティングの勉強もしていました。とにかく書くことを仕事にしたかったんです。作家という仕事に意識的になったのは二〇代後半、結婚後ですね。それまでも本は好きでしたが、文芸の世界で、自分なんかまったく通用しないだろうと思っていました。

小島　まさか桐野さんが！

桐野　書けるかどうかを、ドキドキしながら手探りしていたという感じですね。とにかく書きたかったです。シナリオ教室に通っている頃も、好きな映画を見ては「この脚本は、私のほうがうまく書けるんじゃないか」と思ったりして（笑）。そういう傲慢さと自信のなさがないまぜになっていました。いま小説が書けて、本当に幸せです。

怒りと赦しのはざまで

小島　私、桐野さんの『女神記』（角川文庫）が本当に好きなんです。女の怒りも悲しみも喜びも描かれていて、しかも古事記のイザナミ・イザナキの神話をもとに書かれているのに、女と仕事の話でもある。

　代々続く巫女の家に生まれたナミマは村の聖地を守る巫女となるが、男とともに島から出奔。でも船上で男に殺され、恨みを抱えてイザナミが女神となっている黄泉《よみ》の国に行く。黄泉には現世に未練を残した魂が集っています。なんと古事記を口承した稗田阿礼《ひえだのあれ》の魂もやってくる。稗田阿礼は、男ではなく仕事への未練ゆえに黄泉の国に堕ちたんです。男を恨んでいるイザナミとナミマとはそこが違う。しかしイザナミとナミマもまた、働く女です。イザナミは神として死者を選ぶ仕事、ナミマは黄泉の女神イザナミに使える巫女。どちらも最終的には自分で選んでいる。ほんとにもう、女の救いは仕事だな！　と思いました。私の中にも、イザナミとナミマと、稗田阿礼の三者がいるんです。イザナミは人間ではなく女神なので、怒りと恨みは自分を裏切った男神・イザナキが死んだところでおさまるものじゃない。でも、ナミマは自分を裏切って殺した男が黄泉の国に来たとき人間だから許せてしまった。稗田阿礼は男より断然仕事。三者三様でした。イザナミの悲しみは、自分に置き換えると社会構造的な怒りや恨みなんですよね。この社会で女として生きることに伴う理不尽さというか。だから個人との関係をどうにかすることで解決するものではない。でも、私も個人との関係においては、人を赦せる人間でありたいと思うんですね。いまちょっと夫に怨恨があって（笑）。その怨恨を昇華して赦すことがテーマなんです。

桐野　怨恨はしかたがないでしょう。それは赦さないほうがいいですよ。どの程度の怨恨だかわかりませんが（笑）。

小島　いやもう、ほんとにイザナミと同じくらいに恨みと悲しみが深いんですけど（笑）、とにかく『女神記』には、女の人生のすべてが詰まっている。

桐野　そういう読み方があるんですね（笑）。嬉しいです。

小島　はい。稗田阿礼になりたい気持ちと、ナミマのように男と和解したい気持ちと、イザナミのように社会に対する冷たい怒りと恨みと悲しみもあるんです。

桐野　人間は複雑な存在なので、全部あるのはしかたがないです。

小島　桐野さんは女性の感じる悲しみを醜悪さも含めてお書きになっているから、読者はみんな「ああ、自分が書かれている」と思う。桐野さんご自身の中にも、女の人の持っている面すべてというか、暗い面も書いていこうというお気持ちがあるのでしょうか。

桐野　女だけじゃなく、人間にはいろんな面があると思うんです。おっしゃったように赦せない怨恨もあれば、赦そうと思う気持ちも、愛もある。複雑だと思うんですよね。だから小説では清い山の頂と、暗い沼の底にある瘴気と両方を書いていこうと思っています。一人の人間の中に両方があるからこそ、さまざまな人との関係の中で折々に変わって色が出てくる。やっぱり人は一人じゃ生きられないし、そういう関係を楽しむしかないんじゃないでしょうか。

「空手形世代」の苦悩

桐野　失礼ですが、小島さんはおいくつなんですか。

小島　一九七二年生まれです。四六歳になりました。両親は一九三三（昭和八）年と三七（昭和一二）年生まれです。

桐野　ご両親は私よりもかなり上ですね。

小島　はい、団塊よりも上の世代ですね。姉は九歳上なので、いま五五歳です。バブルにちょっとだけかかっていて、いい女子大に入って東大生と知り合い、大手企業勤務の彼と結婚し、帝国ホテルで披露宴をやったという、まるでバブル時代の勝ち組的な人です。

桐野 私の周りにもそういう人いますよ（笑）。

小島 で、ニューヨーク転勤＆専業主婦。私は一五歳でセーラー服を着て姉の披露宴に出て、心底怖かった。お姉ちゃんみたいに幸せになれるんだろうかって。

桐野 姉妹だと、すごい抑圧があるのでしょうか。

小島 母は貧乏な東京の家の出で、高校も夜学でした。ただ美人だったので、美貌を精一杯生かして製鉄会社の役員秘書になった。そしたら丸の内で、貧乏だけど苦労して商社に入った下町出身の男性に見染められて、結婚しました。

桐野 それがお父様ですか？

小島 はい。つまり両親は貧乏な家の出でありながら、経済成長の波に乗ったことで一戸建てを持ち、二人の娘を私立大学に入れることができた。そして、そういう母の幸福論を姉は体現した人生を送っていて、私は母と姉の二人に同じ価値観をすり込まれて育ちました。世代的に桐野さんと私は二世代違いますが、見えていた息苦しさの風景は変わらないと思います。

桐野 でも、私たちの頃は、いつかは誰かと結婚して子どもも生むんだろうなというぼんやりとした道が霧の向こうに見えていただけで、どこの大学を出て駐在妻になってというような、具体的発想はまったくありませんでした。ディテールまで見えているって、苦しくないですか。

小島 苦しいというか、怖かったです。桐野さんが消費文化の入り口に立っていらしたとしたら、私は消費文化のど真ん中にいました。その消費文化の申し子だった姉が毎日漬物石みたいに分厚くて重い『クラッシィ』や『ヴァンサンカン』を家に持って帰ってきて、中学生の私に「ほら見て、この世田谷区在住の聖心女子大生が持っているこのバッグ、二十何万するのよ」とか言ってきれいなお姉さんの写真を見せてくれる。「えーっ、こんなの買えるようにならなきゃいけないの」と怖くて怖くて。

桐野 それはいつ頃のことですか？

小島 一九八〇年代半ば、バブル期ですね。中学時代がバブル真っ只中でした。高校生の途中でバブルははじけましたが、まだバブルの慣性が働いてる間に大学生になり、いざ就活、というときに氷河期が訪れ、すべてのハシゴを外されました。私にとって思春期にドキドキしながら眺めていた幸せのモデル自体が、バブルのモデルだったんです。

桐野 大変な経験ですね。

小島 でもこのしんどさって、一見恵まれているように見えるので、なかなかわかってもらえないんです。桐野さんの時代は、学生運動やウーマンリブが時代背景としてありますが、私の生きた時代は若者中心に回っている時代です。少し上は女子大生ブーム、私は女子高生ブーム、一学年下からギャル文化が始まって、もはや消費するだけでなく自分が商品になる時代。一番おいしい思いをしていると思われて、そんな連中がしんどいだなんて甘えだろう、と言われてしまいます。

桐野 それはある意味、ロストジェネレーションですね。

小島 私は勝手に「空手形世代」とか「ハシゴ外され世代」と呼んでいます。自分が世の中に出たとたんに、それまで聞いていた話が全部消えちゃった。大学卒業の年の一月には阪神・淡路大震災があり、入社式の直前、大学の卒業式の日に地下鉄サリン事件が起こりました。

桐野 一九九五年ですか。

小島 はい。さらに入社二年目に、TBSオウム事件（TBSビデオ問題）がありました。TBSの番組制作スタッフが、オウム真理教を批判していた坂本堤《つつみ》弁護士の放送前のビデオを信者らに見せてしまい、坂本堤弁護士一家殺害事件のきっかけをつくったのではないかと非難された事件です。当時はタクシーに乗って「TBSまで」というだけで運転手さんに「けしからん」と叱られました。会社名をいうのも怖かった。「いい学校入って、いい会社入れば安泰の人生」なんておまじないに過ぎないと気がつきました。ひどいことは全部両親の子ども時代に終わったんだと、根拠なく信じていたんですよね。「戦争で大変だったけど、もう全部終わったの。みんなで幸せになったのよ」と聞かされていたので（笑）。

桐野 神話だったのね（笑）。私は一九八二年に娘が生まれたとき、世の中にあまりにもお金があふれているので、びっくりして眺めてました。私自身は仕事もないし、子どももいるから貧乏で。

小島 パートナーの方は働いていらっしゃったんですか。

桐野　働いてはいましたが、まったくの貧乏暮らしをしていました。みんなが浮かれているのが、おかしいなあ、と気持ち悪かったですね。完全なバブルの圏外にいました。

私怨と公怨

小島　直木賞の受賞作『柔らかな頬』について『新潮45』の「読まずにすませるベストセラー」というコラムで、「髭」という匿名評論家が、「『ジュニア小説やレディースコミック』などの仕事をして『永らくくすぶり続けてきた』」桐野夏生は、「決して『本流にはなれない』作家」だと酷評したそうですね。これに桐野さんはすごい熱量で反論していらっしゃる。

桐野　当時はミステリーがすごく売れている時期で、それで潤っている書評家集団がいたんです。SNSなどまだない時代ですが、彼らは本当に勝手なことを書く。その書き方が本当にひどいので、女だからこんなことまで言われるのだろうと頭にきて、エッセイ『白蛇教異端審問』（文春文庫）で徹底的に反論しました。彼らの評論は酒場の噂話の延長のような無礼なものです。

小島　『白蛇教異端審問』では、小説を書くことは自らの腸《はらわた》を晒すことであると述べていらっしゃいます。その覚悟もない匿名の書評家による人格攻撃に対して「『髭』の言葉は虚しい。重みも痛みも怖ろしさも気付かずに、揚げ足取りのためだけに繰り出される言葉。（中略）小説論争をやろうにも、相手は初めから降りている。ただの苛めなのだから」と怒りを露わにされました。それから桐野さんがミステリー小説を「お弁当箱みたいなもの」と喩えたことを批判した関口苑生氏（『江戸川乱歩賞と日本のミステリー』）に対しても、反論されています。しかしある人に「それはあなたの私怨でしょう」と言われたそうですね。

桐野 彼らが書くことは、性差別から発しているのだから、私怨じゃなくて公怨なんです。だから「私怨でしょ」と片付けられたときはすごく頭にきましたね。

小島 その「私怨ではない」というのはどう伝えればいいのでしょうか。

桐野 理論武装するしかないですね。「私怨じゃないか」と他人から言われたら、いまはパワハラやセクハラという言葉があるから、「そうじゃない、これはハラスメントである。差別があるんだ」と言えばいいんです。そうやって戦わなくてはいけない。個人的なこと、生きていることは、実は社会の中で起きていることで、政治とも関係があるのだから、声をあげていかなければ変わらないと思います。

作家になってからもそうですが、女には嫌なことがたくさんあるじゃないですか。女に対しては何を言ってもいいという人がいる。これも『白蛇教異端審問』に書きましたが、子どもが小さい頃は小児科の先生に質問したり、検査をお願いしたりしても不機嫌に対応されました。たぶん子どもの父親が行けばそんなに失礼なことはされないでしょう。そういうことが日常茶飯事でした。

先日ゴルフの会に行ったら、私の『猿の見る夢』（講談社）という本のことを、またしても知らない男の人が「桐野さんが男をばかにして書いた本だろう」と言うのでびっくりしました。読みもせずに、そういうことを言ってディスる。不快ですよね。

小島 不快だから怒ると「バカねえ、男なんてハイハイって言って、ちょっとお色気見せて転がしときゃいいのに。それが聡明な女というもの」と言われたりするんですよ。実際、世代を問わず、そういう世渡りをよしとしている女性はかなりの数いる。そうとでも思わなきゃやっていけない構造自体が歪んでいるのだけど、それに異議を申し立てることはせずに、今ある構造にうまく適応するのが賢いと信じている人は少なくない気がします。

桐野 転がしたところで、男は変わらない。だから、やっぱり怒らなきゃいけないと思うんです。女の人の怒りはたくさんあるけれど、怒りの原因がハラスメントであって、差別なのだと、女性側もなかなか気づくことができない。セクハラは、ただの性的な嫌がらせだと思ってる人がたくさんいますが、差別意識に基づいた相手を貶《おとし》める深刻な行為です。そういうことを知らしめる必要がまだまだたくさんあると思うんです。「セクハラ」という言葉ができたから、「これはセクハラです」と言えるけれど、前には声をあげることすらできなかった。男たちは、まだ、まったくわかってないと思いますよ。

小島 なぜ学習できないんでしょう。

桐野 家庭での教育のせいもあると思います。あと、社会が男中心にできているから慣らされる。企業文化が日本をおおっているのだ、とも言えます。

怒り方を教える

小島 いま#Ｍｅ Ｔｏｏなどハラスメント運動が高まる中で、アーティストなどが声をあげると「芸術に政治を持ち込むな」という人たちがいます。自分は政治とは別のところにいて、政治的存在ではないと思っているのかもしれません。「私」がないから政治が他人事なんですよね。#Ｍｅ Ｔｏｏについても、なんでもハラスメントと目くじらを立てるのは子どもじみていると冷笑的な人もいます。あれは男女の機微や人間らしさの表れだよ、とか。

桐野 それは違います。それだと人に嫌なことしてもいいということになるでしょう。それに政治的主張も含めて、アーティストの人格なのであって、芸術は人格抜きには成立しません。

小島 人に嫌なことをしてしまうことこそが業であり、人間らしさなのだ、と考える人もいる。

桐野 正当化するようなことではないと思います。他人を傷つけるわけですからね。その人の業かもしれませんが、知ったこっちゃありません（笑）。

小島 業を描くということと、業を認めることは違うんですね。

桐野 いや、業を認めてますよ。認めているというか、業があるだろうとは思っているし、それを小説で描いたりもするけれど、社会的に許されることだとはまったく思っていない。小説は、正しいことばかりを書くわけではありませんから。

小島 桐野さんの中には、人間の複雑さへのまなざしと、社会への怒り、特に女性が置かれている状況への怒りとが同居しているんですね。

桐野　作品に出ていると思いますけどね。理不尽な目にあっている人のことは書いていきたいと思っています。でも受動的に救われる話よりも、自ら道を開いていく話がやっぱり好きなんです。

小島　東電ＯＬ事件をベースに書かれた『グロテスク』（文春文庫）を読んだ当時、渋谷の路上に立つ和恵やユリコのしんどさにシンクロした自分がいました。それから一五年経って『路上のＸ』（朝日新聞出版）を読んだら、今度は同じ場所に自分の子どもと同じ世代の少女が立っている。この一五年間の荒涼とした時の流れを改めて思って愕然としたんです。今は、街を彷徨《さまよ》う女の子の中にすら格差と分断が生まれている。この一五年はなんだったんだろう、と。

桐野　ひどくなってますよね。格差が固定しているから、どんどん分断する。

小島　もはや希望がないから、怒ったり壊れたりすることすらできない。性的に搾取されても、暴力を振るわれても、順応するしか選択肢がない。一〇代の子どもたちが、ですよ。

桐野　子どもに怒り方を教えなきゃだめなんでしょうね。「これはおかしい」「なぜ自分がこんな目にあうんだ」と根本を考えて怒れるようにならないと。誰も怒り方を教えていないし、「自己責任論」で、むしろ怒りを減ずるような教育になっている。

小島　『路上のＸ』には、性的な行為と引き換えに行き場のない少女を居候させる東大生が出てきます。少女たちは彼を嫌悪し、暴行して監禁するのですが「彼は死んでいい人間ではない」とも言う。どんな気持ちでお書きになったんですか。

桐野　殺したらもっとひどい罪を負うことになるからです。女の子たちはそこまでばかじゃない。殺すほどの相手ではないけど、レイプした男は許さないという、彼女たちなりのルールがあるのだろうと思って書きました。

小島　少女たちは弱みにつけこまれていろいろな場所でレイプ被害に遭っている。レイプは人を破壊する暴力ですよね。

桐野　魂の殺人です。

小島　少女たちは復讐を試みる。ただ監禁した男も家族からないがしろにされている存在なので、少女たちは嫌悪感を抱きつつも一抹の憐憫を抱いたのかもしれません。私も作中の真由のようなごく普通の家庭に育ったのですが、少女たちが感じている居場所のなさにはどこか覚えがあります。私の場合は、逃げ場を求めて食べ物に依存しました。摂食障害です。でももし行き場のない気持ちでいた頃に自分の肉体に商品価値があることを自覚して、身近に売春へのきっかけがあれば、寂しさを埋めるためにやっていたかもしれない。『グロテスク』の和恵も『路上のX』の少女たちも自分と地続きだと感じるんです。そして彼女たちに「こんなところに追い詰められるなんておかしい、と怒れ」なんて簡単には言えない。

桐野　そうですね。怒りって、まだ追い詰められてないから発することができるんですね。追い詰められた人は怒ることさえできなくなる。怒るのにはパワーがいりますからね。子どもだって、あんまり追い詰められたら怒ることもできないでしょうね。そこまで行く前に、怒る訓練が必要だと思います。

小島　『路上のX』では、最後にリオナちゃんは、ずっと売春をして生きていくと決意していますよね。

桐野　それしかお金を得られませんから。

小島　私、少女たちのシェルターを運営している仁藤夢乃さんとご縁があって、彼女とよく、「売る」女の子ばかりが責められて、「買う」男たちが一向に責められないのはなぜなのかと話しています。

桐野　絶対に買う人がいけない。

小島　そうです。なのにいつも女の子が責められる。そもそも男が買わなければいいだけの話なのに。風俗も、男はみんな彼女たちは好きでやっていると言いますが、人身売買の温床ですから。

桐野　その通りです。

小島　浮気するのは妻に悪いから代わりに買春した、なんてのうのうと言い訳をする男がいる。私は買春に何も感じない男性は信用できません。人の体をお金で買うのは相手を人間扱いしていない行為だから。でもそんな話をすると、男なんてみんなそんなもんだと笑う女性もいるんです。売春する女性はほかにいくらでも仕事が選べるのに、わざわざそんな仕事をするんだから所詮お金目当てのあばずれだと差別意識を露わにする人もいる。

桐野　その論理、嫌ですねえ。

小島　では人間らしい労働環境が整えられているのか、不当に働かされている人はいないのか、騙されたり脅されたりしている人はいないのか。不本意ながら、あるいは理不尽な目に遭いながら働いている女性が放置されていないのか。そこにはまったく想像が及ばない。

桐野 そういう仕事をせざるをえない女を貶める論って、本当に男の中でこびりついているのね。

小島 それに同調する女性もいる。

桐野 自ら分断の方向に向かうのは楽だからです。自分がその立場だったら、と考える想像力がどうしてないんだろう。

小島 頼れる人もなく、どうしようもなく困窮したら体を売ってでも借金を返そうとか、子どもを育てようと思うかもしれませんよね。

桐野 北海道で、幼女を連れた女性が、SNSで知りあった男に殺される事件がありました。その女の子も怪我をしたと聞いています。子連れで男に会うしかなかったのでしょう。

小島 どうしたら、あの人は自分だったかもしれないとか、遠い話でも自分と繋がっていると考えられるようになりますか。

桐野 やっぱり痛い目にあわないとわからないいんじゃないでしょうか。「政治を持ち込むな」なんて、きれいごとです。しかも痛い目にあっている人間への想像力もない。じゃあ、どこで何を言えばいいんだって感じです。

#MeToo運動とか、一つの色がつく、つまり概念が先行してしまうようなものは、運動体としてはなかなかむずかしいと思う一方で、いまだ声をあげ続けている人は本当に偉いと思います。皆が支えていかなければならない。

女同士の呪縛

小島　多くの女性が、朝の電車では痴漢におびえ、会社ではセクハラにあう。痴漢です！　と声をあげても、周りの人は見て見ぬ振りです。これじゃ、怒っても無駄だと思うのも無理はないですよね。仕方がない、と諦めてしまう。

桐野　怒るのはパワーが必要だから疲れる。どこかで少しパワーを溜めておかないとダメなんでしょう。でも、追い詰められたら、怒ることすらできなくなるわけですからね。

小島　桐野さんは日常生活でも怒っているのですか。

桐野　怒ってますね。新聞読みながら、「なんでこういうふうになるわけ」「このばか」とか言ってます（笑）。

小島　そういうとき、お連れ合いやお嬢さんは何かおっしゃいますか。

桐野　一緒になって怒っています。

小島　お嬢さんもけっこう怒るんですね。

桐野　彼女たちの世代は、就職氷河期世代なので非正規労働をしている人が多いんです。東京に家がなければ暮らせないような給料で、その上セクハラも多い。みんな、頭にきてますよ。だから復讐で子どもを生まないと断言する人もいるのだとか（笑）。

小島　こんな目にあわされた上に生めよ増やせよ育児は自分で、なんて言われても生んでやるもんか、と。

桐野 小島さんが仰ったような「空手形世代」と、今の若い女性たちの間に、ジェネレーションギャップを超えた分断というようなものはありますか？

小島 お答えになるかわかりませんが、四六歳の私が働き始めたころは、いまの三〇代の方のように女性が働くのは当然のことじゃなかったんです。だから働き続けるのなら、その仕事は自分を輝かせるものでなくてはならない、仕事をしている自分はしていない人よりもステキでなくてはいけないという思い込みがありました。結婚も子どもも全部手に入れてないと輝けない！　と。だからいつも不安なんだと思います。

桐野 なるほど。大変ですね。

小島 私はちょうど就活の頃に、男女雇用機会均等法施行から一〇年弱経って「女は寿退社が幸せ」という価値観と「キャリアウーマンがかっこいい」という価値観との端境期にいたので、働くからには専業主婦より幸せにならなくちゃなんてことを、つい気にしてしまうことも多かったです。

桐野 誰に対して気にするんですか。

小島 漠然とした世間に対して。あるいは自分自身に対して、自分の選択は正しかったと言い聞かせたかったのかな。メディアなどで繰り返し「あなたたちはなんでも選べる。結婚するかしないか、生むか生まないか、働くか働かないか。すべてを選べる、史上最も自由な女の子です」というメッセージを受け取って、それを真に受けて、「自分は好きなものを選んでいいんだ」と思って大人になった。でも当然ながら何かを選ぶと、ほかの選択肢を全部捨てたことになるので、選んだことに対する自負と、選んだ道が間違いだったらどうしようという不安とが常に同居している状態なんですね。私はアナウンサーという仕事だったので、自分の仕事の成否や結婚などの私生活の出来事が家族や同級生から丸見えであるというのもプレッシャーでした。穏当に寿退社の人生を選べばよかったものを、カッコつけて働いたばっかりに失敗したと思われたくなくて。

桐野 えーっ。じゃあ、同級生の目が怖いの。

小島 三〇代はしんどかったです。結婚も仕事も出産もそれぞれに分かれ道があって、競っているような感じがありました。子どもを生んでからも「うちは保育園入れるけど、あの子は私立なんだ」とか、違いが見えてきて。まさに『ロンリネス』『ハピネス』(光文社)の世界なんです。舞台となったタワマンのママたちも、常にまわりの目を気にしていましたよね。でも四〇歳になると、仕事で限界が見えたり、子育てが一段落したり老いを実感したりして、いたわり合いがでてくる。私は四五歳ぐらいから楽になったんですが、「私は独身だから」とか「子どもいないから」と負い目に感じている人はまだいるのかもしれません。

桐野 いまの子どもたちの間では「あのお母さんは、バリバリ仕事してカッコいい。なんでうちのお母さんは専業主婦なの」という呪縛もあると聞いたことがあります。

小島 うちは以前、渋谷区の人気の住宅地に住んでいました。高所得共働き、裕福な専業主婦、普通の庶民の家、といろいろな層の人が住んでいる地域で、私の息子二人は公立の小学校に行っていました。うちは高所得共働きとみなされていたのですが、息子が友だちの家に行くと、お母さんがいつも家にいてきれいにしていて、お盆に乗せてお菓子とか持ってくるらしい。

桐野 手作りのね（笑）。

小島 うちに遊びにくるときにも手作りお菓子を持たせてくれる。きれいにリボンが結ばれ、お母さんからのメッセージカードがついていたりします。一方私は、子どもの友だちが家に来ると、奥のほうからきったない格好して出てきて、袋からスナックを大皿にザーッとあける、というようなことしかできない。

桐野 カッコいいじゃないですか、アメリカ映画に出てくるママみたい。

小島 雑なんですよ。息子たちはよその家のお母さんはきれいにしているな、と思っていると思います。

桐野 子どもたちは絶対にカッコいいお母さんが好きですよ。

小島 長男は「うちのママは野生のママで、よそのママは野生じゃない」と言っていました（笑）。それは褒めているんですよ。私は手作りのものって、なんかおそろしいです。あと、仕事で本当に忙しいときに、子どもが友だち連れて遊びにくると、「あそこの家汚い」とか言われるのが嫌でねえ（笑）。だってしょうがないじゃない。

桐野 それと仕事ができる女は料理もうまいという呪縛も嫌ですね。できるわけないじゃないですか。

小島　うわ、手作りがおそろしいってよくわかります。私、手料理恐怖症なんです。なんだか念がこもっていて。それに働いてたら家事なんて手が回らないですよ。うちはリビングのソファーの上にでっかいたらい形のカゴを置いて、うず高く衣類を積んでいました。乾燥機から出してどんどん積み上げるから、下が古代の地層みたいになっている（笑）。

同調圧力に苦しむ女性たち

桐野　みんなそんなもんですよね。昔はとにかく時間がなくて、ご飯を食べたら食器をガーッと寄せて、そこにパソコンを出して書いていました。直木賞をいただいた頃、あるときNHKのインタビュー番組に出演したら、後で視聴者からファックスが来て。その中に「あなたは何でもほしい人なんですね」と書いてある。結婚して子どももいて、小説書いて、しかも賞までもらっていると。

　こういうふうに思う人いるんだな、と思いました。昔の人はきっと諦めてきたんでしょう。仕事諦めて子育てするとか、結婚を諦めて仕事するとか。

小島　私の学生時代に、働く女＝オールドミス（生涯独身）という古いイメージから、結婚と子どもを諦めないキャリアウーマンがカッコいいという価値観に変わっていきました。私も気負って、それを目指したんです。

桐野　小島さんの世代は、情報と世間の目から、相当な同調圧力があるんですね。同調圧力にすごく敏感な世代なのかも。

小島 ジュリアナで踊り狂うバブルの先輩たちを見ては「あんな自己肯定感高く、ポジティブには生きられないよな」と思い、ルーズソックスで渋谷を闊歩する下の世代を見ては「ギャルすごいな、あそこまで振りきれないな」と。まだ援助交際が、性の自己決定という文脈で語られていた頃です。バブル女子のように強気で男を選ぶことも、援交ギャルのように自分を商品化することもできない。その両者を見ながら、仲間とつるむでもなく、ただよっていた。

桐野 そこに男の人は入らないんですか。恋愛はなさるんでしょう。

小島 恋愛はしてました。私、中・高・大と私立の一貫校だったんです。高校の卒業間際に親友の三つ上のお兄さんの友だちグループと私たちとのグループ交際が始まりまして。彼らはみんな大手企業に内定をもらっているんです。ほぼ全員に彼女がいる中、一人だけ空き物件がいた。ものすごい美少女にフラれたばかりの男で、銀行への就職が内定していました。私は「空いてる！」と思って、まんまと後釜にもぐりこみました。

桐野 おもしろい（笑）。それ、恋愛じゃないじゃない。

小島 そうなんですけど、当時の私は恋愛だと思っていました。完全に、姉の模倣ですよね。最終的には、「やっぱり元の彼女が忘れられない」と捨てられました（笑）。でも、泣いて泣いて泣くうちに、自分が銀行員の妻の座を逃したことが悔しくて泣いてることに気がついた（笑）。桐野さんの学生時代はどんなでしたか？

桐野 私の世代はめちゃくちゃでしたね。強烈なカウンターカルチャーで、すべての価値観や既成概念に抵抗しようという感じで、権威主義が嫌いなんです。そういう意味では、自由だったと思います。

小島 活気がありそうですね。私は、働き始めるまでは、権威を疑うことがありませんでした。自分たちは「ジャパン・アズ・ナンバーワン」と言われた日本の輝きの中で育ってきた、世界でもっとも恵まれた子どもだと思っていたんです。家も経済的にそこそこ恵まれていたし、世の中を疑う必要も、きっかけもなかったと思います。

桐野 性差別を感じるような意識の問題もなかったんですか。

小島 幸い女子校だったので、女を意識しないで済んだんです。その頃はバブルで、オヤジギャルが出てきたりして、男の真似をする女が強くてカッコいい女、とされていましたね。

桐野 マーケティングの変遷を見ているようだ（笑）。

小島 桐野さんは、青春時代に同調圧力に苦しんだということはなかったのですか。

桐野 むしろ個性が際立っていることがカッコいいという価値観で、いかにとんがるか、ラディカルな言動をするかに価値があったから、そっちで苦しめられました。自分は何もないんじゃないか、平凡なんじゃないかとすごく悩んだ。ある意味それが同調圧力だったんですね。

小島 そうなんですね！　今とは全然違う。そう言われれば、桐野さんの世代の男性には、個性的であらねばという強迫意識をいまだに引きずっている方がたもいる気がします（笑）。

男には教育が必要

小島 いまちょうど時代が変わるチャンスかなと思うのは、男性の終身雇用がゆらいできていて、以前のようには生きていけなくなってきていることです。

桐野 非正規雇用は男性にも多いですからね。

小島 正社員でも、妻と共稼ぎで子育てをしなくちゃいけない。これまでの「男は外、女はうち」で回してきた世界の価値観とは合わなくなっているんです。つまり女が抱えてきたオヤジ的価値観への違和感をともに感じることができるんですよね。男女のしんどさが近接している。

桐野 だいぶ近くなっているとは思いますが、まだまだ世界はホモソーシャルだし、ミソジニーも増えていますからね。やっぱり女は得してるんじゃないかとか思っている男もまだいる。日本の場合は、そういう教育が子どもの頃から必要なんじゃないかと思います。

小島 ちなみに、お連れ合いには「教育」をされてるんですか。

桐野 いえいえ、あの人はもともとフェアな人なんです。

小島 おお、もともと男女差別とか、男らしさの幻想がない方なんですね。

桐野 基本的には何でも自分でして、一人で生きられる人です。フェアですし、私が何か言うということはほとんどありませんが、私がプリプリ怒ってると、ちょっと引いて見ている感じはありますね。

小島 小説を書いていらっしゃることには、嫉妬はありませんか。

桐野 まったくありません。

小島 それはステキですね。できる妻に夫が嫉妬するという話は珍しくないですから。

桐野 できると思ってないんじゃないかしら（笑）。

小島 結婚して、あるときから妻が小説家になり、賞を取り、どんどん大作家になっていく。どんな心境なのかなあ。

桐野 いや、稼いでくれてうれしいと思ってるんじゃない（笑）。夫は小島さんの旦那さんが羨ましくてしょうがないと思う。

小島 うーん、夫は自分の意志とはいえ無職の身ですから、かなり葛藤があるようです。私も自転車操業ですし、正直、片働きはしんどいなあ。お嬢さんの教育で心掛けたことはありますか。

桐野 ただもうひたすら忙しがってるだけでしたね。親が仕事をしているということが教育だったんじゃないでしょうか。

小島 これをお読みの方は、ハラスメントのない世の中にするにはどんなことができるのかなと考えていると思うのですが、大事なことってなんだと思われますか。

桐野 人の身になって考えることかな。伊藤詩織さんのような声をあげている人の身になって考えること。それが人間としての道だと思います。

小島 そうですね。あとは桐野さんの作品を読む。

桐野 そこまでは言いません（笑）。人間は醜いものだと思うんです。もちろん、美しいところもあるけれども。男も女も、結局は人間であって、そんなに変わらないんじゃないかな。

自分をさらけ出すのは勇気がいる

小島 声をあげるのって、特にそれが個人的な体験であったりする場合は本当に勇気がいると思うんです。私はラジオで喋ったり、エッセイを書く仕事を始めてからつくづく一人称で語ることの怖さを実感しました。発表係のアナウンサーの時とは全然違う、身を切るような作業だなと。小説は作り話だからなんでも書けると思われがちですが、フィクションだからこそ本質が問われている気がします。

桐野 最近お書きになった小説『幸せな結婚』（新潮社）を拝読しました。ふつうは習作を書く時期があるのに、お書きになったものがすぐに本になるのはすごいことです。チャンスなので、どんどんお書きになるといいと思います。小島さんの小説って欲望というものの存在がないですよね。すーっと男と寝たりとか。不思議だなあと思っていました。

小島 お読みくださってありがとうございます。実はそこがいまものすごく葛藤してるところで。やっぱり本気で自分をさらけ出すことが怖いのだと思います。そこに踏み込んだら、家族をどこまで巻き込んでしまうんだろうという不安があります。

桐野 ああ、それはもうあきらめたほうがいいですね。小説家ってやっぱり周りの人を傷つけるんですよ。私なんか、縁を切られた友だちもずいぶんいます。本当はそんなことないのに、勝手に自分のこと書いていると思う人がたくさんいるんですよ。もう家族も慣れましたが、最初はやっぱり嫌だったと思うんですよね。子どもからしたら、母親がセックスシーン書いていたら嫌でしょう。でもしかたがないんですよ、小説ってさらけ出すことなので。

小島　そうかあ、そうなんですねえ……ずっとそこが乗り越えられなくて。次は誤魔化さずに書くんだ、もう逃げ隠れしないぞと思うんですけど、やっぱり怖くて。でも書き続けるためには、私はここを超えないといけないんですよね。

桐野　そうなんですよ。私も乱歩賞を取ってから何作か書きましたが、やっぱりなんかつるつるしている感じが自分でもしていて悩みました。超えられたのは『ＯＵＴ』（講談社文庫）からです。死体をバラバラにするというシーンがどうしても書けなかったけど、やっぱり書かなきゃいけないと思って、とり肉をさばきながら、「こんな感じかな」みたいな（笑）。必ず誰にでも関門がある。それを一つ乗り越えるとまた出てくるから、やっぱり勇気を持ってお書きになったほうがいいと思います。

小島　ありがとうございます。震えながら、地道に頑張ります。創作活動と同じには語れないと思いますが、どんな形でも自分を世に晒すということはとてつもないリスクを伴うことですから、辛い経験をしている人に簡単に「声をあげなよ」なんて言うことはできないし、だからこそ声をあげた人を一人にしてはいけないなと思います。

テレビが生んだハラスメントをどう変える？

ライター

武田砂鉄

SATETSU TAKEDA

一九八二年生まれ。出版社勤務を経て、二〇一四年よりフリーライターに。雑誌やウェブのニュースメディアで数多くの連載を抱え、インタビューや書籍構成なども手掛ける。著書に『日本の気配』（晶文社）、『紋切型社会』（朝日出版社、第二五回 Bunkamura ドゥマゴ文学賞受賞）、『芸能人寛容論』（青弓社）、『コンプレックス文化論』（文藝春秋）、『ナンシー関の耳大全77』（編著、朝日文庫）などがある。

女性芸人の自虐ネタ

小島 砂鉄さんには以前から、テレビについていろいろな話をうかがってきました。本書にもご登場いただいている荻上チキさんの『いじめを生む教室』（ＰＨＰ新書）では、テレビがアティテュードモデルになっていると指摘されています。知らず知らずのうちに、人は振る舞い方をテレビから学んでいる。ハラスメントをいじりと呼んで笑い事にしてしまうのも、テレビでそれを見慣れているからかもしれませんね。

武田 でも、業界の人にそのように投げると、「昔はもっとひどかったよ」や「コントで女の子のケツ触るのなんて当たり前だったし」と、自由だった時代との比較を始め、「今はコンプライアンスが厳しくて」とこぼし始める。昔は昔、今は今です。まずはここからはっきりさせないといけない。この愚痴を放置している限りは、たとえば、女性芸人の方たちに対する圧なんてのは、変わりようがありません。

小島 砂鉄さんは「なんだよこれ、パワハラ、セクハラだらけじゃん」というテレビへの違和感はいつからお持ちだったんですか。

武田 大学を卒業して出版社に入り、メディアやフェミニズムの問題を考えることが増えてからでしょうか。いまだに覚えているのですが、ある番組で、ネプチューンのホリケン（堀内健）さんが、共演していた渡辺直美さんの胸をいきなり揉み出したことがありました。渡辺直美さんといえばいまや国際的なスターですが、この時はまだ、いわゆる「女芸人」の一人でした。ホリケンさんって、いきなり相手に体ごと突っ込んでいくとか、突発的な動きで笑わせますよね。その流れで渡辺さんの胸を揉んだ。「揉み方厳しかった？」と聞いたホリケンさんに対し、渡辺さんは顔を強張らせながら「ちょうどよかった、ちょうどよかった」と繰り返していました。上下関係の厳しい縦社会の中で仕事をしている以上、そう答えるしかない。自著『芸能人寛容論――テレビの中のわだかまり』（青弓社）で、シンプルにこう書きました、「なぜ逮捕されないのだろうか」と。女性の芸人さんが置かれている現状は、今もさほど変わらないですよね。実際にそういった行為がなかったとしても、「何かされるかもしれない」と怯え続けなければいけない。

小島 それが普通に放送されていたのがショックだったんですね。

武田 そうですね。これくらい仕方ない、と思うのではなく、こういうことに対していちいち言及していかないと、この構図はいつまでも変わらないのだろうなと思いました。今、最も流行ってるバラエティ番組は、日本テレビ系『世界の果てまでイッテＱ！』です。この番組では……。

小島 架空の祭りを開催していたことが問題になりましたが、女性芸人さんがむちゃくちゃやらされることでも人気です。

武田 はい。女性芸人同士で相撲をしたり、極寒の地で罰ゲームをしたり。カメラに面白い顔を向けて笑いをとる。この番組って、日曜夜八時からの放送です。保護者ウケがいいし、子どもに見せてもいいとされている時間帯です。つまり『イッテQ！』はとても健全な番組として受け入れられている。確かに人格否定するようなイジメっぽいやりとりもないし、下ネタも、えげつないものはない。そしてここにはライバル関係や友情が存在しているという前提もあるから、泣ける物語にもなる。でも結局、女性芸人が窮地に立たされることで、笑いが起きる。どんなに歪んだ表情だろうがさらけ出す、これが私たちの生き様、という見せ方を貫いていく。

小島 放送作家の鈴木おさむさんは、妻である森三中の大島美幸さんのことをとても尊敬しているとおっしゃっていますね。女性芸人さんが容姿を自虐的にネタにしたり、体を張ったリポートなどに臆せずにチャレンジすると、プロ意識が高いと評価されます。

武田 うちの妻は、ハチャメチャやっていてカッコイイとし、本人もこうやって自発的にやっていると言うのでしょう。鈴木さんや大島さんは、テレビの影響力の大きさを知っている人です。ならば、自分の振る舞いがどのように波及していくか、自分の発言によって世間でどういった反応が起きるのか、正確に予測できるはずです。同じような仕組みの中で、自分の望む形ではない笑われ方をしている女性芸人がたくさんいるわけです。

小島 つまり、ここまでやればカッコイイと言われるよ、と示すことで他の出演者や視聴者を追い込んでしまうということですか。

武田　そう思います。ただし最近、容姿でいじられることで笑いをとるのは古いんじゃないか、あるいは、もうしんどい、とブログやツイッターで言い始める女性芸人が、ようやく出てきましたね。

小島　見る人の感覚も変わってきましたよね。

武田　テレビが育んできたハラスメントに対して、視聴者からも手厳しい指摘が入るようになった。そういった声が、ハラスメントを行使する人たちに徐々に届いていて、「ん？　言ってもいいのかな。ダメなのかな」とためらわせているのだと思いたい。視聴者のチェックが機能していれば、思いつきで胸を揉むなんてことはけっして起きないだろうし、起きたとしたら、その人が徹底的に叩かれることになる。最低限、パトロールする体制は構築できてきているのかなと思います。

文句を言うのはかっこいい

武田　社会問題についての原稿を書くのって、カッコよく言えば、権力を監視する、もうちょっと柔らかく言えば、強い人をやっつけるために書いている側面があると思っているのですが、今、それをやろうとする人が少ないですね。これだけ明確な悪事が様々な場所に点在しているというのに、つかまなきゃいけない胸ぐらがこんなにたくさんあるのに、とりわけ自分と同世代の論客を見ていると、なんで直接的に怒らないんだろうと思うことが多い。

『日本の気配』（晶文社）の中にも書きましたが、たとえば、二〇二〇年東京オリンピック。あからさまに大金が動き、招致の際には「福島はコントロール化にある」などの嘘がはびこり、新国立競技場建設では自殺者も出た。国立の解体時には何回も入札がやり直された。運営費は当初の計画からすでに数倍に膨れ上がっている。それなのに、「ねえ、こんなことやる必要がありますか？」と問う人がほとんどいない。こんなものに金使うなよ、といつまでも叫ぶべきでしょう。論壇では「オルタナティブ・オリンピック」といった、よりよいオリンピックの形を考えよう、といった特集が組まれてしまう。

小島 やると決まってしまっても諦めずに、おかしいと思うことは言うと。

武田 やることは動かない。でも、言うべきです。『反東京オリンピック宣言』（航思社）の共編者である神戸大学教授・小笠原博毅さんが、最初は反対だったのに、開催が迫ってくるとなんとなく許してしまう人たちを「どうせやるなら派」と命名しています。批判していたはずなのに、うーん、まぁもういいか、どうせやるなら楽しく参加しようとなる。国立競技場の隣にある都営霞ケ丘アパートでは、何十年も住んでいた人たちが紙っぺら一枚で追い出されました。こういう理不尽に対して物申すのって、言葉を発する場にいる人の「基本のき」だとすら思います。でもそれが、「いつまでも文句を言っていてカッコ悪いよね」と笑われる言論空間って、なかなか気持ちが悪い。

小島 聞いてもらえないことを言うのは無駄だから、聞いてもらえる範囲でまともなことを言おう、となるんでしょうか。

武田 東京医科大学で女性の受験生が一律減点されていた件では、北原みのりさんや笙野頼子さんがすぐに声をあげていた。あれは明らかなる女性差別です。それに対して、「おまえらが医師を目指してるわけじゃないだろう」や「病院の前でデモなんかしたら患者さんに迷惑がかかるじゃないか」なんて声が向かう（なお、実際の抗議活動は病棟とは離れたところで行われた）。物を書く人でさえ、「そんなに怒ったって意味ないよ」みたいな、半笑いのスタンスで世の中を見定める。由々しき事態だと思います。

小島 冷笑的な態度を知的だと思っている人も多そうですね。

武田 東京新聞・望月衣塑子《いそこ》さんが菅官房長官の定例会見で手厳しく突っ込んでいる様子を見て、まずは素晴らしいと思いつつ、えっ、これって新聞記者全員が職務として当然やるべきことなんじゃないかな、と思う。大手の新聞記者に聞くと、望月さんに対して、どこか冷笑的なんですね。「あー、目立ってるよね」的な感じで。

小島 むしろ、痛いよね、という扱いだったりする。

武田 これだけの隠蔽や国民軽視が続けば、立て続けに厳しい質問をする人が出てきてもよさそうなものですが、まったく出てこない。あまり使いたくない言葉ですが「腐っている」と告げたくなる。真っ当に怒る人を茶化す、笑う、嘲笑する、半笑いを向ける。国会の場では、その半笑い同士が結託している。それを見過ごせば、論客だってそうなってくる。視聴者もそうなる。世の大人だけではなく、子どもたちだってそうなるでしょう。

まともに怒る人をメジャーに

小島 冷笑的な態度は知的ではないという空気を作るしかないですよね。武田さんのように人気のある方が、おかしいことをおかしいと怒ることが当たり前なのだと示し続けることで「自分もそうしようかな」と思う人が増えるといいのですが。

武田 そんな自覚はありませんが、ただ、こういう言い草を続けていると、「性格歪んだヤツだな、あいつ」って、冷笑組から腐されるんですね。

小島 性格が歪んでいる、ですか。

武田 よく、「怖い」なんて言われます。驚きます。こちらは、思っていることを素直に書いているだけで、自分で言うのも恥ずかしいけれど、むしろ自分はすごくピュアな人間だとすら思っている。この人、感じたことをそのまま文章にするなんて怖い、ひねくれてる、って、その受け取り方のほうがおかしいですよ。

小島 冷笑的な態度の人の中には、「いまのトレンドは砂鉄」ってなったら、「では自分も砂鉄風にしようかな」と思う人もいると思うなあ。まあ確かに冷笑的な態度のほうがはるかにハードルは低いんだけど。世間は、はっきりとした思想信条がある人よりも、なんとなくまともに見えそうな態度を取っておこうという人のほうが多いと思うんですよ。人ってオセロみたいなもので、黒ばっかりだったところに白という人が一人現れた時は様子見なんだけど、もう一人うん、白だねという人が現れると急に間が全部ひっくり返って、黒のまん中に白い線が通ったりする。そこから連鎖反応的にパタパタとひっくり返って、景色が変わることはあると思うんです。だから「まともに怒る人」がメジャーなメディアに複数登場することは大事だと思います。

気がかりなのは、何を言っているかよりどういう見え方をしているかばかりに注目が集まること。とにかく目をひく強烈なキャラを、というやり方にはもう、飽き飽きしてるのですが。何か言うとすぐ「ご意見番」と持ち上げるのも安直ですし。熟年女性にその役割をさせることも多いですね。一方で、女性が何か意見を言うと「ヒステリー」「ババア黙ってろ」と反射的に叩く人もいる。

ＡＫＢビジネスの不当搾取

武田 九〇年代後半、自分が中高生の頃、ワイドショーを見ると、ミッチー（浅香光代）・サッチー（野村沙知代）騒動なんてのがあった。夜のゴールデンタイムは、人様のプライベートな問題について、あることないこと中年女性が集ってガヤガヤ言う人生相談番組がやたらと多かった。中高生がそれを見れば、当然「ババアってイヤだな」と思います。仕方がないことです。人の意見を全部蹴散らしていたわけですから。今、その役割をやっているのは、マツコ・デラックスをはじめとしたオネエタレントであることが多いですね。メディアの中の「ババア」の扱いがそのまま移行したのでしょうか。

小島 そういうババア批判を回避するためか、六〇代の大人の女性でも、男性共演者の横では「気の利く女の子」的な役割に徹する人もいますね。でも別にそれは女性に限らず、世渡りの鉄則なのかもしれないと思います。自分よりも上位の人の前では従順で可愛げのある子どもでいるのがお利口だよね、って。サラリーマンの世界だってそうでしょう。

武田 自分はよく、ＡＫＢの批判をしているんですが、ＡＫＢやその周辺が、今、若い女性が芸能界に出てくるロールモデルになっている。なぜ誰もちゃんと言わないのだろうと思うのですが、芸能ニュースをチェックしていれば、一カ月に一回は、メンバーの誰それさんが体調不良で休養に入る、とのニュースが出てくる。人数比から考えれば結構な頻度です。骨折だの持病の悪化だの具体的な病名が記されていないことも多い。となれば、精神的な不調が原因なのでしょう。定期的にアイドルグループと仕事しているデザイナーに聞くと、大勢の中に、何人か沈み込んだ表情をしていて、震えている子もいたと。ギリギリの状態で仕事をこなしている。

小島 そういう話はメイクさんからも聞いたことがあります。

武田 近くにいる大人はわかっているはずです。でも、商売道具だからそのままにして、壊れるまで使う、ということなのか。自助努力を促して感動的な物語に仕立てるのか。この前、ＡＫＢの総選挙で一位になった松井珠理奈さんは、直後から長期休養に入りました。理由は「体調不良」としか明かされていません。でも、そういう人に対して「一位になったのに休むなんて無責任だ」なんて声が向かう。

小島　一位にしてやったんだからいうこと聞けと？

武田　でも、内部の人たちは、そういう声を本格的に制止しようとはしない。なぜなら、熱狂的な人たちの購買に支えられているからです。ファンの感情を乱高下させたほうが売れるからです。当人は、その感情をダイレクトにぶつけられるのです。すさまじい搾取の構図です。ある編集者に聞いて驚いたのですが、その彼が担当しているアイドル雑誌には付録として、よくクリアファイルをつけるそう。「なんでポスターじゃなくてクリアファイルなんですか？」と聞いたら、真顔で「オナニーするときに何回も使えるからじゃないかな」と答えた。うろたえました。ＡＫＢの握手会のスケジュールをみると朝から晩までひたすら握手をさせられている。しかも、笑顔を振りまいて丁寧に対応しないとネットに「塩対応だ」なんて書かれてしまう。

小島　アイドルはファンの奴隷じゃないのに。

武田　そこで動じずに神対応すると、「この子はすごい」「握手会に行く価値がある子だ」ということになり、たくさんの票が投じられる。金を積んで指名して、愛を求める。キャバクラです。しかも、そこにいる女の子たちは、どこまでも成熟してはいけない仕組みになっている。

小島　永遠に愛を乞わなくてはいけないわけですね。

武田　この対談を、熱狂的なファンの人たちが読めば、こいつはなんて周回遅れな苦言を述べているのかと苛立つでしょう。そんなこと、もう散々言われてきたよ、と。でも、何度でも繰り返し言うべきです。これは搾取です。俺たちのおかげで今のおまえたちがある、という仕組み。年に一回総選挙をやって、「私をこの順位まで上げてくれたみなさんに感謝します」とスピーチさせる。泣きながら、頭を下げる。これが日本の芸能界のど真ん中にあるのは、本当に恥ずかしいことです。

空気みたいなハラスメント

小島 文化人みたいな人がやたらアイドルを語るのはなんなのでしょう。

武田 朝日新聞は、一八歳選挙権導入の際に、AKBのメンバーに選挙制度をレクチャーする記事を載せました。つまり、AKBの選挙システムをあたかも通常の選挙になぞらえるかのように。ところで、国政選挙ってのは、金で票を買えるのでしょうか。

小島 一六、七歳の女の子のことを、まるで政治家のように評して、俺はわかってる的に語ってみたりする。あんなに努力できるなんてすげえ、と本気でアイドルをリスペクトしているつもりかもしれないけど、彼女たちを消費する構造自体には無批判なんですよね。実際に政治を語るのは知識も手間もいるし、権力批判はしたくない。政治家は選挙で選んで権力を付託するわけだけど、アイドルは選挙で選んだ上に自分がその恩を着せて支配できる。お金を出せば支配欲を満たした上に社会参加欲も満たされて、女の子と握手もできるし面と向かって罵倒もできるのだから、よくできた娯楽だと思います。アイドルという性的商品をコマに、権力者の立場を満喫できるゲームですよね。そうやってお金を注ぎ込んで、言い方は悪いですが、いいカモにされていることには無自覚なんでしょうか。ビジネスを仕掛ける側は、少女たちが望んでやっていることだという見せ方にしているし、それに適応しないとアイドルとして生き残れないから少女たちも自分の意志だと思い込む。少女たちに男性にとって都合のいい歌詞を歌わせて、女の子は可愛くてバカな方がいいという価値観を強化する。「セーラー服を脱がさないで」の頃から何も変わってないですね。自分の人生を全部差し出すから私を愛してって懇願して、心身が壊れるまで頑張ってしまうって、軍国主義に逆らえず敵の戦艦につっこんでいった男たちのメンタリティを男女の関係に置き換えただけじゃないですか。呆れるほどよくできた商売です。

武田 よくできた商売だと思います。恋愛禁止って人権侵害です。メンバーが男性と交際していることが発覚すると、烈火のごとく怒る。坊主にさせられた上に、カメラの前で謝らされた人がいましたね。あまりに酷です。そもそも、なんでファンが、彼女たちに怒れるのか。

小島 それは女奴隷に対する領主と同じ態度ですね。

武田 当然ですが、どんどん自由に恋愛すればいい。好きな人がいる、一緒にいたい、じゃあ、泊まればいい。朝、彼のマンションから仕事に行けばいい。それを「選挙でこれだけの票をもらった子がファンを裏切り、なぜ男と夜遊びしているんだ」みたいな落胆を、ともすれば、論客と呼ばれるような人たちまで言っている。気持ち悪い。

小島 そういう批判は、社会のエリートが権力を乱用した時や責任を取らない時にするべきことで、少女アイドルに向けるものではないでしょう。それにしても、〝男社会で負け組に追いやられたり社会的に承認されていないという不満を溜め込んでいる上に政治にコミットするのを忌避するモテない男たちのために、安心して消費できる疑似政治の世界を提供して、世の中を動かす力や、女を所有している感覚を味わえるようにしたらさぞ儲かるだろうよ〟、とはよく思いついたものですが、その発想自体がすごく上から目線ですよね。

武田 はい、めちゃくちゃ舐められているんですよ、男が。

小島 JKビジネスでは児童買春を恋だと言ったり、アイドルビジネスでは少女を商品化することを愛だと言ったり、少女たちの周りでは巧みな言い換えで性的な搾取や人権侵害を正当化する手法が巨大なビジネスになっています。なぜこんなことが放置されているのでしょう。

武田 今、彼女たちを操縦する人たちへの苦言って、言いにくい。たとえば、乃木坂46の人気メンバーはこぞって女性誌の専属モデルをやっています。雑誌の看板になってもらい、そのうちに写真集を作りましょう、という話になる。彼女たちの写真集はとにかく売れます。ならば、わざわざ苦言をぶつけようとはしない。半年ほど前、AKBを辞めた女優にインタビューしてくれと言われたので、どこまで自由に聞けるのか、事務所チェックは細かく入るのかと聞いたらば、「当然入ります」と言う。じゃあ無理です、と断りました。

小島 ハラスメントのない社会へ、という流れは今後も強まると思うのですが、少女をめぐるビジネスが黙認されている限り、日本の世の中の本質は変わらないのではないかと思う。つまり人権軽視ということですが。

武田 ＃ＭｅＴｏｏの動きがあちこちで起きている時に、『ワイドナショー』という番組でＡＫＢの中心メンバーである指原莉乃さんが、「セクハラなんて自分にもまわりにもない」と言った。そんなはずがない。性的搾取の構造の中にいるのです。なぜ、高い頻度で仲間たちが倒れてしまうのか、少しは考えてほしい。発言力のあるメンバーが異議申し立てをしてほしい。彼女たちがこう言うと、「ほら、彼女たちは全然セクハラと思ってないじゃん。＃ＭｅＴｏｏとか騒いでるやつらって、よほどモテないフェミニストじゃないの」なんて済まされてしまう。ハリウッドの流れを見ていると、やっぱり芸能界に声をあげる女性がいたからこそ、あそこまで大きなムーブメントになったわけですね。日本の芸能界からは＃ＭｅＴｏｏの声をあげる人はほとんど出てきませんでした。誰か影響力のある人が、「やっぱり私、おかしいと思うんです」と言ってくれたら、どれだけよかったことか。

声をあげる人を潰さない

武田 ジャーナリスト・山口敬之にレイプされた伊藤詩織さんの主張は、主要メディアでは潰されてしまった感がありますね。もちろん、ご本人や支援している方たちは、引き続き声をあげてはいらっしゃるけれど。

小島 今はイギリスで活動されています。

武田　この「潰された感じ」を何度も見せてはいけない。これから声をあげようとしている人をためらわせてしまう。そうしないために、とりわけ男性という立場から何が言えるだろうかと考えるのですが、結局、シンプルに、繰り返し言い続けるしかないという、とてもつまらないけれど、切実な結論に行き着くのです。

小島　勝間和代さんが、性別にかかわらず人を好きになるということを公言しました。彼女のように既に経済評論家としてブランドを確立している人が性的少数者という別ジャンルで話題になると、特殊なものだと思われていたものがより身近なものになったり、イメージが変わったりする。ロバート・キャンベルさんが同性愛を公表されたのも同様です。ハラスメントに関しても、知名度と人気のある人が「もうやめよう」と発信することで、遠巻きに見ていた人たちが共感しやすくなると思うんです。

武田　写真家の荒木経惟氏から受けたハラスメントを告発したKaoRiさんへ賛同の声が集まっている時に、女優・モデルの水原希子さんが「モデルは物じゃない。女性は性の道具ではない」とし、自身がCM撮影の際に受けたことについて言及されていました。

小島　政治家では野田聖子さんががんばっていました。若い頃、パンツ見せろと言われても我慢して選挙活動をせざるを得なかった、と。子どもを生むまではこの男社会に適応してやっていくしかないと思っていたけど、子どもを生んで初めて＃ＭｅＴｏｏ的な声をあげる人の気持ちがわかった、五〇過ぎてやっと女性の気持ちがわかるようになったと、おっしゃっていました。

でも、それに続く女性議員がいないじゃないですか。ただでさえ数が少ないのに、女性の人権に関することに女性議員が知らんぷりを決め込むのはがっかりです。声をあげてもイメージが悪くなるだけだと思っているのでしょうか。

武田 今、どんな政治的案件でも、野党側の意見としてニュース映像にコメントを残すのは辻元清美さんか福島瑞穂さんですね。中身を聞かずに「また反対してる」で処理している人も多いはず。

小島 やはり女性議員の絶対数が足りないんですよね。発言する人自体が少ない。

武田 見ているほうは「はい、はい、出ましたね」と、あたかも「早く質問しろよ！」と野次った安倍晋三のような気分で、茶化しながら見てしまうんじゃないかと思う。

小島 でも一連の＃ＭｅＴｏｏ報道で、がんばっている女性アナウンサーがいて、心強かったです。福田淳一元財務事務次官のセクハラ事件のあと、テレビ朝日の小川彩佳さんや、ＮＨＫの鎌倉千秋さん、ずいぶんがんばっていました。もっと言いたい！ という気持ちがあふれ出ていました。テレビ朝日の宇賀なつみさんやフジテレビの山﨑夕貴さんが「やっぱりこれはないんじゃないか」とがんばって発言したのもすばらしかった。あのポジションの人が＃ＭｅＴｏｏしないと変わらないんですよね。女性の局アナが一人称で、しかもセクハラに関する意見を言うって、構造的にものすごく勇気がいることなんです。彼女たちも相当の覚悟をもって、自分が言わなくてはという使命感を持って発言したと思うし、普段彼女たちと話していても、女性の置かれた立場について相当真剣に考えています。自分が女性のロールモデルになってしまうことも、ある種男性の理想の女性像を体現してきたこともわかっているからこそ、彼女たちの言葉には切実さがあったし、意志を感じました。あの一件で、女性アナウンサーは可愛くてニコニコしていればいいという時代から、意見を言うのが肯定される時代へと、確実に変わったと思います。

武田 たしかに、そこには希望があるのかもしれないですね。

再生産される従順な妻幻想

武田 テレビを見ていて思うのは、戦力外通告された野球選手のドキュメンタリーとか、いざというときに女が男を支える物語が、みんな好きですよね。男を立てる妻がクローズアップされる。スポーツだけでなく、どのジャンルでも、この型に合うストーリーを探しにいく。

小島 困ったときに「女の人は献身的に支えてくれるよね」という幻想ですね。

武田 家にはきれいな奥さんと乳飲み子がいて、買ったばかりのマンションのローン返済が大変……。

小島 「大変だけど、お金じゃなくてあなたが好きだから一緒にいるわ」的な。

武田 そして、別の球団からオファーをもらえるかどうか、勝負をかけるトライアウトを受ける。夜一一時頃の放送が多いので、サラリーマン向けですね。かつての『プロジェクトX』もそうでしたが、おじさん向けのドキュメンタリーには、夫を支える妻が必ずスパイス役に用意されている。最後まで信じてくれる妻。

小島 不安があるんじゃないでしょうか。「結局うちのかみさんは俺が稼いでくる金目当てなんじゃないか」「定年になって邪魔にされたらどうしよう」といった不安感がどこかにあるから、「そんなことはない、たとえ俺が丸裸になっても女というのはきっと支えてくれるものなんだ」と安心したい。

武田 そうなのかもしれないですね。ドラマ『半沢直樹』もそうでした。あれも上層部に逆らう堺雅人が、家に帰ってから妻役の上戸彩に、会社をクビになるかも、左遷されるかも、なんて告げると、「あなたの好きなようにやっていいのよ、私は信じているから」みたいな対応をする。窮地に立たされた夫を、妻は最後まで応援してくれる。コレ、大ヒットの鉄則かもしれません。

小島 私も夫が無職になったときに、戦力外通告選手の妻的に言うのがやっぱり筋なんだろうと思って、言いましたよ。「私が仕事を辞めたとき、あなたは支えてくれたから、今度は私が支えるわ」って。でも夫が年収ゼロ、肩書きゼロになったら、「稼いでない男なんて」と思っちゃったんです。本人にも言ったし、すごくいじめた。「誰のおかげで食べていられるの」とか「稼いでないくせに」とか、嫌悪していたオヤジたちと自分が同じことを言ってしまったんですよ。実は男性社会で働いてきた女性の中にも男尊女卑的なものは内在化していて、稼がない人間はそれこそ生産性がないと思う価値観に染まっていたことを発見したんです。ショックでした。

このままでは家族崩壊だと思って、海外に引っ越したんです。海外移住という非常事態を家族みんなで乗り切ることによって、無職の夫が頼りになる、なくてはならない存在になる状況を作り出した。

男の人が期待するほど女の人は聖母ではないですよ。「この男、死ねばいい」と思いながら、「年収八〇〇万稼いでいるからいいか」と折り合いをつけている人なんかもいっぱいいると思います。でもそんなに稼げる男性は多くないし、共働きが多数の今はお金がすがいにはなりにくいのかもしれないけど。

武田 その現実を直視するのが恐いから、そういうドキュメンタリーやドラマを見て、「やっぱりそうか、そうなんだよな」と確認するんでしょうかね。

小島 いま共働きが増えて女性のほうが稼いでいることもあるし、男性の雇用も不安定になってきているから、「俺、捨てられるんじゃないか」という不安は大きい気がして。その不安を飯のタネにする仕組みも生まれているように思います。

武田 毎週『週刊SPA!』を読んでいますが、とにかく中年男性の不安を煽ってきます。この不安が、このまま女性が自由に働けるようになると自分たちの働き口がなくなっちゃう、に変換される人も多いんじゃないでしょうか。だから、女性活躍もわかるんだけど、もうちょっとこのままでいてくれ、と。

小島 東京医科大の入試不正問題でわかったように、下駄履いて入っている男性がいるのは明らかで、彼らは女が入ってきたらはじき出されるとわかっているから、なんとか女性を少数派にとどめておかなければと思うのかもしれない。

武田 あの東京医科大の件が明るみに出て、男性サラリーマンは戦々恐々としているはず。だって多くの企業が、男女のバランスを微調整しながら採用してきたんですから。経営者や人事採用担当者、採る側にはその自覚があるはず。えっ、この採用がバレると怒られる社会になってしまった、と感じているはず。

「オネエ」は別枠なのか

小島 テレビの作り出した良い妻幻想の話が出ましたけど、今はオネエ幻想もありませんか？ 性的少数者や旧来の男らしさからはみ出した人たちをオネエという一括りの箱に入れて、「彼らは自由で辛辣で、本当のことがわかっている」とキャラ付けする風潮。

武田 いわゆる饒舌に物申してくる「オネエ」って、多くの人にとっては、「実生活では見かけない存在」と認識されているんだと思います。本人たちもそういう把握のされ方をいやがりませんよね。マツコ・デラックスみたいな人＝別世界の存在、として見ている。つまり、ものすごくテレビ的存在なのです。自分の実生活には絶対に介入してこない人という安心感がある。だから何を言われてもいい。

小島 違う世界の人ってことですか？

武田 よくマツコさんが自虐的に「こんな私がさ」と言いますね。自分は「いやもう、あなたが『こんな』という世の中じゃないでしょう」などと思って見ていますが、もしかしたらほとんどの人はいまだにそう思っているんじゃないか。マツコさんらが言う分には、実生活に介入してこないから、どんなことを言ってこようと構わない、と。

小島 テレビ画面に出てくる女性って、まだまだ多様性に欠けていると思うんです。女と言えば若くてきれいで従順。そうじゃない女はゲテモノ的におもしろい。そのどっちもいていいけど、間がないのはおかしいでしょ。昔、塩沢ときさんとかサッチー、ミッチーのような熟年女性が好き勝手言うのが人気だったのは、ビジュアル的にも女性のロール（役割）からの逸脱という点でも異形の人であったからキャラとして成立していたんだと思います。「オネエ」はいまそこに位置づけられている。非日常の、普通の暮らしの周縁にいる人たちで、眺める分には面白いけど、身内にいるのは困るという距離感。自分と入れ替え可能な存在や、自分にとって脅威である存在が好き勝手いうのは許せないけど、異界からなら何言ってもいいよという感じでしょうか。若い女が生意気言うのはムカつくし偉そうなオヤジはうっとうしいけど、面白いオネエが好きなこと言っても女じゃないから生意気じゃないし、オヤジじゃないから偉そうでもない、許せる、という心理。だからと言って身近にいる性的少数者に寛容とは限らないと思います。

過剰適応の悲しみ

武田　テレビに出ている「オネエ」の人たちって、○○がイヤよね、とは言っても、社会に対して何かを具体的に手厳しく言うってことが少ないですよね。○○がこういうふうに悪い、とはあまり言わない。そもそも「オネエ」という括りも非常に雑ですが、それを彼女たちが糾《ただ》そうとしている感じもない。

小島　アイドルも女子アナもオネエも、求められるキャラに過剰適応してしまう。はるな愛さんも、いろんな思いはおありでしょうけれど、ときどき低い声で「大西賢示でーす」ってやっていらっしゃいますね。はるなさんは納得していらっしゃるのかもしれないけど、トランス女性の出演者が「女性なのでオネエ扱いしないでください」と当然のことを言うと、面白くないと言われたりするのは本当に理不尽です。

武田　はるな愛さんとは、隔週でレギュラー出演している大竹まことさんのラジオでご一緒しています。時折、時事問題について突っ込むことがありますが、当事者としての怒り、という感じではないかもしれないです。

小島　はるなさんは、子ども食堂の活動もされていて、テレビ画面の中のキャラとは違う顔もおもちですよね。

　結局テレビで人にものを見せるときにはわかりやすくしなければいけないし、人物をキャラ化するのが制作者としても見ている人にとってもわかりやすい。役割はっきりさせてくれないと見づらいよ、って。

武田 それぞれに事情がある。大変だし、しんどいですよね。かなり前ですが、ある女性作家が文学賞を受賞した時に、雑誌掲載用の写真を撮ることになり、当日現場に行くと衣装が用意されており、それが網タイツだったという。結局、網タイツを穿いて、ちょっとかがんで写真を撮らされた。それを聞いた時、こりゃどうすりゃいいんだ、と。

その若い女性作家は、断ったら生意気だとか面倒くさいと言われそう、そんなことなら……と思い、結局穿いて写真に撮られたそう。実際はそれを断って干されることはないと思いますが、キャリアの浅い人ならそう考えてもおかしくないですよね。

小島 TBSに入社して三年目ぐらいの頃、TBSの若手女子アナがバニーガールの格好をしてステッキ持って踊るという夜の番組企画があったんです。私は、踊ることもそんな格好することも絶対にいやで、拒否したんです。先輩に「みんな仕事だから頑張ってやっているのに一人だけ甘えるな」と叱られました。でも、絶対に出たくなかったんです。だってバニーガールとして採用されたんじゃなくて、アナウンスの専門職として採用されたんですから。なんで男性アナは踊らないで若手の女性アナだけなの？　なんでバニーガールの格好なの？　こんな理屈をこねるのは女子アナ失格なんだろうな、でもどうしてもやりたくないのだから仕方ない……と悩んだものでした。＃ＭｅＴｏｏムーブメントの中でふとそれを思い出して、「その企画自体がおかしいだろ」と気がついたんです。過剰適応していたので、当時は自分を責めたんですね。＃ＭｅＴｏｏムーブメントがなければ、自分が性差別に抵抗したということにも気がつけなかったと思います。

ラジオの番組を降りた理由も同じでした。私がメインパーソナリティの番組だったのですが、新しくきたプロデューサーから「自営業の四〇代から五〇代の男性の聴取率を上げたいので、今度から小島さんはパートナーの男性を立てて、『えー、すごーい』とか、おじさんが喜ぶようなリアクションをしてください」と言われたんですね。四〇代、五〇代のおじさんはみんな女がうなずいているのが好きだなんて、仕事のパートナーに対してもリスナーに対しても失礼だと思いました。それで私は番組を降りたわけですが、当時は番組制作上の方針の違い、価値観の違いと認識していたんです。でも今振り返ると、あれはジェンダーロールの押し付けだったんだなとわかりました。一人のしゃべり手としてではなく、女性として、プロデューサーにとって望ましい役割を演じろと言われたのですから。なんでも女性差別だと言うのは視野狭窄だと思うのですが、そう思うあまりに実際にそうである場合も違う読み方をしてしまうある種の認知の歪みが自分の中にあったのかもしれないと、今回気づかされました。

あらかじめ用意された席

小島 武田さんは、女性に意見されても、「女のくせに生意気」とは思わないんですか。

武田 女のくせに、とは思ったことないですね。必死に抑えてきた覚えもないし、その感覚自体がないですね。

小島 なぜなんでしょうね。

武田 昔からいわゆる体育会系社会が嫌いで、そこから外れてきたのは、いま思えば大きかったのかもしれません。高校時代は弱小バレー部に所属していたのですが、先輩の前は必ず屈んで通れ、というルールがあったんです。無意味だなと思ったので、自分がキャプテンになったときに廃止したら、時折練習にやってくるOBが怒っちゃった。彼らにとってはそれが、とっても大切なアイデンティティだった。どうやら、この体育会系社会ってやつは、どうでもいいところが最も大事らしいぞ、ということに、わりと早くから気づいていました。おかげで体の中に「マッチョ」が常備されずに済みました。

小島 ご家庭では?

武田 父親はマッチョな人ではないですね。一方、母方の家族の影響はかなり強く、祖母も母も叔母も働いていて、とにかく押しなべて口が悪かった。テレビ見ながら、全員で何かしらののしってる、みたいな環境でしたから。文句ではなく、「自分の意見を言いなさい」と植え付けられてきた感じです。いま思うと、すごくありがたいですけどね。

小島 そんな武田さんが「あなたたち男は女を差別して」と言われると、イラッとしませんか。

武田 横を向けば、確かにそうだなと思うことのほうが多いですから、イラッとはしません。そもそも男を背負いたくもないですし。「武田ムカつく」と言われれば、どうして、と聞きますが、「男ムカつく」と言われても、こちらの気分が害されるわけでもない。そうやって、「男性たち」と連帯せずにいられるのは珍しいらしいのですが、こちらとしては、そんなに珍しいことかなと不思議に思う。確かに男は、みんなすぐスクラム組んじゃいますね。そもそも、あれがいやなんです。

小島 では、「あなたは男であるという時点で既に優遇されているじゃないか。下駄を履かされていることに無自覚過ぎる」と言われたら、どうですか。「俺だって選んで男に生まれたわけではないのだから責められても」とは思いませんか。

武田 そうは思いつつも、実際いろんな場面で下駄を履かされていますからね。その自覚はあります。たとえば自分のように社会的・政治的なことについて発言をするだとか、媒体に原稿を書くにあたっては、男であるからこその説得力が付与されていると感じることがあります。話す・書く場所が用意される、と言ったらいいでしょうか。新聞で何か書いてくれと言われても、「新しく出てきた若手の女性論客」とは違う仕事をさせられているのかなと思います。たとえば三浦瑠麗《るり》さんを見ていると、オヤジへの従属感がないとあそこまでの位置を得なかったと思います。本人がどうこうではなく、周りの扱い方です。自分は、何かのしがらみの中で今の自分ができたという感じはない。でも、やっぱり、男という属性のせい、という感覚はあります。

小島 あらかじめ席がある感じですね。

武田 世のオッサンは、若手の男席を常に用意しており、席が空いていると手招きしてくれる。でも、若手の女席というのは、あらかじめ存在しません。わざわざ用意される。

小島　職場の花的手法を採らない限り、席はないわけですね。

武田　その席で、案内してくれたオッサンに対して文句を言ったとする。男性の場合、生意気だとは言われても、その席は剥奪されない。女性はどうでしょう、その席、剥奪されると思うんです。

小島　「おまえは宴会の花として俺の隣に座っているんだから」と。

武田　そうそう。「おまえ、何勘違いしてんだよ、独立したツラしてんじゃねえよ」ってなる。

小島　それ、多くの女性アナウンサーがニュース番組でサブキャスターとして経験してることだと思いますよ。

武田　男は優遇されています。だからこそ、個人的には、上の人たちに物申すのをやめないようにしようと心がけてはいます。ムカつくならムカつくって言わなきゃいけない。あらかじめ席が用意されている男性の、最低限のマナーかと。

小島　自分は優遇されているから上の人に恩があるしな、と黙ってる人は大勢いるんだろうけれど。

武田　いると思います。

小島　構造的に下駄を履かされてきたことに自覚的であるからこそ、リスクを取れということですね。

ガラパゴス化した日本のテレビ

小島 砂鉄さん、今後はテレビでご活躍されるのですか。

武田 よく話をもらうのですが、ワイドショーのコメンテーターはやりません。だってあの短い時間で自分の考えを適切に伝えることなんてできないから。古市憲寿さんを見ていると、この場では言いたいことをすべて伝えるなんて無理、と開き直っている。逆張りでおもしろいことを言うと、それが重宝される。ここには参加したくないな、できないな、と思います。

小島 インターネットテレビは放送法に縛られないから今までにない面白いものを作れると期待されているけど、中には先祖返りしているというか、時間をかけて洗練されてきた部分をあえて以前の状態に戻して「新しい」と言っている状況も。差別や暴力なんでもありにして「自由だ!」とかね。新しい報道番組を目指そうとか、志のある人は多いですけど、手法がまだ昔ながらという矛盾を感じることがあります。

武田 そうでしょうね。インターネットテレビを作っている人たちには既存のテレビ業界の人も多いですから。桐野夏生さんと対談した時に、IT方面での成功者の考え方が稚拙だとの話になり、「女性に抑圧的な現役オヤジが、幼稚な成功者と結託して、とても悪くなった感じがする」とおっしゃっていた。彼らが、夜も昼もないIT労働者に向けて、女子を雇ってお弁当を配ってもらおう、なんて言い始める。こういう人たちとテレビ業界の人たちが一緒になってテレビを作れば、そりゃあ三〇年前と同じになりますよね。

小島 いくら媒体が新しくなっても、コンテンツを作る人たちの価値観が同じでは何も変わらないですね。

武田 一つずつ細かく指摘していくしか方法はないと思うんです。自分がテレビについてあれこれ言う原稿を書いていると、「俺、もうテレビ見なくなったんだよね」という反応がすごく多い。テレビ離れはたしかに進んでいます。それでも、一番のマスメディアがテレビという状態はしばらく変わらないでしょうし、そこではSNSで議論されているのと真逆のことが平然と行われていたりする。テレビを見るのをやめれば自分の考え方は洗練されていくかもしれないのですが、この状態を放置すれば、テレビの中の常識から生まれる考え方は変わらない。それなら、やっぱり厳しく指摘していかなきゃいけないと。

小島 テレビってやっぱり最も手軽で、無防備に見てしまうメディアですよね。スイッチ押すだけだし、無料だから、ぼーっとつけっぱなしになる。空気のように身近な存在。でも、世の中の常識や制度が変わるときには、その「空気」が思いがけず大きな力を持ってくる。物事が動くときには、SNSでいかに洗練された議論がシェアされていたとしても、多くの人が無自覚に触れているテレビでの相場観がものを言うんじゃないかと思うんですよ。相場観て、つまり、これはこうしとけばいいんじゃない？　っていう態度のことなんじゃないかと思うんですが。不倫は叩いときゃいいんじゃない？　ブスいじりは笑っときゃいいんじゃない？　騒ぎを起こしたやつには自己責任て言えばいいんじゃない？　とか。物事ってそんな簡単じゃないし、態度を決めかねることも多いと思う。その決めかねる過程こそが大事で、「自分はどうしたいのかな」っていう一人称の問いが生まれるんですよね。それって自分が当事者だっていう感覚のことで、大げさにいえば、民主主義の根幹にかかわることなんじゃないかと思うんです。

武田 根幹の部分が汚れているなら、やっぱりその汚れを取り除かなければいけない。これもまた、「俺たちの周りには、セクハラするやつなんていないから」ということで終わらせてしまう人がけっこう多い。それはとっても恵まれた環境だとは思うけれど、一番大きな広場に汚れがまだあるなら、それをやっぱり指摘していかないといけない。「俺たちのところは大丈夫だから」ということで終わらせてはいけないんですよ。

小島 私は「褒める」ことも大事だと思っているんです。テレビの人って、視聴者の声にいつもすごくビクビクしているんです。だから悪口じゃなくて、「あの番組いいよね」というのをどんどん言っていったほうがいい。ハラスメントで言えば、ハラスメントは必要悪という「常識」を変えるようなポジティブな視点で作られたものを「いいね」と褒めていくことも、ハラスメントを助長するようなコンテンツへの批判と同じか、それ以上の効果があると思うんですよね。批判ばかりしてると、「最近コンプラ、コンプラって、怖いよなあ」と制作サイドは縮こまるばっかりですから。こうすれば褒められるんだ、っていう経験があると進むべき方向も見えてくる。

武田 SNSには悪い部分もありますが、そういった筋肉が鍛えられていくという良い面はあります。炎上ＣＭにしろ政治スキャンダルにしろ、様々なハラスメントの事象に対して、「これを肯定するのはヤバい」とか「こうやって文句を言うべきなんだ」と可視化されていく。その繰り返しによって空気は変わっていくんだと思います。だからテレビのバラエティ番組でも、小島さんのような意識を持つ人が一人でも増えていくことで、空気が変わっていくと信じたいです。ただ、キャスティングするオヤジの考え方をどう変えるかという問題は残りますが……。

小島 砂鉄さんは引き続き、「おかしいでしょう」「そういうの今どきありえないでしょう」と苦言を呈し続ける（笑）。

武田 もうそれしかないですよね。この本に出ておられる方、たぶんみんな同じこと言うんじゃないでしょうか。雑な言葉を、ハンマーで壊したり、ピンセットで抜いたり、様々な方法で取り除いていくしかないんです。

男性学・男性性研究からみえてくるハラスメント社会

社会学者
伊藤公雄
KIMIO ITO

一九五一年生まれ。文化社会学・政治社会学専攻。京都産業大学現代社会学部客員教授、京都大学名誉教授・大阪大学名誉教授。一般社団法人ホワイトリボンキャンペーン・ジャパン代表理事。日本ではじめて「男性学」の講義を開始した。主な著書に『男性学入門』（作品社）、『光の帝国／迷宮の革命』（青弓社）、『〈男らしさ〉のゆくえ』（新曜社）、『「戦後」という意味空間』（インパクト出版会）など、共編著に『国家がなぜ家族に干渉するのか』（青弓社）などがある。

日本は変わったか

小島 伊藤さんは日本ではじめて「男性学」の講義を始められた方です。三〇年以上にわたって、男性性と暴力の関係を研究されています。男性が男らしさの呪いに気づくことが重要だと以前からおっしゃっていますが、この三〇年で社会は変わりましたか？　一九九六年に出された『男性学入門』（作品社）を拝読しても、課題は今も変わらない気がします。

伊藤 僕の下の子は二九歳、上の子が三二歳ですが、その子たちが小さい頃、抱っこベルトに入れて歩いていたら、子どもにも大人にも奇異な目で見られました。子どもたちが寄ってきて、「おっちゃん、そこに何入ってんの」「赤ん坊じゃ」「えーっ」みたいな感じだったんですよ（笑）。今は抱っこベルトをして子どもを入れて歩いている男性も、乳母車を押してる男性もたくさんいる。少しずつ変わり始めているのかな。

男性が自発的に変わったのか、それとも女性との関係で変わったのか。結婚して「あなたの子どもなんだから、あなたもやりなさいよ」と言われて男性たちも育児参加を始めているんだろうと思うんです。男性で育児休業をとれてる人はほんとに少ないけど、子どもが生まれたら、育児休業をとりたいと思っている男性は六割を超えています。だから男性の意識の問題だけじゃなくて、制度の問題も大きいと思います。制度が変わらなければ、社会は根本的に変わらないというふうに思っています。社会が変わるための地殻変動は起こり始めているんだけれども、まだ臨界点までいってないというのが日本の状況だと思いますね。

小島 男は男らしくあらねばならないという「男らしさの呪い」に気づき始めた人も多いのでしょうか。

伊藤 大学の授業で「自分が草食系だと思うか」と聞くと、男子学生は七割から八割が「そうだ」のほうに手を挙げます。若い世代の多くにとって、マッチョな男性というものが必ずしも理想像ではなくなっているのだと思います。ただ、社会に出て、会社の組織の中に入ってしまうと、会社の組織自体がいまだに男性中心でできあがってるので、どうしてもそれにあわせていかざるをえなくなる。若い世代の男性たちは意識の面と実際の生活の面のズレみたいなものを感じていると思います。

小島 家庭を顧みず、二四時間働くのが当たり前だと思っていた世代との価値観の違いですね。仕事と家庭をどのように両立させるかという悩みは、男女とも似てきていますね。

伊藤 似てるかもしれないですよね。女性が社会進出するためには、今までの男性の働き方を変えないとうまくいかないし、結婚したカップルが働き続けようと思ったら、男女ともに働き方を変えないと、もう子育てなんてできない状態になっていますから。

小島 男女は同じ悩みを抱える仲間として手をとりあえると思うんですが、なぜか分断が生まれてしまう。

下駄を履かされている

伊藤　職業上、あるいは働くということでは平等であるべきだというルールはそれなりに身についているけれど、親密な、親しい関係の中での男女関係となると、まだ古いパターンの男性性がどこかで出てきてしまうというのは、若い世代でもあるんじゃないかな。だからデートDVなんていうのが起こる。若いカップル間の、特に恋愛が絡む男女関係の中に、支配とか所有とか権力行使みたいなものは潜んでいると思います。

小島　そういうものは、どこで学習するんでしょうね。

伊藤　メディア、あるいは親ですかね。DV家庭に育った男性たちは加害者になりがちだというのは前から言われてることです。暴力を振るう父親がモデルとして入ってきてしまう。また、日本のマスメディアは対等な男女関係というものをメッセージとして提示し切れていない。男性が女性をリードしなければいけないというような気持ちは、今の若い男性の中にもあるんじゃないかと思います。

小島　主要なメディアの管理職には女性がほとんどいないんです。メディアは未だにマッチョな価値観の男性の牙城で、そこから生み出されてくるコンテンツは、意思決定をする人たちの強固な男尊女卑の価値観を反映したものになるんですよね。

伊藤　そうそう。出版社もそうですよ。どんなリベラルを自称する出版社でも、男性を対象にしたジェンダー平等みたいな企画を出すと、上のほうの男性たちに落とされる。この三〇年ほどの間、僕のところに直接取材に来る新聞記者や雑誌のライターはほとんど女性でした。男性の取材者が来るようになったのはここ一、二年です。#MeToo運動でやっと朝日新聞の男性記者が僕のところにインタビューに来ました。

小島　そうなんですか。

伊藤　あきれるぐらいにそういう構図ですよ。男性は女性のサポートの上に自分たちが乗ってるということに無自覚だから、性差別問題の重要性に気が付かないんですよ。

　カルビーの前会長さんが女性の管理職を増やそうとしたら、男性から「女性に下駄を履かせるのか」って言われて、「おまえらが今まで下駄履いてたんじゃないか」というふうに切り返したという話があります。男性たちは、これまでいろんな面で下駄を履かされてきたんですよ。女性が働こうとしたら家事をしながら働かなきゃいけないけど、男性たちは家に家事労働者を抱えながら働いてるわけですから。でも、男性の多くはそのことに全然気がついてないですよね。

小島　『男性学入門』にあるように、男たちは、妻の家事労働を愛だと思ってるんですね。

伊藤　女性の側も家事や育児は愛の労働だというふうに思い込まされてきた。家事をすることは、家族に対する愛であり、夫に対する愛であると。そうしたエクスキューズで自分を支えてきた部分が女性たちにはあると思う。その愛の幻想の上に男性は乗っている。

小島　愛という名の下駄を履いているんですね。下駄の歯が愛って字になってるんだな、きっと（笑）。

結婚という下駄

伊藤　結婚した場合は結婚という制度にのっていると思っているから、男性の多くは夫婦間のコミュニケーションなんかなくても、結婚は持続すると思い込んでる。でも、ほんとうはどんなに親密な関係でもコミュニケーションなしでは成り立たないわけです。

小島　「察しろ」って、一種の暴力ですからね。コミュニケーションなしで良好な関係なんて維持できないですよ。

伊藤　女性のほうからコミュニケーションを要求しても、男性は応えないまま、仕事人間として年を取っていきます。それで、定年離婚や、最後の子どもさんが結婚するときに、結婚式離婚みたいなことが起きる。男性は口では言わないけれども、妻を愛してると自分では思っている。でも、口で言わないから妻には伝わってない。自分がサポートされてるという自覚はそれなりにあるんだけれども、感謝の言葉も口にしない。定年で夫に仕事がなくなったら、妻からみればたいへんなお荷物を背負うことになる。そこで、「はい、さようなら」って、妻の側から離婚が言い出される。

定年離婚された男性の平均余命は、一般の男性の平均余命と比べると一〇年ぐらい短くなるといわれています。男性の多くは、生活の面で自分が支えられないと同時に、精神面でも女性に依存している。妻に先立たれて、後を追うように亡くなる男性はたくさんいるけれど、夫に先立たれて後を追うように亡くなる女性というのはあまり多くない（笑）。むしろ長生きするというデータもあるんですよ。だって重荷がなくなりますから（笑）。

小島 それはわかりやすいですね（笑）。

伊藤 しかも無自覚に依存している男性も多い。女性へのハラスメントも、支配だけじゃなくて、依存の問題が絡んでいると思います。つまり女性は自分の性的な欲望を満たしてくれるべき存在、自分を癒してくれるべき存在だと思っている。女性に対する対等ではない関係の持ち方があって、そこには支配と同時に依存の問題もある。支配と依存の両方の中でハラスメント行為は起こってきたんだろうと思いますね。ＤＶもそうですけどね。「男性は女性にいばりながら甘えてきた」と僕は言っているんですが。

マジョリティの無自覚さ

小島 多くの男性が、女性は何を言っても当然受け入れてくれるはずと思っているということですね。福田淳一元財務事務次官が女性記者に対して「おっぱい触っていい？」と平然と言うのも、自分のような肩書きを極めた男なら何を言っても許されるだろうという甘えがあるからでしょうか。なめんなよ！　としか言いようがないですね。

伊藤　特に近代社会は男性のルールがマジョリティのルールになっている。男性は、そのルールをすべての人に押しつける。このルールの中では女性は男性のコントロールのもとにあり、さらに男性をサポートする存在だと思われている。そういうルールに疑問をもたないし、点検もしない状況が、今のハラスメント、あるいはDVにつながってきてるんだろうと思います。そこを自覚しなければ、問題というのは解決しないんじゃないかな。

小島　「殿方を手のひらの上で転がして喜ばせてあげるのがいい女だ」という女性もいますね。それが聡明な振る舞いだと娘に言いきかせる母親もいる。男性の理屈だけで回って行く社会を逆手にとった渡世術です。男尊女卑的な構造を変えることは放棄して、むしろそれを利用する戦術で生き延びようというやり方ですね。私もそうやってしのいだことがありました。

伊藤　ブルデューというフランスの社会学者に、「排除されたものの明晰さ」と書いた文章があるんです。マジョリティ社会で女性はある面マイノリティとして排除されてる。排除されてるからこそ、マジョリティの問題性もクリアに見えている。だから女性のほうが男性のしんどさもくだらなさも見えていて、その仕組みの中で男性と関係を作ってきたというわけです。

小島　女性アナウンサーという仕事はまさにそういう仕事でした。男性優位社会がありありと見えていて、自分がその男性優位社会に媚びる構造で特権を得る仕事だとわかっていた。その構造をわかった上で乗りこなしているから、自分は聡明なんだと思ってたんです。でも、だんだんとこの構造自体がおかしいと思うようになりました。

世界との比較

伊藤 近代社会の構造は、男性が主で、女性が従というのがメインストリームでしたが、一九七〇年代ぐらいから、世界中でその構造が崩れ始めた。よくハラスメントの話や性差別の話をすると、日本は古くから男尊女卑で、文化的に変えようがないんだと言う人がいます。そんなことはないんですよ。たとえば、敗戦後に日本では男女平等の法整備は欧米諸国より進んだ仕組みができています。離婚についても女性が言いだせる協議離婚の制度は戦前からあって、家父長制も法制度的には敗戦後完全になくなってる。優生保護法(現・母体保護法)は多大な問題はありますけど、経済的な理由での中絶を認めると明記されている。

一九七〇年前後にヨーロッパのフェミニズム運動が何を要求したかといえば、法制度上の家父長制の廃止、離婚ができる権利、レイプされた場合や病弱や経済的な理由での中絶の権利です。これらが七〇年前後のヨーロッパの女性運動の大きなテーマなんですね。でも、日本は敗戦後の段階でもうクリアしちゃってた。フランスでは、一九六五年まで、結婚した女性は夫の許可なしに働いてはいけないというふうに法律で決められていました。

小島 つい最近なんですね。

伊藤 ヨーロッパの多くの国で家父長制条項が法律から完全に排除されたのはたぶん八〇年代。

近代家族法はナポレオン法典による家父長制なんですよ。だから離婚もむずかしいし、特に女性が言いだす離婚はほとんど不可能。財産権は家長である夫が握ってます。フランスは女性は六五年まで自分の名前で預金通帳が持てなかったんですよ。

小島 フランスの女性は自由！　というイメージに騙されちゃいけないですね。

伊藤 アメリカでも七〇年代までは女性は自分の名前でクレジットカードは持てなかった。州によってはもっと遅くて、八〇年代になってからのところもあると思います。家父長制では財産管理や家族に関する決定は家父長が行う。ただ、ヨーロッパの家父長制では家父長は家族を保護しなければいけないという責任条項が含まれていますが、日本の明治民法では、守るよりもむしろ支配するルールに転換しちゃったというところもあるんじゃないかな。ともかく僕はこのハラスメントの問題、性差別の問題を考えるときに、ヨーロッパやアメリカより日本が遅れているという発想をとらないほうがいいと思う。世界中が七〇年代ぐらいまでそうだったんだというところから出発すべきだと思います。

小島 私が生まれた頃はそんな世界だったのか……。

伊藤 ただ、日本の場合七〇年代以降の転換の中で世界の流れに乗り遅れちゃった。まず七〇年代に世界中で女性が労働に参加するようになった。一九七〇年の段階のＯＥＣＤのデータで、女性の労働力率、つまり働く女性の割合のデータがあるんですが、日本はＯＥＣＤ加盟国の中で二位ですよ。一位がフィンランドで、二位が日本で、三位がスウェーデン。日本のほうがスウェーデンより働いてる女性の割合は高かった。で、二〇〇〇年では、日本は OECD の中で二〇位前後。

小島　この三〇年ですごい差がついたんですね。

伊藤　専業主婦体制は欧米の工業先進国でできあがったものですが、それが七〇年代に転換が始まる。なぜ転換が生じたかというと、一つには男女平等の流れがやっと始まったということ。もう一つは七〇年代の国際不況が原因です。男性稼ぎ手モデル、夫が働いて妻は専業主婦というモデルが崩れていく。不況の中で男性の給料が下がって、女性が働くようになっていった。ただヨーロッパはまだ余裕があったので、女性が働くようになると男女の労働時間の規制が始まります。だって夫婦で働いたら子どもや家族を誰がみるのかという問題が出てきますから。そこで様々な形での家族政策、特に子どものいる家族に対するサポートの制度が充実していったんです。男女で働く形に方向転換が始まっていくわけですね。

小島　なるほど。割と早い段階でそっちの工夫をしたんですね。

伊藤　家族政策は、まず子どものいる家庭への減税、あとは子ども手当のような直接給付、さらに保育所等のサービスがあげられます。子どもがいる家庭の男女が働きやすい仕組みを七〇年代に作りはじめた。そういった国々はじつは少子化を乗り越えてるわけですね。ただ、ヨーロッパでも南欧などは違う展開をした。僕はイタリアがフィールドなんですけど、スペイン、イタリア、ギリシャなど南欧ともう一つ東アジア、日本、韓国ですが、これらの国々は、OECD 加盟国の中で、働く女性の割合が低い。もちろん十分な家族政策もないし、育児や介護は家族がするべきだと、あまりサポートしない仕組みになっている。そういう国は、だいたい少子化傾向が強い。付け加えれば、男性の家事、育児参加率も低い。古い家族主義の文化が残ってる国々のほうが、少子化傾向になってる。

小島 女性は家にいろ、という文化のほうが少子化とは、皮肉ですね。

伊藤 だからといって、女性が働けば子どもが生まれるわけではありません。女性が働くと基本的には子どもが生まれにくいんです。そりゃそうですよ。仕事しながら夫婦で協力しても、子育てはたいへんですから。ただ七〇年代以後、家族政策や労働時間短縮など、子どもを育てる環境整備を進めた国は子どもはそれなりに生まれている。南欧や東アジアのように、それをしなかった国は少子化になっています。

イタリアの社会学者のキアラ・サラチェーノは、この現象を「家族主義のパラドックス」と呼んでいます。南欧と東アジアのように、家族を大切にする文化を持ってると自称する家族主義の社会ほど少子化になっている。これらの国々は家族主義の名のもとに女性に家事や育児や介護労働を集中的にやってもらう仕組みを維持して、働く男女をサポートする仕組みを社会として作ってこなかった。こういった国々で少子化になっているんです。

経済成長が阻んだ制度改革

小島 制度でサポートするのではなく、愛の力でなんとかしろということですね。

伊藤 まあ日本の場合はそういう一種の精神主義でやってきましたが、家族を本当に支えようと思うのなら、財政的、人的に家族を支える支援をしなきゃいけない。たとえばソーシャルワーカーをたくさん配置して、困った家庭はサポートしたりしなくては立ち行かない。

小島 そのコストを国が負担したくないから、愛の神話とか、母性の神話とか、いろんな物語を持ち出して、個人の問題にしてきたんですね。

伊藤 それが少子化の原因ですよ。精神論で「三人生め」といったって、生めないですよ。基盤が、インフラができてないんだから。

小島 なぜ日本は七〇年代の国際不況の中でも、男女が働く社会にならなかったのですか。

伊藤 七〇年代の日本は、団塊の世代がちょうど社会に出てくる頃で、いわゆる人口ボーナス、つまり人口の変容が社会の経済的な成長にプラスになるときだった。一九四七年、四八年、四九年の三年間に生まれた人が八〇〇万人いる。これがわっと社会に出て、労働力が確保された。しかも多くは地方から都市に出てきたわけです。都市で若い男女が結婚し子どもが生まれる。さあ、子育てをどうしようということになる。男女の賃金格差は大きくて、生涯賃金を考えたら、そりゃ稼ぎのいい男性が働いて、女性が育児をという形にならざるをえない。で、七〇年代にその仕組みが確立していった。

地方であれば、農業や自営業の家が多くて、おじいちゃん、おばあちゃんが孫を見てきた。日本の昔話におじいちゃん、おばあちゃんが多く出てくるのは、祖父母が孫を見ていたからなのだと思っています。

おじいちゃん、おばあちゃんと孫の関係というのはじつは日本の育児においてはすごく重要な役割を果たしたと僕は思ってるんです。

小島 それまでの子育ての担い手だったんですね。

伊藤 七〇年代の日本は安定的な経済成長を遂げたわけだけど、背景には男性の長時間労働と、女性が家事、育児を主要に担う仕組みがあったんですね。で、子育てが終わったあとは、年収一〇三万円までなら妻は所得税を支払わなくてよくて、夫は税金の控除が受けられる制度を使って、非正規労働で女性が働く仕組みを確立した。さらに一九八五年にいわゆる第3号被保険者の制度を作って、夫がサラリーマンで妻の収入が一三〇万円未満であれば国民年金の基礎部分がもらえる制度を作るわけです。実は、一九八五年って男女雇用機会均等法ができた年なんですよ。

世界の流れに乗る形で男女で平等で働きましょうと言いながら、こんな制度を作る。どっちの制度が優勢になったかといえば、第3号被保険者制度のほうでした。働かなくても年金がもらえるし、へたにたくさん働いたら、所得税払って、さらに扶養家族手当がなくなったりする。結局女性は一〇〇万円以下のところで労働を制限してしまうことになる。

小島 女性が家から離れないようにする都合がいい仕組みだったわけですね。

伊藤 家庭のことを顧みずに黙って頑張って働くお父ちゃんたちもいて、安い女性の労働力は確保できる。日本の七〇年代、八〇年代というのは結局、安定成長を遂げました。で、「ジャパン・アズ・ナンバーワン」って言われるような状況になるわけですよね。

一九八九年に出生率が一・五七%になって、少子化の予測はできていた。冷戦が終わった段階で、男女の働き方の方向転換をしなければいけなかった。でも、七〇年代、八〇年代が経済的にうまく行きすぎちゃって、成功体験が邪魔をして、転換しなかったんですね。結局失われた三〇年になってしまった。いまだに七〇年代、八〇年代型のモデルに縛られている企業も多い。

小島 女性の活躍を謳っていますが……。

伊藤 今は働く女性の数が増えてますから、実態は変わり始めているんですが、社会の仕組み自体は変わっていない。女性の活躍できる社会なんて言っているけれど、安い労働力で働いてもらおうという労働力不足対策の女性活用としか考えていない。やるなら男女が家族的責任を果たしながら働けるような制度設計をしなけりゃいけないのに、その制度設計をしないまま、女性活躍のスローガンだけが叫ばれている。日本の国を預かってる人たちは、九〇年代の転換も失敗してるし、現在も実情が見えているとは思えません。

小島 私は一九七二年生まれです。父は一九三三年、母は三七年生まれなので団塊の世代ではないんですが、私の同級生はいわゆる団塊ジュニアなんです。うちの両親はともに裕福ではない家に育って、父はがんばって大学に入って、奨学金を返しながら働いた。母は夜学に通いながら家事手伝いをして、会社の役員秘書をやって、丸の内で、父と出会って結婚した。聞かされたストーリーは七〇年代モデルそのものですね。

伊藤 まさにそのパターンですね。

小島 母はとにかくお嬢さん学校を出ていい会社に入れば、いいお花にいい蝶々が寄ってくるように稼ぎのいい男が寄ってくると言っていました。母の勧めで中学を受験し、中学から大学まで私立の一貫校に通いましたが、就活する頃には、急に景気が悪くなっていました。いい学校を出たのに正社員になれなかった人が大量発生したんです。

伊藤　団塊ジュニアの悲劇ですね。

小島　親から聞いてた話とぜんぜん違うと思いましたね。

伊藤　団塊ジュニアがたぶん、今、一番傷ついてると思うんですよ、社会的にも。

小島　空手形世代、ハシゴ外され世代と私は勝手に呼んでいます。

伊藤　一九九五年から日本のGDPって五〇〇兆円ぐらいで推移して、もう二〇年来ほとんど増えていないんです。つまり構造転換ができなかった。

小島　両親の見てきた右肩上がりとはまったく違う風景を私は一から歩かなくちゃいけなかったんですね。

消費のほうが楽しい

伊藤　日本の男性サラリーマンの平均年収は、一九七〇年に八四・五万円です。それが九〇年では四四〇万ぐらいになるんです。一番給料がよかったのは九七年で、五七〇万ぐらい。つまり三〇年の間にすごい勢いで男性の年収が上がった。なぜ日本で女性の社会参加が進まなかったのかといえば、男性の収入で豊かな生活が確保できちゃったからでもある。男性は長時間労働で、残業手当や役職手当をもらって、家には帰んない。しかも、銀行振り込みでお金が妻のもとに来る。

これを言うと怒られるかもしれないけど、日本の女性と若者は、七〇年代、八〇年代の消費文化の中で、おやじたちの稼ぎで、消費で自己実現するという生活スタイルを実現しちゃった。

小島 わかります！　私はまさに七〇年代、八〇年代を若者として過ごしているので、本当にその通りでした。あなたたちは今までで一番自由な女性ですと言われました。働いても、働かなくても、結婚しても、しなくても、生んでも、生まなくても、何やってもいいし、一番選択肢が多くて、どんな生き方をしてもいいんです、と。分厚い雑誌にはブランド物の服やバッグがいっぱい載っていて、これを手に入れれば人よりも一つ上に行けるという情報が次から次へ入ってきて、それをそのまま真に受けて育ったんです。

伊藤 基本的なところは年収五〇〇万円のお父ちゃんの稼ぎがあり、自分の稼ぎはある面お小遣いで使える人もいるわけですから。僕は七〇年代、八〇年代の特に若者、女性を対象にした消費文化の爛熟というのは、女性の社会参加をストップさせたし、仕事以外の自己実現の場所を消費活動という形で女性と若者に提供した。そういう面があったと思います。

小島 もうとにかく目に入る情報は恋愛と消費の話ばかりで、トレンディードラマに夢中になって……浮かれてましたねえ。私には九歳上の姉がいるんですが、姉の世代は二、三年働いて二五歳になるまでに寿退社、そしてだんなの稼ぎで専業主婦というのが王道。私の世代ぐらいからは、雇均法世代を見て、働く女はカッコいいと思うようになりました。私も親から経済的に自立したかったので、男性と同じ給料がもらえる仕事を目指してテレビ局のアナウンサーになりました。ところが世間よりもうんと高い給料をもらって、待遇はまったく男性と対等なのに、女性アナウンサーという職業上、女子ロール（役割）をやらなくてはならない、女子という踏み絵を踏まないと受け入れてはもらえないと気づき、この社会はそういう構図なんだなと早くから気づいてしまったんです。

伊藤 そうですよね。ちょうどその頃テレビキャスターが男性一人から男女になっていった時代です。男女と言いながら明らかに役割分担のある男女としてですが。七〇年代以降のヨーロッパやアメリカで性差別撤廃の仕組みができあがっていく中で、日本でも形の上では男女が並ぶようになった。でも、実際は、性役割的なものを前提にした表現のしかたみたいなものが定着しちゃったんじゃないかなと思います。

小島 それがいまだに続いています。そういう男女の役割分担を固定化するような価値観は、福田元次官のセクハラとも地続きだと思うんです。

伊藤 九〇年代にセクシャルハラスメントが日本で議論になったときに、労働については、被害を受けた側が主観的に、これは性的に不快だと思ったらセクシャルハラスメントだっていうのがルールとして共有されるようになったはずです。でもそれが財務省のトップの中にもまったく身体化されてなかった。

小島 彼らはなぜ身体化できなかったんでしょうか。

伊藤　男性にかかった呪いみたいなものでしょう。女性より優越した立場にないと男じゃない。女性をある種モノのように管理できないと男じゃない。女性に対して言うこと聞かせるぐらいじゃないと一人前の男じゃないみたいな、そういう男性のカルチャーですね。日本だけじゃなくて、世界中にあると思うんだけど、多くの国では公的な場でそれをやってはダメだということが、それなりに徹底された。でも、日本の場合はきちんとしたルールが定着しないまま、古いルールが蓄積されていて、それがそのまま出ちゃったというのが、福田元次官のケースかなと思いますけどね。

近代の男性の呪い

小島　伊藤さんは、そういう考えには染まらなかったのですか。

伊藤　女性に対する「優越志向」や「所有志向」や「権力志向」みたいなものは、自分にも、まわりの男性にもあるなと思いますよ。

小島　そもそもどうして男らしさの呪いみたいなものに関心をお持ちになったのですか。

伊藤　僕は七〇年代に学生運動をかなり熱心にやっていました。その中で、当時のウーマンリブの女性たちと一緒に行動するきっかけがありました。性差別撤廃運動を女性たちと一緒にした経験があったのです。その経験から、自分は男なのに女性の立場に立てるのかという「当事者性の問題」にぶつかったこともあったかもしれません。男性という立場から、女性の立場を代弁するというのは、当事者性ということから考えると、ちょっと違うんじゃないかということです。そこで、男性の立場から男性を解剖しながら性差別構造に迫れないかというふうに頭が動き始めた。

大学院で小説の社会学という研究会があって、僕はイタリアに興味があった。特にファシズム研究をやりたかったので、ファシズム期を分析しようと思ったんです。そこで、アルベルト・モラヴィアの小説を分析しようと考えました。取り上げたモラヴィアの小説は、ファシズム時代に社会にうまく適合できない男性同性愛者の小説なんです。当初は、ファシズム期の男性同性愛者を考察しようとしたんです。

でも、イタリアのファシズムを分析してると、男性性を賛美する政治体制だっていうことにやがて気がついた。そこで、イタリアのファシズム体制を自分の抱え込んだ性である男性性の視点で分析しようということになりました。今日の問題とも絡むんだけど、近代の男性たちというのはじつはとても不安定なんじゃないかというふうに考え始めたんです。だって、常に女性を支配しなきゃいけないと思い込まされているし、男性性を強調される社会ですから。近代の男性たちは、自分が男だということを常に証明しなきゃいけない。それはじつはかなり不安定な状況なわけです。

小島 ウーマンリブの人たちとの活動は、どういう動機から始められたのですか。男女平等を実現したいというお気持ちからですか。

伊藤 ちっちゃいときから頭でっかちだったから、男女平等というのはインプットされてたと思う。

小島　ご両親がそうおっしゃっていたのですか。

伊藤　両親から言われたわけではないと思います。うちは共働きで、祖父母もいました。八歳下に妹がいて、間に弟もいる。赤ちゃんだった妹を背負って母親を駅に迎えに行った記憶もある。八歳か九歳のときですね。子どものときには、しょっちゅう買い物に行ってこいって言われて、「はい、はい」って行ってましたね。買い物は今でも大好きです。で、おばあちゃんの手伝いで料理を作るトレーニングを受けました。意識して育てられたとは思いませんが、料理をしたり、買い物に行ったりするのが楽しいということは、家でインプットされていったのかもしれない。

小島　料理は誰かに作ってもらうものとか、買い物はお母さんがやるものというおうちではなかったのですね。

伊藤　うん。でも、それがそんなに大きいとは思いませんけど、どっちかと言うと頭でっかちで、人間は平等だって思い込んでたんじゃないですか、戦後民主主義の時代だったので（笑）。

小島　周りの男友だちの言動を見て、自分との差、友だちがおかしいんじゃないかと思うことはなかったですか。あるいは男社会で生きづらいなあとか、個人的な動機はありましたか。

伊藤　あんまり感じてないですね。ただ男性で、しかも大学の教師だと身構えなきゃいけない。それはしんどいし、ばかばかしいというふうに気がつきました。でも直接のきっかけは学生運動の中でのことですね。六〇年代から七〇年代の学生運動は、古い権威はおかしいと言っていた時代なのに、男性の権威主義的な態度も目立った。実際の運動の中では、多くの男性たちはマッチョに戦うわけだけど、それがいやだし、窮屈だと僕は思い始めたんでしょうね。そんな無理しないで、鎧を着ないで軽く生きたほうがいいんじゃないって。そう気がついてからはだいぶ楽になりました。それは僕の男性の研究の中にも反映されていることの一つかなとは思います。

小島 伊藤さんご自身が、ある種の男性の加害者性みたいなものを自覚したことはありますか。

伊藤 リブの人たちと行動を共にする前に、加害者として糾弾された経験がある。じつはここから僕のジェンダー研究は始まるわけですよ（笑）。僕が直接やったわけじゃないんだけど……性差別問題で糾弾された。

小島 伊藤さんが性差別とは！

伊藤 『男性学入門』の「ぼくが〈男性学〉をはじめた理由《わけ》」という文章で詳しく述べていますが、学生時代、「新入生歓迎会」の事務局長をやったことがあるんです。学生運動が盛んな時代で、学生の自治会活動の一環です。その新入生歓迎の催しの企画の一つとして、「ロック・ストリップ」という提案があるグループから出されました。「女性差別だし、やめたほうがいいんじゃないか」と言ったのですが、「女性だけではなく、男も脱ぐから大丈夫」というような形で押し切られてしまった。でも、ある日、女性グループと一緒に来た男性二人に激しく糾弾されたんです。「ストリップ」はけしからんというわけです。でも、当のストリップの主催者たちはどこにいるかわからない。「全体の責任者はお前だろう」ということで、責任をとれと言われました。当時のことですからボコボコに殴られました。

小島　ボコボコに……恐ろしい時代ですね。

伊藤　「性差別をしたんだから自己批判しろ」と厳しく詰められました。「一週間後にきちんとした自己批判文を公開せよ」と言われ、その後、本当に熱心に性差別問題の勉強をした。とにかく当時目についた性差別関連本を読みまくりました。で、改めてその性差別問題のひどさということに気づかされた。その後は、「あなたは性差別問題で自己批判したんだから、今後もきちんとやりなさい」ということで、リブの人たちと行動するようになったというわけだったんです。

マジョリティの不安定性

小島　男性の加害者性について、伊藤さんのように理解する人と、絶対に認めない人がいます。この違いはなんですか。

伊藤　マジョリティの世界から距離をとれるかどうかだと思うんです。僕は学生運動をやって、周縁的な立場からものを見るというトレーニングをしてきました。不十分だったかもしれませんが、ものの見方という点で、大きな視点の転換をそれなりにしたんだろうと思います。障がい者問題とか、部落差別の問題とか、女性差別の問題とか、マイノリティのほうからものを見るということをそれなりにしてきたつもりです。

小島　立ち位置を変える経験ですね。

伊藤　でも、福田元次官たちのように、マジョリティのカルチャーの中にどっぷりつかっている人は周りが見えない。ある種の男子校文化、女性をちゃかすことで自分が人気者になるというような、差別的な言動が自分の人格を高めるかのような不思議なメカニズムが男性のマジョリティのカルチャーの中にはあるんだろうと思います。その中でずっと生きてた人がああなってしまうんだと思う。

小島　究極の世間知らずですね。

伊藤　周縁的な場所にいる人たちに視線を向けるということが、マジョリティが変わるためにはすごく必要なんだろうと思うんだけど、むずかしいですよね。福田元次官は気づきのチャンスがまったくなかったんですね。

小島　なぜチャンスがなかったんでしょう。

伊藤　さっき言ったように、近代社会の中で、男性たちはじつは不安定状態におかれてきた。いつも競争を強いられる。競争の中で他者の上に立たなきゃいけないと思っているし、そのためにも自分の男性性を自分にも他者にも証明しなきゃいけない。ファシズムというのは社会全体をマッチョにして、ある種の不安定さを解除する運動だったというのが、僕のファシズムの男性性の視点からの分析です。もちろんファシズムは政治、経済、いろんな問題があるので、男性性だけでは解けないんですが、男性性の観点から見たらそういうことなんじゃないかと思いますけど。

福田元次官のケースなどを見ると、彼もマッチョ文化を充満させることで自分の立ち位置を確認するカルチャーの中で生きてきたように見える。

小島 それもしんどい生き方ですね。

伊藤 マッチョ文化の中にいる男性たちは、自分たちが囚われている男性文化に気づいていない。マジョリティである自分たちのルールが社会のルールだと思い込んでいる。だから、この問題へ気づきのチャンスを与える工夫が必要かなと思います。本当にあなた方は幸せですかという問いも必要でしょうね。今の社会で男性は社会的にはマジョリティかもしれないけれども、個人的にほんとうにハッピーですか、と。過労死に直面してるのはほとんど男性だし、多くの男性は親子関係も夫婦関係もうまく作れてないんじゃないですかと、問いかけしていくとかね。

国際的な七〇年代以降の流れの中では乗り遅れたけど、ここにきて、企業にとってのジェンダー問題、ダイバーシティが組織や社会を活性化するという議論に、日本の企業もやっと気がつきはじめたという気もします。

ハイブリッドなわたし

伊藤 近代的なジェンダー構造が崩れはじめている中で、どういう組織運営や人間関係を作ったらいいのか。これまでのジェンダー構造を転換したほうが得だということも含めて冷静に考えてもらう必要がある。それには、認識するだけではなくて体験も必要ですね。料理を作ってみるとか、買い物に行ってみるとか、その体験の中でまた気づきが出てくる。時間がかかるかもしれないけど、気づきと認識と体験みたいなものの中で男性が変わる、男性を変えるみたいな、そういう仕組みを作っていかないといけない。もう大きな社会の転換が来てるのに、このままだと女性も不幸だけども、男性もさらに不安定になるだけなんじゃないかなと僕は思ってます。

小島 二〇二五年になると団塊の世代が後期高齢者になり、働き盛りの団塊ジュニアが親の介護に直面します。独身の人も多いし、女性も働いているから男性が介護せざるを得ない。彼らが仕事と私生活の両立に迫られて、やっと社会構造の歪《いびつ》さに気づくんでしょうか。

伊藤 九〇年代にすでに客観的なデータを見ながら社会がどうなるかってわかっていたはずなのに、対策を講じなかった。ちゃんと考えれば答えは出るはずなんですが、少しも動かない。もう手の打ちようがないかもしれないとも思いますね。僕はもう三〇年近く前から同じことしか言ってないけど（笑）。

小島 『男性学入門』を出した時と状況は変わっていないですね。

伊藤 そうですね。一九九七年に放送大学で『ジェンダーと人間』というテレビ番組を作りました。この番組をいまでも学生に見せています。微妙にデータの違いはあるけれども、状況はほとんど変わってない。女性と高齢者が働かないともう少子高齢社会はもたない、これからは外国人労働力が必要になる、そのためには外国人の人権についての法整備と外国人と一緒に暮らせるようないわゆる多文化共生教育をちゃんと準備していかなきゃいけないと言っています。二〇年経っても同じことを言わなけりゃならないという現状を見ると、いかにジェンダーや労働の問題について日本社会全体が鈍感であり続けたのかがわかります。

小島 経済的に停滞していた失われた二〇年を経て、日本社会が旧態依然でもここまでもったのは、なぜなんでしょう。

伊藤 蓄積した財産があるからです。でも、もう底をつくでしょう。九〇年代から既に若手の賃金は下がり始めてます。団塊ジュニアぐらいから昔のように右肩上がりで賃金は上がらなくなってる。七〇年代のヨーロッパと一緒で、男女で働かないと生活できない、だから女性が働きはじめている。子どもを大学に入れようと思ったら夫の給料だけではとってもやれない。実際はすでに地殻変動が起こっている。

小島 私はずっと共働きでやってきましたが、夫が二〇一三年に仕事を辞めてから無職で、今は私が家族の大黒柱をやっています。そうしたら、新橋のSL広場で酔っぱらってるオヤジのつらさ、男の人のつらさが初めてわかるようになった。でも、夫のことを男のくせに無職なんてと思ったりする。これはマッチョな男性の視点です。一方で、男たちに女性として差別されてきた自分の悔しさも蓄積されてる。つまり私自身が男女のハイブリッドなんです。

そうなると男女の二項対立でとらえてる場合じゃない、男か女かじゃなくて、いままでよしとされてきた働き方や性別役割が問題なんだと気づいた。

伊藤　それは重要なポイントかもしれないですね。人間というのはそんなに単純ではなくて、男性だとか、女性だというのは人格の要素のごく一部。人間は性別だけでなくいろんなものでできあがっている。そういうふうに自分と他者を見ることができると、だいぶ多くのことが変わってくる。そのためには自分がハイブリッドだということに気がつかないといけない。そうすると、他人もハイブリッドだということが見えてくる。

小島　そうなんです。それに先に気づいたのも女性だと思うんです。私たちの世代の一部の女性は総合職としては、男と同じように働き、男の価値観を内在化させて、名誉男性のような形で生き延びました。同時に、内面ではそれを誇れない自分がいて、ハイブリッドな自分を抱えてこざるを得なかった。ただ、同世代の男性を見ていると、半々なんですね。半分の人は女性と同様に、マッチョな自分とそこに安住できない自分とのハイブリッドなんですが、もう半分の人たちはマッチョなオヤジ世代と同じ価値観にどっぷり染まってしまっている。ＩＴで成功した人に多いですよね。その下の世代になると、もっとハイブリッド化が進んでいる気がします。

伊藤　そのハイブリッド性を若い男性たちがどこまで自覚してるかですよね。女性の場合は性差別があるから気づく。男性はさっき言ったように家事や育児を体験するのが気づきに繋がるかもしれませんね。

小島　病気も転機になりますね。

伊藤　病気もすごく大きいですね。

小島　もう一つは介護だと思うんです。男性が介護をせざるを得なくなったときに初めてメジャーな道から排除されて、そのときにようやく、あ、俺もハイブリッドだったというふうに気がつくのではないかと。

伊藤　男性は、自分は十分介護ができると思っている。でも介護する側にまわると、最初からつまずく。生活の能力がないまま介護する側になって、初めて容易ではないことがわかる。

小島　日本社会が誰もが介護したりされたりするという世の中に突き進んでいるので、それがきっかけとなって男女の在り方が変わるといいなと思っています。

伊藤　その前に悲劇が来ると思うんですよ。たとえば結婚しないまま親と同居して、生活能力のない男性が、親を介護して親を殺してしまうというようなケースもすでに出てきています。

小島　家族は愛があれば維持できるはずという幻想の最果てですよね。

伊藤　ほんとに。

小島　家族を家族たらしめるためには、お金と制度の支援が必要なのに。

伊藤　現場の人たちが今一番本当に心配してるのは、一人息子の老親介護。男性の介護の能力というのは、これからすごく必要になってくるでしょうね。

介護される力

伊藤　同時に男性に必要なのが、介護される力だと思う。男性たちは万能感を持っているので、介護される立場に対応できない。介護してくれる人に対して命令したりする。つまり感謝して介護を受け止める力が弱い人がけっこういると思うんです。

小島　看護師さんや介護士さんに対するセクハラが多いらしいですね。

伊藤　そうそう。特に一人になった高齢男性は素直に他者の援助を受け止めて、感謝しながら対応するような力というのがないと、えらいことになるんじゃないか。今でも女性が男性を介護するときには、二人で介護に入ることもあると聞いたことがあります。セクハラの問題もあるし、男性は体が大きいから一人だとたいへんなケースもある。でも、女性を介護するとき以上にケア対応しなければならないことが男性の場合たくさんあるということだとも思うんです。

　ちょっとこれ話がそれるかもしれないけど、社会が変わり始めていて、今までのルールと違うルールが社会を支配し始めてる。で、男性も変わんなきゃいけないんだけど、じつは男性は社会の変化に対応しにくい。変化がこわいというふうにさえ言われてる。で、何をするかというと前例に戻ろうとする。今までのルールが通じないと、なんか奪われたような気持ち、不安定な状態になる。そのような男性たちが、セクハラやＤＶに向かうケースもあるかもしれない。時には犯罪のような社会病理現象につながる場合もあると思うんですよね。近代社会でもともと不安定性をはらんだ男性が、さらに不安定になってる状況にあるんじゃないか。そのことに、きちんと男性自身が目を向けていかないと、危ないんじゃないかなというふうに思います。

小島 スウェーデンでは、加害者としての男性を更生させたり、男性のみができる電話相談などの取り組みがなされているそうですね。

伊藤 八〇年代の末から、女性の社会参加の中で男性が問題に直面するだろうと予測して、男性クライシスセンターというのが設置されるようになっています。

僕は政府の男女共同参画会議の専門調査会の委員を一〇年ほどやっていました。二〇一〇年の第三次男女共同参画基本計画では、男性相談という項目を入れてもらったんです。地方自治体ではけっこう設置の動きもあって、内閣府で男性相談のためのマニュアルも作りました。でも、二〇一五年に作られた第四次計画ではそれが全部消されてしまった。

地方自治体では種まきは終わったということなのかもしれないですが、今必要なことの一つは男性が悩みを相談できる公的機関がありますと男性に知らせることだと思う。そもそも男性は悩みを他人に相談しちゃいけないと思っている。だから、公的な機関で「男性も相談していいんですよ」ということを知らせれば、一歩踏み出せるチャンスになると思います。でも、これを始めたときに言われたのは、女性相談さえ不十分なのに、なんで男の相談に金をかけるのかということでした。金をかける必要なんてないんですよ。既存のものを使えばいい。厚労省のメンタル相談や自殺対策の相談とかいっぱいあるから、毎週何曜日は男性の相談をしますよって広報すればいいんです。
それと、ハラスメント、あるいはDVの加害者のサポートの仕組みは日本にはほとんどないんですよ。加害者は糾弾されるだけです。糾弾されて、自分が何が悪いのかわかんないまま、拗ねていく。加害者に対して何が悪かったのか教えるべきだし、その後の更生プログラムをちゃんと作っていくことが必要なんだけど、それが全然できてない。

小島 社会が加害者のケアをすると同時に、女性が男性の不安定さを理解することも大事ですよね。何しろ男性は自分のことを語らないので、もっと開示してほしい。こういうことを言うと「男を甘やかすのか」と決まって批判されるのですが、そういう発想もまた不毛だと思うんです。女性のしんどさについては随分と語られてきたけれど、男性がどういう状況に置かれていて何を感じているのかについては圧倒的に情報が少ないので、それを出していくことは相互理解と問題解決のためにも必要だと思います。ことに「男性の不安」って、どういうことなのか私は知りたい。DVを許せないからこそ、知ることが大事だと思うんです。

伊藤 なんで暴力にいたってしまうのかが想像できますね。

赦しから始める

小島 私自身も誤解してました。男性は強いし、彼らは何でも好き勝手できる、彼らは自由なんだと思っていました。それに比べて自分はなんて不自由なんだろうと。でも自分がハイブリッド化していく中で、そうではないと気づいた。表現がむずかしいんですけれど、男らしさの呪いにかかった人たちに必要なのは、ゆるしで、ゆるしというのは許諾の許じゃなくて。

伊藤 ゆるしちゃったらいかんと思うけど(笑)。

小島 私が思うのは、恩赦の赦のほうの赦しです。何を赦すかと言ったら、まさに伊藤さんがおっしゃったような、弱音を吐くことを赦すということだと思うんですよね。

伊藤 まずそうですよ。自分の弱さを直視するということのチャンスを与えないといけない。男性たちが今いろんな矛盾を抱えているということを、まず男性に気がつかせる。で、その弱さを攻撃に転化せずに他者と共存する力を男性がどう見つけるかということです。

小島 ここ一〇年ぐらい毒母ブームがありました。私と同世代の娘たちが自分を過剰に支配してくる母を糾弾しました。あれも、臨床心理士の信田さよ子さんが『母が重くてたまらない——墓守娘の嘆き』(春秋社)という本を出されて〝あなたはお母さんをきらいだと思ってもいい〟という赦しを与えてくれたことがきっかけでした。私も母との関係がむずかしかったので、同じ道のりを歩きました。母親を恨んで、母の教育がまちがっていた、私は苦しかったと言うところから始まりましたが、最終的には母の抱えた生きづらさと、自分の生きづらさの共通点が見えてきて、親を客観視するところに至りました。自分が苦しいんだということを自覚し、苦しいと表明することを自分に赦せたということと、それから母も苦しいと言えなかったんだということを発見する。この二つがセットになったときに、ようやく乗り越えられたんです。周りを見ると、同じように母親に対する恨みを抱えながら、まったく言語化できていない男性たちがたくさんいて、その彼らの抑圧された母への怒りのようなものが私たち女性に向けられている気がするんですよ。

伊藤 母と父に対する怒りかもしれないけど（笑）。母の過剰な保護と父の不在への怒り。

小島 はい。いままで私たちが代理で受け止めてたけれど、彼らが、平和裏に母殺しを成し遂げてソフトランディングするためにはどうすればいいんだろうとずっと考えています。

伊藤 こわがらなくてもいいんだよって、僕は男の人たちに言いたいですね。変わるのがこわい、現状を変えるのがこわい、批判の目を自分に向けるのがこわいんだと思うんですよね。

小島 男らしさや、よき働き手であることを押しつけられてしんどかったと言ってもいいんだよと。男性は支配欲だけではなくて女性に依存しているとおっしゃいましたが、私もほんとにそう感じるんです。パートナーに「セックスできるママ」を求めている。で、女性にはその「ママであってほしい」という欲求は指摘しないで、黙って受け入れてほしいんですよね。女性があくまでも下手に出て、あなたに抱いてほしいのって言いながら、ママの役割をしてくれることを待ってる。

伊藤 まさにそう。

小島 ならいっそ、ママを求めずにはいられない弱い自分がいることを認めてもいいんだと、きちんと彼らに伝えるべきだと思うんです。

対等な男女関係？

伊藤　男性の書いた小説を分析していく中で、男性の女性像は聖女か娼婦か太母か、三つぐらいのパターンしかないんじゃないかという議論をしたことがあります。実際に男性作家が描く女性像というのは、下から憧れる聖女か、ある種上から犯す娼婦か、下から甘える太母か、つまり対等な存在としての女性はほとんどないんですよね。

小島　なんで対等じゃないんですかね。

伊藤　やっぱり男の子は、支配の対象として女性を見る一方で、甘えの対象としての太母としての女性を求めちゃってるところがあるんじゃないかと思うんです。

小島　対等な男女関係って伊藤さんはどういうものだと思いますか。

伊藤　基本的には、そんな絵に描いたような対等なんてないと思う。対等って、コミュニケーションの回路が閉ざされてないとき、つまり相手に対してある程度自分のことが言えて、相手のことが聞けるということで生まれるものかなと思う。対等というのはコミュニケーション問題なんだと思う。男性もつらいときにはつらいと言ったらいいし、女性は差別だと思ったら、それは差別じゃないかって言えるようなコミュニケーション関係ができたとき、ある程度対等というような関係が成立するのかなと思う。ただ、今の段階では男のほうは口ごもるし、女のほうも差別だとはなかなか言えないような閉ざされたコミュニケーション関係になってしまっている。それがジェンダー構造が変わらないことの背景にある大きな問題なんだと思います。

小島 女性もそれは差別だ！ と言うばかりで、対話にならなかったり。

伊藤 聞く力がなければそうですね。男性のコミュニケーションってレポート型で、用件しか言わないの。女性のコミュニケーションはラポール型というんですけど、関係性を求めるコミュニケーションになりがちなんです。だから、男性は、なんか聞かれると結論だけ言う。女性のほうは問題を共有したいんだけれども、共有する段階でもう結論を言われちゃうのでコミュニケーションが成り立たない。女性のほうもうまく男性に伝わるボールの投げ方を考える必要もあるし、男性の側も相手の気持ちに配慮しながら、その言葉を受け止める力というのがないと対等なコミュニケーションというのは成り立たない。

男性差別

小島 女性は男性からの女性嫌悪や女性蔑視に敏感ですが、自分の中にある男性嫌悪や男性蔑視には罪悪感がないと思うんです。女性は男性のことをかなりひどく言っても許されてきた。バブル期の女性が「男は年収八〇〇万以上じゃなきゃイヤ。ハゲとチビはあり得ない」などと公言していたのも、カッコいいイマドキの女性みたいに捉えられてました。私もそれに疑問を感じませんでした。でもそれは女性が弱者である前提があるから成り立つ〝カッコ良さ〟ですよね。弱者なら人を値踏みするようなことを平気で言っていいのかって、そうじゃない。男性優位社会を変えていくには、女性が男性に対する偏見を自覚して、自分は被害者であり加害者でもあったということを認めないといけないと思います。

伊藤 そうしないとうまく対等なコミュニケーションが始まんないかもしれないですね。

小島 私のように女性が男性を養うカップルも珍しくなくなってきました。そうすると、自分の歪みに気づくんです。男を値踏みする女と、男を見下す男が自分の中にいるんですよ。

女性が今まで一方的に男性に貶められてひどいことを言われていたのかと言えば、そうではなかったと思います。バブルの頃に、三高という言葉がありましたね。結婚の条件は、高身長・高学歴・高収入！　と女性たちが当然のように言っていた。それ以外の男は二流、みたいな言い方で。

伊藤 あれはひどい男性差別でしたね。

小島 「いやいや、女性が制度的に差別されていて経済的に自立することがむずかしく、男性の経済力をあてにするしかないことが問題なのだ」という反論はあると思うんです。でも、三高男以外とは結婚したくないという言い方はないですよね。男性に対してそういう態度をとってきたことを女性が認めないと、男性に弱音を吐いていいよとは言えないし、そういう自分の加害者性を認めていない女の人とは対等に話せないですよね。

伊藤 実際に家事、育児をしている男性というのは、妻の収入が高い人が多いんです。それはデータでかなりはっきり出てる。

『男性学入門』にも書いたんだけど、かつては妻のほうが夫より出世したり、収入が上になると、男性はまいっちゃうことが多かった。優越幻想が崩れるから。実際、離婚になるケースが多かったんですよ。最近はさすがにそうはならなくなってますね。

以前看護師さんの集まりで講演したときに、婦長さんが言ってました。「夫が私に、『ところで、おまえいくらもらってるんだ』と聞いたのが、本人が係長になったときです」と。その話を聞いて、男の人ってばかだなと、男だけど感じました（笑）。

小島 うちの場合は夫がテレビの制作会社に勤務していて、私がテレビ局の社員で、結婚したときは同じぐらいの収入でした。私のほうが稼いでいた時期もあるし、私が育休に入ったときには夫が私を上回り、最終的には、彼が収入ゼロになりました。

伊藤 じゃ、負け方を知ってるわけですよね（笑）。かつての男性は女性に対して負け方を知らなかったので、負け方がわかるようになってきたというのは、僕は大きな男性の進歩だと思いますよ。

男の幸せって？

小島 これからの男の人の幸せってなんですか。昔は働いてたくさん稼ぐか、出世することだとされてましたが。

伊藤 女性と一緒じゃないですか。仕事は自分の生活を支えるための資源で、自分が楽しい生活を自分で選択することができるということじゃないですかね。かつての労働は、労働での時間と、休んで健康を維持する時間と、自分が成長するための時間、三つぐらいの時間で成り立っていたはずなんですけど、今はもう働く時間と休む時間だけで、自分を成長させる時間は完全に奪われちゃった。自分を成長させる時間を男女ともに作れる仕組みがないとさみしいんじゃないかなあ。僕は大学の教師だから、自分を成長させる時間がそれなりに担保されているのでまあハッピーだけど。

小島 自分が成長するってどういうことでしょう。

伊藤 勉強したり、考えたり、今までと違うアイディアを思いついたり、そういうことって自分が豊かになっているような気持ちになれるじゃないですか。

小島 副業やボランティアで幅を広げるとか。

伊藤 二〇年前に複顔主義というのを提案したことがあるんです。トンボの複眼じゃなくて、複数の顔を持つことです。仕事の顔以外にも、家庭の顔、地域の顔、趣味の顔を持つ。さっき小島さんが言ったハイブリッド化ですよね。ハイブリッドとして自分を作ることがハッピーなんじゃないかという提案でした。

小島 今は学校を出てすぐ起業して、いくつか仕事をやりながら働いている人もけっこう増えています。彼らの世代はそれが身体的な感覚になっている。

伊藤 僕の家の近所に、昔のコミューンみたいな感じで子連れで集団移住してきた人々の住むエリアがあるんです。家は別々ですが、バザーをやったり農業を共同でやったり、もちろん仕事もあれこれやっている。そういう生き方が若い人の中では広がりつつあるのかな。物々交換したり、社会連帯経済みたいな形の経済の作り方、儲けのために働くんじゃなくて、生活をしながら楽しむために働くみたいな働き方が、日本でも少しずつ始まってるように思います。いろんな生き方があっていいのかなと思う。

七〇年代前後に世界中で起こったコミューン運動は、コミューンの論理で動いちゃうので、みんなつぶれてしまいました。今は資本主義経済にも開いた共同体になっている。今ある制度や仕組みを前提にしながら、社会から閉じずに、資本の論理からある程度自立しつつ、共同生活しながら生きるという生き方が国際的にも広がっていると思う。さっきのハイブリッドと同じですね。ピュアを目指しすぎずに多様なものの寄り集まりの中で生きる生き方みたいなものが、特に男性には必要なんじゃないかなと。

小島 そうですね。私もいろんなことをしている友人たちがいますが、みんなそれぞれに不完全なんですけど、いいところをシェアしあって、ゆるくつながる感じが心地いいんです。

伊藤 不完全性をむしろ許容するってことかな。男性は完全なものを求めて無理してきた。自分の壊れている部分を認めながら、穴の空いてるところを認めながら生きるという生き方を、男性も学んだほうがいいと思うんです。

わたしたちは男尊女卑依存症

精神保健福祉士・社会福祉士

斉藤章佳

AKIYOSHI SAITO

一九七九年生まれ。大森榎本クリニック精神保健福祉部長。大学卒業後、榎本クリニックでソーシャルワーカーとして、約二〇年間アルコール、ギャンブル、薬物、摂食障害、クレプトマニア、DVそして性犯罪などの様々なアディクション問題にかかわる。専門は加害者臨床で、「性犯罪者の地域トリートメント」に関する実践、研究、啓発活動に取り組んでいる。著書に『性依存症の治療』『性依存症のリアル』（金剛出版）、『男が痴漢になる理由』『万引き依存症』（イースト・プレス）などがある。

痴漢とハラスメントの根っこは同じ

小島 姫野カオルコさんの『彼女は頭が悪いから』（文藝春秋）を最近読みました。モデルとなっているのは二〇一六年に起きた東大生五人による強制わいせつ事件です。東大の男子学生が同じサークルに所属する他大学の女子学生を裸にして暴行した。小説を書いた姫野さんは、これを性欲ゆえの集団レイプ未遂事件ではなく、自分より偏差値が低い女子学生を下に見た低学歴いじめ、女性いじめだったのではないかと分析しています。

斉藤 私も当時いろいろ取材を受けました。いわゆる学歴カーストの中の一番上が東大で、被害にあった女子学生を非常に下に見ていて、モノとして扱っている。

小島 この小説を読むと、財務省の福田淳一元事務次官のセクハラ事件にも、通底するものがあると感じます。社会的肩書きを極めた自分は、若い女性記者に何をしてもいいと思っている。男尊女卑がベースになっているんですよね。

斉藤 根っこは同じですね。痴漢の加害者も同じで、被害者をモノや記号のように捉えています。つまり、自分より女性が下だと思う男尊女卑的な価値観です。

小島 斉藤さんは『男が痴漢になる理由』（イースト・プレス）を二〇一七年に出されました。性犯罪がやめられない人のサポートをされているんですか。

斉藤 加害者支援（サポート）という言葉は基本的には使わず、「加害者臨床」と言っています。性犯罪には必ず被害者がいるので、言葉の使い方に気をつけないといけないと考えています。支援という言葉を使うとケアになります。ケアというのは疾病モデルです。となると、病気だからしかたないというような世界観につながりかねない。なので、言葉の使い方は重要で、再発防止や行動変容に関わる治療という意味で、加害者臨床や加害者教育という言葉を使うようにしています。

小島 『男が痴漢になる理由』を読んで、痴漢をするのはどんな人か、具体的にわかりました。私も中高生の頃は毎日が電車の痴漢との戦いだったのですが、痴漢は「キモイおっさん」というイメージでしか捉えていませんでした。

斉藤 加害者がどういう人なのかということを多くの人が正確に理解してないと思うんです。よくあるのは性欲がものすごく強い変態だとか、女性に相手にされない非モテ男子でオタクのような人だとか、性的逸脱行動をする人への偏った認識があるんです。しかし、実際に加害者には、そういう人は少なくて、いわゆる四大卒で、妻子がいて、サラリーマンという層が一番多いです。ということは、我々の生活で出会う、いわゆる普通の男性です。そして、痴漢の被害にあったことがある女性側は、加害者が四大卒で妻子がいてサラリーマンだということをなんとなくみなさん知っている。痴漢だと思って加害者を見たら、スーツを着てネクタイをしている。普通のサラリーマンなんだ、という印象が強いです。しかし、それを聞いた男性はびっくりするんですね。えっ、自分たちとほとんど変わらない人たちじゃないかと。

小島　自分とは違う特別な人がやると思っているんですね。

斉藤　そうです。たとえば痴漢をしたことのない男性でも街中で素敵な女性を見かけたら、触れたいなと思う気持ちはどこかにある。それは別におかしいことではない。あわよくば触りたいと。しかし一方でその延長上に痴漢という行為が存在しているということに薄々気づいている。それだけに、いや、俺は違うって言いたいんです（笑）。

小島　そもそも痴漢行為は何がきっかけで始まるのですか。

斉藤　たとえばたまたま電車の中で隣に立った女性の胸や臀部に触れてしまった。女性はまったく気が付かない様子だったが、彼らの中では電撃が走ります。これはビギナーズラックに似ていると表現する加害者もいます。一回目は故意ではないが、つい二回目もやってしまった。そうするとなんだか今まで感じたことのないような高揚感が襲ってくる。実は、そんなことから始まるんです。やがて常習化してくる。そして、衝動が制御できなくなるような状態（嗜癖《しへき》化）になるまでそれほど長い時間はかかりません。だから私たちは痴漢行為を繰り返す人を「強迫的性行動がコントロールできない、性依存症者」として対応します。

小島　加害者に痴漢をやめさせるには、被害者に対して謝罪させたり、反省させても効果はなく、認知と行動を変えることが重要なんですよね。具体的にはどういうことなんですか。

斉藤　加害者臨床の中に「変化のステージモデル」というのがあります。加害行為を繰り返してきた人の行動や認知の歪み、価値観が変容していくためには、段階を踏んでアプローチしていかないと好ましい変化は望めません。最初に責任を追及しても、結局どんどん殻にこもってしまって、反発や否認が強くなるだけです。最初は、加害行為の、もしくは加害者の内面にあるリスクマネジメントに取り組まないといけません。

小島 痴漢行為につながるリスクのマネジメントということですか？

斉藤 性犯罪でいうと犯行のパターンをちゃんと洗い出して、それぞれのリスクレベルに応じてどう適切な対処をするのかということを決めて、それを生活の中で繰り返し、繰り返し、訓練し、習慣化していく作業です。具体的に言うと、満員電車、ターゲットの女性、混む時間帯、睡眠不足、劣等感などが犯行を起こす原因、いわゆるトリガーとなります。これを避けるため、「早い時間帯の電車に乗り満員電車を避ける」「電車の中にターゲットの女性がいたら車両を替える」などがトリガーに対するコーピング（対処行動）です。このようなシンプルな作業を繰り返し、繰り返しやっていきます。そうすると、少しずつ認知の歪みに変化が出てきます。ターゲットの女性が現れて、「ちょっとくらい触っても平気かもしれない」などと考えたら「この考えは警告のサインだ」と気づくことができるような習慣を身につけるのです。セクハラを繰り返す人も同様にその人が問題行動を継続するために、本人にとって都合のいい認知の枠組みがあるんです。

小島 相手が喜んでいるとか、みんなも理解してくれているとか。

斉藤 はい、この認知の歪みを修正あるいは変容していくのが、次の段階ですね。この作業を繰り返して、さらに最後の段階が被害者への謝罪や被害者感情への理解、本人の男尊女卑的な価値観の変容になります。そこが第三段階です。概ね、ここまでたどり着くのに三年ほどかかるでしょう。

当事者として考える

小島 「性欲を抑えればいい」という単純な話ではないのですね。

斉藤 まず実態を知らないと、具体的な対策はとれません。痴漢やその他の性暴力も、まだ正確な実態が知られていません。裁判官や検察官ですら、いまだに性犯罪は性欲が原因だと思っていたりします。社会全体も同じように性的な逸脱行動はコントロールできない過剰な性欲が原因だというふうな認識があるので、そこの認識も変えていかないといけません。性犯罪の原因を性欲だけに求めると、そこある性暴力の本質を見誤ります。つまり性犯罪を性欲で語ることをやめる「性欲原因論」からの脱却です。

小島 「普通のサラリーマン」が「痴漢」になる経緯を見ると、誰にでも起きそうな気がしてしまいますね。男尊女卑と認知の歪みと……セクハラも同じような構造かもしれません。

斉藤 そうです。暴力もセクハラも必ず権力関係の中で起きるので、その加害と被害の実態をしっかりと知ってもらうということです。みんなが当事者性をもつというのはすごく大事な一歩です。たとえば児童虐待についても、私は絶対にかわいいわが子を虐待しないと思っている人のほうが危ないと思うんです。私も子どもが三人いますが、手が出そうになることがあります。それをぐっと堪えて冷静にならなければと思うことがあります。おそらく日本では女性のほうが子どもと接してる時間は長いので、そういう自分の加害者性に気づくことってあると思うんです。自らの加害者性に自覚的であるほうがいい。痴漢についても、私も条件がそろえばもしかしたらスイッチが入って、たまたま触れたことがきっかけで痴漢をしてしまうかもしれないと自覚的になる必要があると思います。そういう意味では実態を知るということと同時に、当事者性を持つというのがすごく大事だと思います。

小島　痴漢は自分と遠い感じがするかもしれませんが、セクハラは「もしかしてあれってそうだったのかな。そんなつもりはなかったんだけど」「まずい、あの時やったことって今でいうセクハラだよな」と思い当たる人は多いと思います。私もなんです。過去を思い出して、周囲を笑わせようと思って言ったことがセクハラだったなって気付いてすごく落ち込むことがあります。ハラスメントって、誰もが加害者とか傍観者だったことがあるんじゃないかと思うんです。「汚れちまった自分」を抱えているんですよね。

斉藤　そうですね。

小島　#MeTooが日本ではなかなか広がらない背景には、被害者が声をあげにくいことに加えて、声をあげた人を応援する人が少ないことも理由だと思います。きっと真面目な人ほど「自分は性暴力反対とかセクハラをなくそうとか言えるような立派な人間ではない」と黙ってしまうんですよね。でも、だからこそ自戒を込めて「もうやめよう」と言えばいいと思うんです。悔いている自分、恥じている自分て、なかなかさらけ出せないですけど、それをやらないと変われません。

斉藤　加害者側が声をあげるということですね。

小島　汚れちまった私たちが上手に自己開示をするにはどうすればいいんでしょう。

加害者の自己開示

斉藤　加害者の自己開示はむずかしい課題ですね。たぶんネット記事などでも、加害者が自己開示しているケースは少ないと思うんです。被害者の自己開示はたくさんあって、それを読んで共感したりとか、自分も同じ体験をしているとアクセスしたり、そういうところでのつながりはあるんですが、加害者の自己開示はほとんどない。おそらく開示すると責められるんじゃないか、責任を追及されてしまうんじゃないかという恐怖があるんでしょう。

加害者臨床の中でも、この恐怖をどう扱うかというテーマがあります。当クリニックは加害男性の当事者がほとんどですが、彼らが「男らしさの病」とともに内面化している恐怖をどう扱っていくかがポイントなんです。なぜ彼らは加害行為を繰り返すのかというと、DVや性加害は、自分の中にある恐怖を防衛する形で加害行為を繰り返すというメカニズムがあります。もし加害者側が、加害行為を開示して、シェアをして、そして再発防止に取り組んでいこうとするのであれば、このいわゆる加害者側の「恐怖」という感情をどう扱っていくかというのがすごく大事だと思います。

小島 「語っても大丈夫だよ」というメッセージが必要なんですね。でも性犯罪に対しては特に厳しそう。元性犯罪者というだけで拒絶反応がありそうです。私も正直言って、理屈ではわかっていても、感情的にはかなり抵抗があります。

斉藤 性犯罪の加害者たちは繰り返し犯行を重ねたにもかかわらず、性犯罪を恥ずかしいことと思っています。なので、加害行為について社会で公表し、言葉として発信していくのはむずかしいなと思います。伊藤詩織さんが言っていたのですが、海外ではプログラムにとりくんでいる性犯罪加害者が名前を公表して、メディアで体験を話し、再発防止を呼びかけるということがあるそうです。日本もいずれそれを見習っていく必要があります。

自分の中の男尊女卑的なもの

小島 男尊女卑的な価値観て本当に根強いですよね。自分にも刷り込まれているし。

斉藤 性犯罪やDVの問題に取り組むようになって、個人の変容が大事だと思って、個人の変容を促すためのアプローチを研究したり開発したりしてきました。でも、結局その人が男尊女卑的な価値観を学習し内面化してきたのは家庭なんです。翻って私のことを考えてみると、祖父母世代は、戦前から戦後を生き抜いてきた貧しい世代で、家庭内で男性が女性を殴ったり、ちゃぶ台返しなんかが平気であった時代です。男が偉くて家父長制で、女性や子どもは家長である父親に従う世代で、男の子を生めば周りから賞賛され、女の子を生めば非難されたりする世界です。完全に男尊女卑がよしとされていた時代です。そういう夫婦間のロールモデルを見て育ってきた私の母ももちろんそのような価値観を内面化しています。母は看護師ですが、父親や祖父への接し方を見ると、そう感じるところがあります。地域社会自体も片田舎の男性中心のムラ社会で、女性は前に出ないのが当たり前といわれていました。

父が母にどう接していたかとか、母が父にどう接していたかというのを日常的に目にしてきたので、自分も男尊女卑的な価値観を知らない間に内面化していると思います。たとえば父親が母親を「おまえ」と呼ぶのか、それとも「お母さん」あるいは名前で呼ぶのか、そういうところからもかなり変わってくると思います。斉藤家はやはりおまえという呼び方でした。

小島 それを見て育ったら、彼女ができたら「おまえ」って呼んでしまいそうですね。

斉藤 でも、子どもはやがて社会に出て、これまで獲得した価値観では社会に適応できないなと思って、新しい価値観をとり入れアップデートしながら、自分なりの新たな価値観を育んでいくわけです。そういう機会がある人はいいのですが、機会を逃したり、頑なに否認してとり入れなかったりしていると、根っこにある男尊女卑的な価値観を育みながら成長していく人もいるんではないかと思います。

小島 環境って大きいですよね。家庭内に男尊女卑的な価値観が強かったり、周囲の大人が女性に対して「おっぱい大きいねえ」と言っても誰も咎めないのを見て育つと、そういうコミュニケーションの取り方が習慣化する。テレビがその役割をすることもありますね。働き始めてから、その職場に適応するためにセクハラ的なものを学習してしまうこともあります。

最近、新聞に一一歳の男の子からの投書が載っていました。「僕のお父さんが亡くなりました。家族で僕だけが男なので、いろんな人が僕に、『お母さんを頼むね』とか、『君がしっかりするんだよ、大黒柱だね』って言うんですが、僕は一一歳なので、大黒柱ってどういうことなのかわからないし、僕にそれを頼むのもなんだかおかしい気がします。だけど、今まで僕はやっぱり大人に甘えていたんだと思います。これからは甘えないでみんなを笑顔にできるようにしたいと思います」。要約するとそんな内容なんです。美談みたいに見えますが、まさに男尊女卑的価値観のすり込みじゃないですか。父の死という強烈なトラウマと共にそれがすり込まれるんです。一一歳の子どもは、大人の保護が必要な年齢ですよね。お母さんや周囲の大人が彼のことをケアしてあげるのが当たり前なのに、「頼んだよ、男なんだから」って、二重にひどいです。

斉藤 そうですよね（笑）。日本が男尊女卑社会だというふうに、みなさんはっきり言わないですね。ネットでもほとんど見かけない。

小島 世界経済フォーラムのジェンダーギャップ指数ランキングでも日本は一四九カ国中一一一位（二〇一六年）、一一四位（二〇一七年）、一一〇位（二〇一八年）と、依然先進国では最下位。つまり男女の格差が大きい国ですよね。男尊女卑をなくそうというと、いや日本は女性の大学進学率が高いとか、アラブやアフリカの一部の国のような苛烈な差別があるわけではないという反論があります。でも実際、女としてこの社会に生きていると、男尊女卑だらけなんです。習慣化された、無意識の女性蔑視が蔓延している。

斉藤 もっとそれを声を大にして言っていいと思います。

小島 女性議員や企業の女性幹部が他の先進国と比べて極端に少ないのも、医大入試の点数操作も、女性を社会の中枢から締め出していることが明らかじゃないですか。

のっぺらぼう現象

小島 「旦那の浮気は許せないけど、風俗通いなら大目に見る」と言う女性がいますが、私は女性をモノみたいに買う男性は人として尊敬できない。風俗で働いている女性の中には、劣悪な労働環境で搾取されている人もいますよね。人身取引の現場になっている面もある。そういうことも考えず、売り物なら買ってもいいだろうとしか思わないその無知と無神経さがいや。女性の体をそのように見ているということは、条件さえ変われば、私のこともモノ扱いする人間なんだってことですから。

斉藤 条件が変わればモノ化するっていうのは、加害者臨床の中でもよく見られます。彼らは、事件を起こしたあと、家族の前では「申し訳なかった」って泣くんです。悲しませてしまったと、職場の人たちに対しても泣いたりするんです。でも、被害者に対しては、絶対泣かないんです。ここがすごく特徴的です。小児性犯罪も同じで、自分の娘と同じ年齢の女児に性加害をした人が治療にきます。自分の娘をそういう目では見ないんですが、よその女の子はモノとして見ているわけですね。

これっていったいなんなのだろうかとよく話題になります。被害者の立場を理解してもらうために、たとえば強姦した人に対して、「あなたの大切な人がもし同様の強姦被害にあったらあなたはどう感じますか」と質問します。だいたいの人はすぐ、「殺しに行きます」と言うんです。「では、あなたは殺されてもおかしくないことをしたんですね」と言われて初めて、はっとするんです。殺しに行きますと言ったときに、自分の加害者性はまったく抜け落ちているんです。こちらはあなたがしたことと同じ行為を大切な人がもしされたらどうしますかと聞いているのに、そこだけは見事に抜け落ちている。

小島　どういう仕組みでそうなっているのでしょう。

斉藤　Nさんという写真家の女性がいるのですが、彼女は二〇年以上前に詩織さんと同じように会社関係の目上の人から強姦被害にあいました。彼女の提案もあって約二年前から「被害者からのメッセージ」というプログラムをクリニックでいっしょにやっています。そして、彼女は私といっしょに加害者のセッションに入るんです。そこで被害者として体験談を語ります。他にも、セッションではいろいろな話をするのですが、びっくりするのは、被害者の話になった途端にみんなのっぺらぼうになるんです。ドミノのように、表情がなくなっていく。これを「のっぺらぼう現象」と呼んでいるんですが、これはいったいなんなんだろうか。

小島　心理的な防御反応なんでしょうか。

斉藤　Nさんは、彼らは想像力が乏しいんだと思っていたらしいです。でも彼らは痴漢をするときには緻密なシミュレーションをしていたりする。想像力を最大限働かせて逮捕されないようにやるんです。べつに想像力が乏しいわけではないんです。また、当クリニックは加害者家族のグループセッションもやっています。夫や息子が事件を起こした妻や両親の会です。特に母親の会ではよく聞く、「まったく問題がなくすごく育てやすかった。なのになぜ？」というお決まりのフレーズがあります。

小島　そうなんですね。まさかあの子が、と。

斉藤　どうして？　と思うわけです。いままで親に対して反発したり、逸脱するようなことはほとんどなくて、基本的に親の期待にそって生きてきたわけです。そういう共感能力は備わっていると思うんです。こういう人が刑務所に入るとみんな模範囚です。刑務所というのはいわゆる刑務官の指示を聞いて動いていればいいところですから。

小島　なのに、被害者には共感しないんですね。それ、性犯罪の加害者でなくてもありますよね。男性が思考や感情を言語化できない、のっぺらぼうになる、肝心なところでスイッチが切れてしまうという、あれはいったいなんなんだろう。本当に気持ち悪いんですよ。思うんですけど、女の人は自分は誰なんだということを考えなくちゃいけない場面がたくさんありますよね。たとえば美醜で比較されたり、若くなくちゃダメと言われたり、男の欲望を満たすための道具みたいに扱われたり。仕事もしなくちゃいけないし、母として正しくあれとも言われる。だから、自己の価値の読みかえや、社会的に女であることの意味の再定義を絶え間なくやらないと、サバイブできないんです。男性はそういう機会がない。「学校を出たら働く。働き続ける。それが男」って道しかないので、自分が何者かを言語化する必要がない。だから女性から「なぜあんなことをしたの？」「今何を感じているの？」と自己開示を求められても、面子を保つことで手一杯。性や欲望に関することは特に、弱みを晒すことでもありますから、まったくしゃべれなくなるんだと思います。だから「妻が優しくしてくれないので、風俗に行きました」が成立しちゃうんでしょうね。優しくしてほしい、って言葉にするのを避けて、性欲だけ処理する。妻も風俗嬢も、どっちも自分を快適にするための道具なんですよね。対話の相手じゃないんです。

依存してわかること

斉藤　私は実は小さい頃からサッカーをやってきて、ずっと体育会系の中で育ちました。とにかく男社会の中で育ってきました。先輩に「ハイ」しか言えない世界（笑）。学生のときには、プロを目指してブラジルに短期留学していたんですが、その後両膝を怪我してしまい手術しました。このとき、大きく挫折しました。

当時、ブラジルでプロを目指しているサッカー選手は、体脂肪率と体重をコントロールするために午前中の練習の後に、毎回チェックします。私のベスト体重は当時七八キロ。それよりもちょっとでも多いと午後の練習で減らせと言われます。日本に帰ってきて、膝の怪我をして半年間ほどサッカーができなくなったときに、とにかくその体重をキープしないといけないというすり込みがありました。そのときに過食嘔吐を繰り返していました。みんながうまくなっていって、ポジションがなくなったりするとストレスがたまります。そのときに覚えたのは、チューイングです。ようするに、食べて、胃に入れずに口で噛んで出すのを繰り返していたんです。でも、そのときの私には、つらい現実を乗り越えるために、サバイバルするために、その行為が必要だったんです。今考えると、当時自分にとってサッカーは他人に優越感を感じることができる唯一の方法だったから、サッカーができない自分なんか裸で道路を歩いているようなもんでした。競争に負けたくなかった。チューイングをしているときは、とにかくそれに熱中するので忘れられるわけです。怪我をして試合にも出られないし、この先自分のポジションがどうなっていくかわからないという不安からは一時的に逃れられる。その後、両膝の怪我も厳しいリハビリのおかげでかなり回復して復帰はしたんですが、やはり思い切ったプレーができず現役は退きました。でもその後チューイングは三年以上習慣として残りました。それがあったからこそ、もしかしたらこういうアディクションの業界に出合ったのかもしれません。

私が幸運だったのは、依存症の現場で働くことができ、その治療やたくさんの回復者に出会ったことです。依存症の治療は、今までやってきた男らしさとまったく逆のことをやるんです。つまりその人の弱さがほかの人の力になる。そういう自分の過去の挫折体験をプログラムで何回も語るんです。薬物依存症の治療も同じことをやっていますが、スタッフは自分の生育歴から今までのことを正直に話します。それを繰り返し、繰り返しやるんです。けっこうしんどい作業で、正直に話してないと周りの患者さんたちは気づいてしまう。

私もある日、酒をやめてだいぶ回復しているアルコール依存症の人から「斉藤さん、いつもミーティング中苦しい顔をしているけど、正直な話できてないだろう」って言われたんです。私ははっとしました。たしかにそうだったんです。私はこの人たちと違うんだと思って、ミーティングに出ていたんです。それを見抜かれていた。それから私は自分の体験を正直に話すようになりました。みんながニコニコしながら、やっと話ができたね、という表情で聞いてくれていたのがなんとも居心地がよかったんです。問題は違えど仲間に受け入れられている感覚そのものでした。そのようにして、実は弱さをオープンにすることがほかの人の力に、エンパワーになるんだということに、気が付きました。それは体育会系社会では絶対に習わないことなんです。

小島 正反対なんですね。

斉藤 体育会系社会は弱さを見せるな、歯をくいしばれ根性だという世界です。それとまったく逆で、弱さをオープンにすることが人とつながる一つの方法で、その自分の体験がほかの人の何か力になるという経験を持つことができました。これは自分にとって、とても大きいことでした。一年目のときに、先輩から、あなたはこのままのペースで仕事したら絶対つぶれると言われました。やる気だ、根性だ、そういう考えではこの世界ではたぶんやっていけなくなるだろう。あなたは助けを求めるのが下手だから、職場で助けてと言う回数を決めなさい。一日に三回だったら三回、必ず助けを求めるのが、あなたの一年目の課題だって言われたんです。

小島 人に助けを求める。

斉藤 なんでもいいって言われました。たとえば、仕事がわかんなかったら聞きなさい、と。私が人に素直に聞けない人間だと見抜かれていました。助けを求めることを課せられたら、これが非常に辛かったんです。なんでこんなに辛いんだろうと悩みました。そして一つのことに気付きました。助けを求めるのに必要なものって謙虚さなんだと。私は謙虚さが足りないから助けを求められなかったんだと。

依存症の人たちを見ていると、回復していく人は、みんな仲間に助けを求めるんです。つまりいい意味で依存するのがうまくなるんです。東京大学の熊谷晋一郎さんが言う、「自立とは依存先を増やすこと」というのはそういうことだと思うんです。それに早めに気付いたことが、私が依存症の治療に携われてラッキーだったところです。男性は、よく弱さを認められないと言われます。弱音を吐けないと。男らしくしなさいと育てられます。今でもたぶんそうだと思うんです。そこの「男らしさの呪縛」から抜けだすには、誰でも傷ついてきた過去が必ず何かあるはずなので、それをちゃんとオープンにして、それが人と対等につながれる一つのツールになると知ることが重要だと思うんです。男性社会の中で、「助けを求める」というのがスキルとして大事なんだというのが、共有されるともう少し変わってくるのかなと思います。

小島　私も実は摂食障害を経験しました。一五歳ぐらいから食べる量が減って、一八歳から過食、最初はチューイングでしたが、やがて飲み込むようになって過食。それで、体重がものすごく増えて。就職試験のためにダイエットを始めてからは、過食嘔吐になりました。もともと生育家族との関係がしんどかったこともあって、自己肯定感が極端に低かったんです。だから少しのことですぐ自分を責めてしまう。なるべく自分と二人きりになりたくなくて、食べて気を紛らわせました。人前に出る仕事に就いてからは、画面に映る自分を見て自己嫌悪に陥り、過食嘔吐が悪化しました。求められる女性像をうまく演じられないことも苦しかったですね。

三〇歳で最初の子どもを生んだら過食嘔吐する暇がなくなったのですが、その矢先に信じていた夫に裏切られました。現実を認めるのがあまりに辛かったので怒りを心の底に葬って、二人目を出産。そしたら育休中に、不安障害を発症しました。寛解したり、再発したりしながら今に至ります。摂食障害は自分を忘れるための行為だったし、不安障害は抑圧された怒りが心身の症状として出たのかもしれません。カウンセラーに言われた「あなたは苦しんでいいのですよ」という言葉に救われました。自分で自分に苦しむことを許せないと、しんどいんですよね。

もしお酒が身近だったらアル中だったかも知れない。あるいはギャンブルやセックスや買い物依存症だったかも知れない。たまたま私の身近にあった依存先が食べ物だったんです。

斉藤 体重にこだわると、最初はおもしろいんですよね。達成感が手軽に味わえて。

小島 最初はそうですね。こんなに好きなものを口に入れているのに太らないなんて、私はうまくやっているぞ、と。

斉藤 セルフコントロール感があるんですね。ダルク女性ハウス代表の上岡陽江《はるえ》さんの講演で聞いたことがあります。陽江さんも摂食障害と薬物依存があった当事者で、そこから回復された先ゆく仲間です。依存症の回復に必要なのは、やはり自分の人生に責任をとっていくことなんだと言われました。食べて、吐くと太らないじゃないですか。食べて太るというのは責任をとることだと。たとえばクレプトマニア（窃盗症、万引きを繰り返す）は、自分の財布からお金を出して買うということが責任をとることなんだと。たしかにそうだなと思いました。食べたら太るわけですよね。身になっていく。それをずうっとしてこなかったんだと言われて、目が覚めました。

小島 私は家族から「あなたが生まれたから家族が不幸になった、小島家の失敗作だ」と言われました。生まれてきてしまったことは私の意志ではないし、責任はとれません。容姿についても家族にあれこれ言われ、仕事でもいろいろ言われて、こうじゃない体に生まれてきたかったのにとても辛かったです。その辛さを忘れたくて食べ吐きをしていました。過食嘔吐で自分を罰していたんですよね。食べたことに対する責任はとっていませんが、存在することに対する責任をとっているつもりだったんです。存在することに責任なんてとらなくていいのに。だからカウンセラーの「苦しんでいいんですよ」という言葉で、救われたんだと思います。苦しむ私は存在していい。ただ、一人で苦しむのではなく、上手に苦しむ助けが必要だったんです。

いま必要なのは「赦し」?

小島　夫が無職になり、片働きになって五年経ってわかったのは、一家を一人で養うのは相当な無茶振りだということです。

　私の父もそうでしたが、経済成長期の日本のお父さんは、大多数が一人で家族を養っていたんですよね。満員電車に揺られて、連日の接待で、土日もゴルフでつぶされて、なのに家に帰ると妻に嫌味を言われ、娘に臭いと言われ、息子に無視される。正直言って、彼らはよくキレなかったなと思うんです。私も、もしも息子たちに「ママ臭い」とか「キモい」と言われたり、夫にATMみたいに扱われたら、人をなんだと思ってるのよ!! って暴れたくなると思う。こっちは命削って働いてるのに、って。恐ろしいことに、それを想像したら「誰のおかげで食えてると思ってるんだ」って妻や子どもを殴るDV夫の気持ちがちょっとわかってしまったんです。だから、暴力を振るわずに、赤提灯で酔っぱらって憂さを晴らしていた男たちは偉かったなと。以前は「男は家事もやらずに飲み歩いていい気なものだ」と思っていましたが、そりゃそんな気持ちにもなるわなと、同情してしまう自分がいたんです。男たちは、自分は疎外され抑圧された、いわば被害者だと感じているのかもと気づきました。その怨嗟《えんさ》が、＃ＭｅＴｏｏ運動に対する攻撃にも表れていると思うんです。もちろん、ＤＶや性暴力は許せない、セクハラも許せない、女性差別も許せません。踏みにじられてきた女性たちの声に耳を傾けるべきです。でも、男性のしんどさには誰も注意を払ってこなかったんじゃないのかな。「お前たち男は下駄を履かされてるんだ、脱げ」っていきなり言われても、気づいたら履かされてたんだし、脱げば負け犬呼ばわりされるし、合わない下駄を履いて歩く辛さも知らずに何を言うか、ってなりますよね。だから、話し合いをするためには「まあ、それもわかるよ」って一回言わないといけない。そうしないと、男性が自分の加害性に気づくというところにたどり着けないんじゃないかと思うんです。

今、男性にも女性にも、この「しんどいと言っていい」という赦しが必要なんだと思うんですよね。その先にようやく対話のチャネルが開かれるのではないかと。

斉藤 「赦し」というのは、すごく成熟したレベルの精神状態です。『男が痴漢になる理由』の中で、お子さんを交通事故で亡くして被害者支援の活動をしている片山徒有《ただあり》さんの講演会で聞いたことを書きました。「今、加害者にどんな謝罪をしてほしいですか」という質問に片山さんは「謝罪はいらない。彼らにいずれ大切な人ができたら、自分が他人からどれだけ大切なものを奪ったのか、気づくことになりますから」と答えていました。片山さんがたどり着いたのは、たぶん赦しという精神的なステージで、一つの境地だと思います。それを社会の中で作っていくのは非常にむずかしい作業なんじゃないでしょうか。

小島 でも、本当は今の政治家がやらなくちゃいけないことだと思うんです。長時間労働をやめて人間らしく働けるようにする働き方改革とか、教育や医療や老後の備えのために個人が蓄財しなくちゃいけない仕組みを変えるとか、「安心して生きてね」っていうメッセージが伝わる政策があれば、世の中の空気は変わると思うんですよ。経済成長のために今までのやり方を続けますって言ってももうついていけないし、溜めてきた怨嗟はますます出所がなくなります。

私たちは依存症

斉藤 みんな一回依存症になればいいんじゃないですかね。

小島 えっ？

斉藤 そうすると大体ほっておくと底つきまで勝手に行きますからね。私は過食とチューイングをやって、一試合走れなくなったんですよ、体力が続かなくて。つまり食べて出すので、筋肉になっていかないんです。それだと試合で九〇分持久力が持たない。でも、私にとってはサッカーしかなかったので、当時サッカーができなくなるイコール「死」なんですよ。

サッカーをしているときは酔っていたようなもので、しらふになったときに、こんなにいろんなことが痛いんだと思いました。そして、次に酔うものは食べ物になった。そこにのめり込んで、それがきっかけで依存症の治療やセルフヘルプグループの哲学を学ぶことになった。結果的には依存症を知ると、これ以上がんばれないというように自分の限界がわかります。

小島 な、なるほどー。底を打って上がるんですね。

斉藤 そうですね。

小島 いま、日本はすでに依存症なんじゃないかという気もしますね。何に依存してるかっていうと……。

斉藤 男尊女卑社会への過剰適応（笑）。

小島 おお、そうですね。男尊女卑依存症！　私たちは依存症の患者なんですね。やめたいけどやめられない、依存症になっていることにも気づいてない。まずは、これって依存症じゃない？　って気づくのが第一段階じゃないですか。そして第二段階は斉藤さんがなさったみたいに、なんで依存しているのかを言語化して開示する。そして、他者とシェアする。そういうことですよね。

斉藤 依存症の回復には、段階が三つあるんですよ。認めて、信じて、おまかせという段階です。まず、自分がそうなんだと認める。そして受け入れる。これが最初のステップ1。これがむずかしいんですよね。次は、同じ問題を持った他の人たち（仲間）を信じるということです。おまかせというのは手放すということです。コントロールしようとしていたことを手放して自由になるということです。自分の正しさや正義を手放すというイメージです。

小島 なるほど。認めると信じるまではできそうだけど、手放すをどうするかですね。

斉藤 そうですね。もともと自分が持っている信念や価値観で、手放すのが一番むずかしいことですからね。

小島 社会の中で男尊女卑を手放すということを具体的に考えると、たとえば議会や職場を男女半々にするとかでしょうか。端的には、見えている風景を変える。男性ばかりだった風景を、男女がいる風景にして、さらに男性にも女性にもいろんな人がいることが見えるようにする。認める、信じる、手放すの、手放すの部分に作用するのは、いま世の中でさんざん言われている多様性に寛容な社会を作るということですね。

斉藤 そうですね。

小島 すごい発見です。ありがとうございます（笑）。男尊女卑社会依存症から、多様で寛容な社会へ。道筋が見えてきた気がします……。

斉藤 依存症の人たちの回復の中にいろんなヒントがあるんだなと思います。

小島 依存症は、仲間と支え合って回復し続けることが大切だと聞きました。回復した状態を保つための工夫が必要ということですね。

斉藤 現実の治療の中で人が変わるために必要な要素として大切にしている原理原則がありま す。一つ目は目的や理由が明確だということです。なぜ変わらないといけないのかが、はっきりしていること。二つ目が主体的な覚悟です。今までの生き方と決別して、自分は今日から変わるんだという決意です。三つ目がその変化を続けるためのスキルと仲間が必要です。技術的なものも必要だし、でも、一人じゃ続かない。最後はメンテナンスですね。

小島 メンテナンスというのは？

斉藤 自分が変わるために続けていることをちゃんとチェックしてフォローしていく、つまりフォローアップです。理論的に依存症の回復を分析するとその四つのポイントが重要だと考えています。

小島 企業のハラスメント対策にも生かせそうですね。企業自体の体質を変えていくこともできるのではないでしょうか。

斉藤 仲間というところがかなりキーポイントになると思います。依存症の治療や回復は一人ではできません。重要なのは最新の薬や病院のベッドではなく「仲間」なんです。

小島 企業が単体でやるのではなくて、経済界全体で取り組むことが大事なんですね。せめて業界ごとにとか、経済団体ごとにとか、まとまった形でやるといいのかも。

自分の中にある男尊女卑的なこと

小島 男尊女卑社会はいつか変わると思いますか？

斉藤 変わると思います。

小島　いつごろかなあ。

斉藤　いつごろでしょう（笑）。我々の世代で変えていきたいですね。

小島　自分も男尊女卑かなと思ったのはどんなときですか。

斉藤　「男なんだからもっとこうしなさい」とか、自分が言われて育てられたのと同じように子どもに言っているときです。子どもへの接し方に困ったときに出てくるんですよ。

小島　反射的にですか。

斉藤　そうです。でも対応に困ったら、本来は指示的なことではなくて、理由を聞かないといけないですね。

小島　「なんでそうしたの？」って。

斉藤　そうです。

小島　私の子どもは、高一と中一の男の子なんです。「男の子なんだから」と言わないように、すごく気をつけています。でも、なぜか夫に対してはそれができないんです。夫には私の中に抱え持つ理想の男性像を押し付けてしまう。今の夫を受け入れているし、感謝しているんですよ。でもふとしたときに「もっとデキる男と結婚していたら」と幻想の夫像と比べてしまう。稼ぎがあって、頭が良くて、頼りになって、見た目もカッコよくて、っていうわかりやすい理想像がまだ捨てられないんです。なぜ夫にだけ男尊女卑的な価値観をぶつけてしまうのか。それが悩み。

斉藤　父親モデルでしょうか。小島さんの内面化された父親像が投影されているとか。

小島　私の中に、小さいときから理想の男性がいるんです。父のこともそれと比較して、ずっとダメだしをしていました。でも、その男性がどこから出てきたのかわからないんです。小学校高学年ぐらいのときからいます。自分の中の男性性を形にしただけなのかもしれないと思ってはいるのですが。私の中に内在している男性性をギュッと抽出して凝縮して一個の男性像に置き換えている。つまり夫には「理想の私になれ」って言ってるのかな。うわあっ、そうなのかも。

斉藤　いいんじゃないですか。認めて、信じて、おまかせで（笑）。

小島　これは自分一人の問題じゃない気もします。酒井順子さんの『男尊女子』（集英社）という本にもありますが、この社会で女をやっていると男尊女卑的な価値観を内在化させてしまう。それに、誰の中にも男性性、女性性がありますよね。女性には、自分の生まれ持った男性性を男尊女卑モデルに寄せて偶像化しているところがある気がします。それを目の前の男に投影する。これもたぶん、男尊女卑依存の症状の一つですね。

斉藤　男尊女卑依存という言葉はいままでないですよね？

小島　たぶん、新語ですね。©斉藤章佳です(笑)。依存症だと認めれば解決の糸口が見えてくる、と。なんか本のタイトルにしたいですね。

過剰適応している私たち

小島 辛いことを忘れるために何かに依存してしまうのはよくあることですが、社会が男尊女卑依存にならざるを得なかったのは、なにから逃れるためだったのでしょうか。

斉藤 依存症は、結局男らしさの病だったり、女らしさの病なんです。つまりジェンダー問題と密接な関係があります。だからそういう男らしさ、女らしさからもうすこし自由になるということなのかなと考えています。

小島 男らしさ、女らしさはなんのために作られたんでしょうね。各分野の専門家が分析しているとは思いますが、個人ベースで考えてみると、自分の「正しさ」を測るために、女らしさとの距離を使っていた面はあるな。不安を解消するためとも言えますね。

斉藤 もともと男尊女卑社会だったけれども、今は平等になった国はあるんでしょうか？

小島 男女平等の先進国と言われる北欧諸国でも、四十数年かけて人々の価値観を変えたのだそうです。企業に補助金を出したりして、政策的に推し進めてきた結果、職場の男女比とか、男性の育児参加とか、制度として実現されている。

斉藤 そこはやっぱり真摯に見習うべきですよね。

小島 どうも日本はそういう手間をかけるのがめんどくさいので、今のまま行けるなら行っちゃいたいというのが本音なのではという気がします。女性も大変だろうから多少は後押しするけど、基本は家族の愛の力で乗り切ってねと。非婚化が進んで子どもも少なくなってますし、多様化の流れがもう引き返せないところまで来ているのに、政治がそれを後押しできていない。福田元次官のセクハラ事件の際の「はめられた可能性がある」「セクハラ罪という罪はない」などの麻生大臣の発言を見ても、男女平等なんか本当はどうでもいいと思ってるのが丸見えですよね。

斉藤 治療の中でも六〇代とか七〇代になってからだと変化がむずかしいです。完全に頭がかたまっていますね。だから麻生さんの発言を見ていても、むずかしいな、これはと思います。治療の現場でも若い層ほどやはり柔軟なんです。だから世代交代が順調に進んでいけば変わっていくと思うんです。

小島 ならば再生産を食い止めなくてはいけないですね。次の世代が「もうやめよう」って思ってくれないと、同じことの繰り返しになってしまいますから。最後に、素朴な質問ですが、満員電車がなくなったら痴漢はなくなりますか。

斉藤 痴漢は減ると思いますが、ただ性犯罪は別に痴漢だけじゃないですから。痴漢自体が、学習された行動で、満員電車という環境への適応行動なんです。外国人が日本に来て痴漢を覚えるというぐらいですから。その人は母国で性犯罪歴がないにもかかわらず、日本のライフスタイルに適応すると電車の中で覚えてしまうというケースがあります。家では従順で、イクメンで、痴漢じゃなくても、なんらかほかの問題は出るような気がします。家では従順で、イクメンで、職場でも長時間労働をしているような人たちが、満員電車の中では自分より弱いと思っている女性に対していじめたり、ストレス発散したりする。しかし、それがなくなってもほかのところで破綻するような気がします。

小島 私は中高六年間毎朝京王線の高幡不動駅から山手線の高田馬場駅までぎゅうぎゅうの満員電車で通っていました。もう殺人的混雑、肋骨が折れそうでした。背が高いからお尻の位置も高いし、セーラー服で乗っていたので、毎朝、必ず痴漢被害にあっていました。私は痴漢に怒っていたけど、ぎゅう詰めの車両がシーーンとしているのが怖かったんです。こんな異常な混雑に誰一人文句を言わずに黙って耐えていて、密着した体の隙間から絶え間なく尻に手が伸びてくる。隣の人に舌打ちして、降りるときには小突きあって。狂ってますよね。あのとき、車両に満ち満ちていたのは怒りでした。大人が何に怒っているのかがわからなかった。ぎゅう詰めのサラリーマンの頭上でぴらんぴらんって揺れてる中吊りの週刊誌の見出しには決まって、皇室と女子アナが載っているんですよ。皇室も女子アナも、特権と抑圧の象徴ですよね。みんなのイライラのはけ口を最もぶつけやすい相手なんだと思うんです。言い返せないし、見かけ上は勝ち組に見えるから。「この怒りはなんだ、何に対する怨嗟なんだ」というあの満員電車での疑問が、今も私の世の中を見る原点なんです。

斉藤 台風が来ても、地震が来ても、満員電車に乗って、みんな会社に行こうとする。過剰適応社会ですよね。

小島 「満員電車に何の疑問も持たずに乗っていること自体バカすぎる」と言う人もいます。でも、体育会的マインドだと、そこで四の五の言わずに満員電車に乗るのが正解なんですよね。

斉藤　そうです、そうです。気合いと根性。

小島　満員電車がイヤだとか言ってるやつらはダメ人間。

斉藤　そうなりますよね(笑)。逃げていいと思うんです。動物で逃げないのは人間だけですよね。動物は危険が迫れば本能的に逃げます。

小島　日大アメフト部の悪質タックル問題もスポーツ界のパワハラも、昔はニュースにならなかったと思うんです。＃ＭｅＴｏｏ運動が報道され、福田元次官のセクハラがあり、次々とパワハラやセクハラの事例がニュースになって、もう「よくあること」で済ませちゃいけないんだなというのが常識となりつつあり……。

斉藤　流れはできてきていますね。

小島　次は、自分は男尊女卑依存症なのだと認める段階ですね。やめたいのにやめられなくなっていることを自覚する。

斉藤　依存症当事者であると認めると、その先が見えてくると思います。

小島　ありがとうございました。

ハラスメントがデフォルトの日本の職場を変えるには？

ジャーナリスト

白河桃子

TOUKO SHIRAKAWA

一九六一年生まれ。住友商事などを経てジャーナリスト、作家に。二〇〇八年山田昌弘氏と『「婚活」時代』（ディスカヴァー携書）を上梓、婚活ブームの火付け役に。女性のライフキャリア、少子化、働き方改革などをテーマにテレビに出演し講演を行い、数々の提言を政府の委員としても行っている。著書に『「逃げ恥」にみる結婚の経済学』（毎日新聞出版）、『御社の働き方改革、ここが間違ってます！』（ＰＨＰ新書）などがある。

適法か？　適切か？　ふたつの視点

小島　＃ＭｅＴｏｏ運動が広がりつつある中で、福田淳一元財務事務次官による女性記者に対するセクハラ問題が起きました。霞が関はいうまでもなく、テレビや新聞などメディア業界のセクハラ体質が露呈したと言いますか、対策の遅れが指摘されましたが、全体として日本の企業はどのような取り組みをしているのですか。その効果のほどや課題を教えてください。

白河　そもそもハラスメント対策の取材自体がむずかしいんです。良い取り組み、対策をやっていても公表しない。「いや、名前は出せません」と言われる。ハラスメントが多い企業と思われたくないからです。長時間労働是正のときも同じことがありました。以前は長時間労働是正に取り組んでいても「ブラック企業と思われる」と名前を出してくれない企業が多かった。働き方改革の今は積極的に社名を開示するようになりました。ハラスメントも同じように「懲戒事例があり、きちんと対策している企業は良い企業」という認識になってほしいです。

小島　同じようなケースでは、朝日新聞が二〇一四年の誤報事件の反省から、細かいミスも訂正し、訂正欄を目立つ場所に移したところ、「こんなにミスが多いとはけしからん。他の新聞はもっと少ないぞ」と読者から批判が寄せられたり。対策を打つとむしろ評判を下げることになるのでは、企業も二の足を踏みますよね。

白河 むずかしいですが、そこを超えていかなきゃいけない。先日、二〇〇社ぐらいの人事担当者の集まりで「財務省のセクハラ事件などで、会社としてのハラスメント対応の見直しがあったか」と聞いたのですが、まだまだ動きは鈍かったですね。しかし、企業でも学校でも、またスポーツ業界などでも様々なハラスメント問題が噴出しています。今までの対応ではハラスメントは防げないことは明らかです。昨年（二〇一八年）の労政審（労働政策審議会）で、「職場のパワハラやセクハラは許されないものであること」を法律上明確にすることが決まりました。三月には国会で審議されると思いますが、罰則はないにしても、企業はさらに厳しく職場のパワハラ、セクハラの防止に努めなければいけなくなります。

小島 男女雇用機会均等法の問題点は、雇用者しか責任が問われないということですか。

白河 そうです。本当は職場に限らず「すべてのハラスメントは人権侵害であり、いけないこと」という刑事罰がつくような法律があるといいのですが、それはこれからの議論になります。法制化されれば「ハラスメントは違法である」という認識が広がり、抑止力となったり、ハラスメントを訴える人を応援しやすくなると思います。

ハラスメントが起きたとき、まず企業が考えなければならないことは、「適法か」より

「適切か」ということです。「適法」かどうかを裁判で争うまえに、企業が被害者、加害者に対して「適切に対処している」かどうかのほうが、ずっと重要です。セクハラやパワハラにあっても、すぐに訴える人はいない。被害者は、まずはハラスメントをやめてほしい、そして働きやすい環境で持続して働きたいと思っているわけです。イクボス企業同盟内で開催したハラスメント対策研究会では事例発表してくれた先進企業の方たちも、「企業にとって重要なのは、裁判で争うことではなく、ハラスメントをなくすことだ」とおっしゃっていました。

裁判になると、ほとんどの人が辞める覚悟をすることになる。企業で働く被害者が最初に望むことは、ハラスメントの加害者が、ハラスメントをやめるか違う部署へ異動することなんです。被害をうけた社員が働き続けることを前提に、どうしたらいいのかをまずは考えてほしい。

セクハラ、マタハラでは企業には雇均法に基づいた「措置義務」があり、防止対策を講じなくてはいけません。でも福田元次官のセクハラ事件などを見ていると、その措置が形骸化していて、それだけでは防げないことがわかった。一九八九年に「セクシャル・ハラスメント」が新語流行語大賞の新語部門金賞を受賞して以降、企業は適法になるよう措置義務はやってきました。

いまはさらに進んだ本気の対策が必要です。外資系は進んでおり、様々な方法で本人が申告しなくても、介入することができる仕組みがあります。それは会社の評判や生産性に関わる重大事項と認識しているからです。日本の措置義務は、まだまだ「本人が申告するのを受け身で待つ」という段階です。

ハラスメントは組織の生産性にかかわる

白河 企業からの視点としてもう一つ重要なのが、働く現場のハラスメントで誰を守るのかということです。ハラスメントをする人は、同じ会社の社員や外部の人などいろいろです。そうした中で、誰を守っていくのか。

私がいま、働き方改革の中にハラスメント対策を入れるように政府に言っているのは、「働き方改革」というパワーワードによって、生産性にかかわることと捉えられ、予算が取りやすくなるからです。いままでは職場全体の生産性の問題ではなく、個人対個人の問題として矮小化されやすかった。ハラスメントについて話そうとすると、女性でも「線引きはむずかしいから」と諦めちゃう。「誰々さんにも隙があったよね」と、被害者が過度に責められたりもする。女性が被害者女性を責めることもありがちですが、個人ではなく職場全体の環境の問題なんです。

小島 職場環境の問題として考えるわけですね。

白河 ハラスメントの当事者でなくても、職場内にハラスメントがあるだけで生産性は落ちます。生産性にかかわる重要事項であると、企業もちゃんと認識してほしいですね。

小島　これまでは、組織の問題ではなく、社員個人の悩みをどうするかという捉え方だったと。

白河　ハラスメントに対処するのはコンプライアンス部門が多いんですね。違法行為をしないというコンプライアンス系マネージメントの一環として、措置義務を守っていた。措置義務とは、通報窓口を置く、セミナーを行うなどの措置のことです。ところが、その措置義務が正常に機能しているかを調べたところ、安全配慮義務を怠っていた事例がありました。たとえば電通のもと社員のはあちゅうさんの件。電通在籍当時の先輩からのハラスメントを＃ＭｅＴｏｏしました。電通は大企業ですし当然相談窓口も研修もある。措置義務違反ではない。でも、もし当時会社側がこの件を知っていて適切に対処しなかった場合、安全配慮義務を怠ったと訴えられてもおかしくないのです。もうこれからは個人の問題と矮小化せず、組織全体の問題として対処していくことが企業に求められる。

アメリカでは、ハラスメントのリスクは一五兆円規模といわれています。職場にハラスメントがあることで退職する人もいるし、訴訟になれば懲罰的な賠償金は高額ですからね。いま、ハラスメントの立法規制を作るという議論があります。ハラスメントによって企業にもたらされる経済的損失額は、そろそろ明確にしておいたほうがいいと思います。

パワハラ対策については、働き方改革の一部であることが明言されているんですよ。厚労省の「職場のパワーハラスメント防止対策についての検討会」報告書が二〇一八年三月三〇日に出ていますが、これは働き方改革実行計画をうけてのことです。パワハラはまだ措置義務もありませんでした。検討会で出されたパワハラの見解は、ハラスメント事案とそうでないものを○×△で示すなど、以前よりは踏み込んだものでした。手を出したら暴行傷害で完全にアウト。そのほか人格を否定する発言や別室に隔離したり、情報を与えないといった人間関係の切り離し、肉体的苦痛を伴う過酷な環境下で勤務に直接関係ない作業を長期間にわたって命ずるなど、様々なハラスメント事例がいちおうは明文化されたわけです。

セクハラをする人は「仕事ができない人」

小島 △は、なんですか？

白河 グレーゾーンということでしょうね。その後福田元次官の事件が起きたので、政府はセクハラ対策への見直しも迫られ、セクハラ緊急対策を出しました。また、内閣府男女共同参画局が出した「女性活躍加速のための重点方針二〇一八」の中に、「セクシャル・ハラスメントは重大な人権侵害であり、男女共同参画社会の形成を大きく阻害する」という文言が入ることになったんです。

新しかったのは、セクハラという言葉が明確に入ったことです。女性に対する暴力という文言は以前からありますが、「女性に対する暴力」では、従来の夫婦間DVや、性暴力といったイメージが強すぎる。委員として私も、男女共同参画に「セクシャル・ハラスメント」という文言を入れてほしいと要望しました。
今回、さらに「実効性を確保するための検討を行う」という文言が入ったので、女性に対する暴力専門調査会で法律を作るかどうかの検討がなされています。
これまで企業では、セクハラはするけど仕事ができる人、が容認されてきました。仕事の比重のほうがずっと大きかったために、セクハラが横行してきたわけです。しかし、財務省トップの事務次官が四月一八日に辞任しました。今後は、「セクハラをして組織にリスクをもたらす人は仕事ができない人」という見方になっていくと思います。

小島　ぜひ、そうなってほしいものです。企業の認識も変わりつつあるのですか。

白河　トップがセクハラ体質のところもあるので、実態はなかなかむずかしいんです。企業によってかなりの差があります。

小島　福田元次官のセクハラ事件では霞が関とマスコミ業界の体質の古さが露呈しましたよね。驚いた人も多かったのでは。

白河　大企業は法律的なことは遵守していますよ。メディアも大企業ですからやっています(笑)。ただし今回の福田元次官の件は、一般企業からはおそろしく遅れていたと見えていたことでしょう。ところが、外資系から日本企業に来た人は日本の会社は二〇年遅れていると言う。だとしたらメディアと霞が関は四〇年遅れということになります。

小島　金融業界もセクハラが多いと聞きます。

白河　同質性が高い職場では、どうしてもセクハラが起こりがちになります。男性が多すぎる職場でもそうですが、実は女性が多すぎる職場もよくないんですよ。出版社で女性誌を編集している人は、「女性だけの職場でセクハラは受けないけど、パワハラは山ほど受けてきた」と言っていました。

小島 パワハラはあるんですねえ。性別は関係ないんですね。

白河 多様性に乏しく同質性が高いから。

小島 同質性が高いと、どんな問題があるんですか。

白河 マッチョ、体育会系な感じですね。似た者集団で上下関係が厳しく、しかも長時間労働。長時間労働とハラスメントは相関があります。いわゆる昭和の労働環境で、プライベートのことで会社に迷惑をかけちゃいけないという、仕事第一の職場です。

小島 社内の序列がすべてという人間関係ですね。上司には絶対服従とか。

よい窓口と悪い窓口

白河 いまのところ「ハラスメント対策」の基準は、懲戒事案の数ではなく、窓口の有無なんです。窓口にも、よい窓口、悪い窓口があります。機能しないのは、「窓口があればいいんでしょ」的なもの。多くの場合、そこにセクハラ体質のおじさんが坐っている。秘密は守りますと言いながら筒抜けになるとか。そんな窓口には誰も相談できない。でも、なぜか窓際族おじさんがコンプライアンス部門の窓口責任者になりがちという指摘もありました。

企業にハラスメント対策の実態をヒアリングしたら、ホットラインや対応窓口は様々な階層で設けていることがわかりました。各工場や拠点にもあるし、会社から独立した中立性のある社外にも設けている。また申告した人への報復禁止措置などがしっかりなされているかも重要です。

小島 そうじゃないと、怖くて相談できませんよね。おしゃべりな社員が窓口だったら悪夢です。

白河 窓口が複数あるのと、担当者を女性か男性かに選べるのはいいなと思いました。「男性は男性に甘いので、セクハラ案件に関してはなるべく私が対応するようにしています」という意識の高い女性担当者もいた。対応する人を選べるというのは重要ですね。

被害者がなかなか窓口に行かないのは、窓口に行っても何が起きるかわからないから。それは懲戒事案がちゃんと社員に伝えられていないか、事前にはっきり決められていないからです。「お疲れさま」の意味でもボディタッチはNGで、こういう懲戒になります、とか、こういうことをしたらこういう処分があります、としっかり規定を作っている会社もあるんです。具体的に示されていないと、勇気を出して窓口に通報しても、それがどんな結果につながるかがわかりませんよね。

小島 どうせ変わらないだろうとか？

白河 それもあるし、調査されたら誰だかわかるのも怖いんだと思います。セクハラ問題を起こした人を引き離す場合、訴えた人のほうが飛ばされちゃうことが多いですから。

小島 そして、問題を起こした人は生き残る。理不尽です。

ハラスメント退社の傷痕

白河　対処が不適切な相談窓口には、誰も行かなくなります。「言った者損」になるくらいなら口をつぐみ、黙って辞めてしまう。この「黙って辞めてしまう」というのは重要で、専門家の方もおっしゃっていたのですが、辞めた後に正社員として再就職しない確率がかなり高いのだそうです。

実際、私の知人にも、すごく優秀なのに仕事を辞めて再就職しない人がいる。それまでとはまったく違う職種に行こうとしているので「専門性を生かさないの？」と聞くと、「もうパワハラはいやなんです」と言う。仕事だけがすべてではありませんが、ハラスメントのせいで、能力のある人が、キャリアをゼロにするような選択をするわけです。再就職してまた同じ目にあったらどうしようと、怖くて就職できない気持ちがすごく伝わってきました。

小島　トラウマですね。

白河　その損失は計りしれないと思います。よく海外の方が高橋まつりさんのニュースを見て「電通の子はなぜ辞めないで我慢したの」と言うのですが、職の流動性はまだ高くない。日本人の中には、ぎりぎりまで我慢し、メンタルを病んで次の就職ができなくなり、非正規を繰り返す、という人がかなり多いのではないでしょうか。

小島　女性が限界まで我慢してしまう理由の一つに、やっぱり辞めたら就職しにくいという、再就職の問題があるんでしょうか。

白河　あると思いますね。

小島　じゃあ、もし自分のスキルを生かせる転職先があるだろうと思えたら、早めに逃げやすくなりますよね。労働市場の流動性の問題ですか？

白河　ダメな企業から人が去り、セクハラ、パワハラが横行する企業が淘汰されるのが理想です。しかし、日本よりは職の流動性が高い韓国などの例を見るとそれだけでは解決できないようです。二〇一五年に韓国中が見たというほど視聴率が高かった『ミセン 未生』という韓国ドラマがあります。商社勤めの若いイケメン男性の成長物語で、日本でもリメイクされたドラマです。久しぶりに見たら、セクハラ、パワハラの嵐で。「えっ、これ、いつの時代のドラマ？」と目を疑いました。まるで昭和の日本の会社のようでした。労働市場の流動性の高い韓国でも、やっぱりパワハラやセクハラは防げないのですね。

小島　辞めること自体に抵抗はなさそうですよね。

白河　転職はどんどん当たり前になっています。でも再就職の際、次の会社にも似たような人がいたら……というのは、すごく気になると思うんですね。職の流動性ですべて解決するとは思えないんです。もちろん、ダメな企業から逃げるのはいいことです。でも、次のところに行って大丈夫という保証がないと、ダメージが深い人はためらってしまいます。

小島　なるほどー。職場でのハラスメントがデフォルトである社会自体が問題なんですね。まともな職場が多ければ、今いるところがひどいんだ、安全な場所に逃げようと思えますもんね。でもその全体のレベルを上げるには、同質集団である企業社会を変えないと。

白河 そのとおりです。セクハラ対策はするべきですし、法整備も必要でしょう。しかし、究極のセクハラ対策は、企業の中に責任ある地位につく女性を増やすことしかないんですね。

ふつうのOLからの出発

小島 日本の職場のハラスメントをなくしたいと思うようになった個人的な動機や体験はあったんですか。

白河 私はバブル世代ですし、昭和のおじさんからのセクハラは思えばいっぱいありましたし、女性からパワハラを受けたこともありますが、私自身、それほどひどいハラスメントにはあったことがないですね。三〇過ぎになってからメディア業界に参入したので。

小島 それまでは何を？

白河 普通に会社で働くＯＬでした。住友商事、ＩＢＭ、リーマン・ブラザーズ……わりと大きな会社ばかりでしたが。秘書や輸出のアシスタントなど、スタッフ職です。

小島 そうなんですか!! そこから記事を書くお仕事を始められたきっかけは？

白河 たまたまチャンスがあったからとしか言いようがないですね。世の中がバブルで余裕があったからでしょう。私のような者に、おもしろそうだからと女性誌にエッセイの連載を持つ機会があったのです。最初に書いたエッセイは、『噂の「おみー君」劇場――平成お見合い新事情』という、お見合いに来る変な男の話（笑）。それがマガジンハウスから本になりました。

小島 デビュー作が本になるってすごいですね。

白河 でも、私は昭和の女だから、いずれ専業主婦になるんだとばかり思っていました。バブル期だったので、会社を辞めてもいくらでも仕事あると思ってましたし。

小島 おお、それは意外です。じゃ、二五歳になる前に結婚しよう！　とか思っていたのですか。

白河 二五歳までにというのはなかったですね。バブル時代は女性がめちゃくちゃ元気だったから。みんな、わけもなく強気だったんですよ（笑）。

小島 働き続けるつもりはなかったんですか。

白河 当時はまったくありませんでした。働き続けている女性は少数派でした。

小島 それがなんで働き続けちゃったんですか。

白河 外資に行って、初めておなかの大きい女性が働いているのを見て、新鮮でした。昔から本が好きだったので、物を書くチャンスが回ってきたときに、二足の草鞋を始めました。三六歳で結婚して、海外転勤などのために会社を辞め、文筆業が本業になった。でも、最初は主婦の片手間仕事みたいな感じでした。

当時はインタビュー記事の執筆がメインで、このまま続けていければいいなと思っていました。政府で提言するなんて考えたこともなかったのに、「婚活」ブームの火付け役になったことから、自分から発信できる立場になった。

でもある程度で飽きちゃったんですよ、婚活ブームに（笑）。『アンアン』などで頼まれるインタビューは「どうしたら結婚できますか」というものばかり。私がやりたいのは、個人がどうしたらいいかということではない。いつからか、そもそも社会構造がおかしいと気がついたんです。

なのに、女性にがんばれとか、こうやればあなたのキャリアはうまくいく、みたいなことばかりを言っていても埒が明きませんよね。女性が何かをやってみたいと思ったときに、それを阻むハードルがたくさんある。それを一つずつ取り除いていきたいといつも思っているんです。

そんなとき、ブランドコンサルタントの友人から「じゃあ、あなたはどうなりたいの」と聞かれて、「政府の委員になって政策提言したり、大学で女性に教えたい」と言ったら、彼女が「わかった」と言って名刺とウェブサイトのデザインをしてくれて。そのブランディングのおかげで、二年後に政府委員になったし、大学の講師もやるようになった。

小島 ええっ、すごい。夢は口に出すものですね。

白河 だから私がこの業界に参入したのは、もう三〇歳を過ぎてから。世間ではフリーランスの女性はセクハラなどイヤな目にたくさんあう、という話もよく聞くのに、そういうことはありませんでした。ただ、会社勤めをしているときは、女性は企業の中でも最後まで洗脳されない異端者だなと思っていました。

小島　異端者？

白河　男の人は、入社後あっという間に洗脳されて「社畜」になっていきますから。一方、女性は期待されていない分、会社に染まらない。八〇年代から九〇年代半ばぐらいまで、私の勤めていた商社では、女性は三年で辞めるという不文律があったんです。結婚したら退社しなきゃいけなかった。今なら労働基準監督署に駆け込まれます。お給料もよかったから、なぜあんな決まりを女性たちは受け入れていたんだろう。でも商社マンと結婚したら退職するのが勝ち組、という感じでした。私の同期で働き続けている女性はほとんどいません。

　でも、そのときにはまだ女性が働けない社会はおかしいとは思っていなかった。だけど、だんだん自分の仕事が本格的になってきたら、より社会の構造がおかしいと思うようになりました。活躍とかしなくても、女性はもっとお金を稼いでほしい、貧困になりやすい構造だから、食いっぱぐれない女性になってほしいと言いたいんです。

小島　女性の仕事が腰掛けだった時代から、働き続けなくちゃいけないようになると、どうしたって「これおかしくない？」って世の中の歪みに気がつきますよね。

白河　そう。私はなんとなく構造に目がいく。「婚活」を提唱していたときも、その人個人がどうやって結婚したかにはあまり関心がなくて、それをマッチングするサービスとか、構造のほうに興味があったんですよ。

小島　バブルの勝ち組ＯＬが社会構造を問うようになるとは（笑）、意外な転身です。

白河　バブル期の勝ち組なんて、はかないあだ花のようなものです。

小島　ご結婚は、当時としては遅いですよね。

白河　二〇代後半から友だちがどんどん結婚して子どもを生んでいく中で、私はそこに参入できなかった。三六歳で結婚しても、今、子どもがいないという点では、後悔する気持ちはすごく強いです。努力しないと家族は増えないんだなと、当たり前のことに気がつきました。

バブルの頃は女性誌も強気でしたから、私もよく「自分を変えない結婚」というタイトルで、「結婚も恋愛も、遅すぎることなんか何もない」みたいなことを書いたりしていました。でもごめんなさい、遅すぎること、ありました（笑）。結婚も恋愛もいつでもいいし、仕事だっていつでもいいんだけど、出産だけは期限があった。それについては懺悔の気持ちがあります。みなさま、申し訳ありません（笑）。出産しないと後悔することもあるかもしれないので、子どもを生め、と言って回るつもりはないけど、遅すぎることもあると言いたい気持ちはあるんです。

女が男のライバルになった日

白河　私はバブル期のOLですから、多少は危ない目にはあったことがありますが、＃Me Tooの人たちや女性記者のように、この男の言うことを聞いて、このネタをとって帰らなかったら私は困るというほど、仕事で追い詰められたことはありませんでした。

私が会社員だった頃はまだ「働く女性の参入」というと、OLのように職種が完全に女性用で男性と関係ないか、トップセールス外資証券ウーマンのような、泣く子も黙るスーパーウーマンのどちらかだったんですよね。いまのように大量の女性が進出し、男性のライバルになるという企業にはいたことがありません。

小島 女性がライバルになるかも、と気づいた男たちが足を引っ張り始めるというのは、育休などの制度が整ってきて、総合職女性が増えたからかもしれません。

白河 そうですね。そこから会社の中で女性たちへのいじめが始まった。中でも、セクハラという形をしたいじめがひどかったんだろうと思います。私自身はそのとき既に組織の人間ではなかったから、それがわかっていなかった。

一九九三年から二〇〇五年は就職氷河期で、それまで採用していた女性総合職が減っていきました。その後また女性を採るようになりましたが、二〇一〇年に育児・介護休業法の時短制度が使いやすくなりました。それが「育休前提世代」が出てきたきっかけだと思う。まだ一〇年たっていないんですね。

時短制度で、七割の正社員女性が第一子出産後も働き続けるようになった。これは大きいですね。まあ、時短はマミートラックへの道でもあるのですが……。同時に、男性たちの間では「女がいっぱい入ってきてやめないぞ、俺のライバルになるんじゃないか」という不安が大きくなってきて、男性と肩を並べて働く生きのいい優秀な女の子たちは、かなりやられたんじゃないかなと思います。

小島 その前の世代の、最初から男の添え物的な存在として見られていた女性たちとは、扱いが違ったということですね。それもそれでひどい話だけど。

白河 とくにメディア業界では、女性を潰すというようないじめがひどかったのではないでしょうか。

小島 女性記者なんかとくにそうみたいですね。実は私も、二人目の育休から復帰したときに、ある人気男性アナウンサーに面と向かって「小島さん、子ども二人も生んで、この先仕事なんて一つもないかもしれないのに、いつまで会社にいる気なんですか」と言われたんです。私はその当時、育児時間をとりながら電話番をしてました。電話とりは誰かがしなくちゃいけないし、その意味ではちゃんと仕事をしていたんですよ。二時間の育児時間も制度上認められたもので、何も後ろめたいことはしていないんです。だけどその人気男性アナは「女は若さしか値打ちがないんだから、子どもを生んだらとっとと引っ込め。子持ち女はお荷物だ」という女性蔑視をぶつけてきたんですよね。当時はまだマタハラという言葉がなかったんですが、子どもを生んだら会社を辞めろなんて、本当にひどい。私の中では、彼はハラスメント男の殿堂入りですよ。

白河 サラリーマンなんだから、どんな仕事でも会社にいる権利はありますよね。それは明らかにマタハラですが、男性たちの嫉妬ですよねえ。

小島 男性アナウンサーの中には女性アナに対して「なんだよ、女っていうだけですぐ人気者になって。俺は実力があっても男だからなかなか注目されない」という不満がある人もいると思います。「女子アナ」として若い女が商品化されているのでそう思うのも仕方がないでしょう。アナウンサーの世界では、ずいぶん前から女性は男性にとって目障りな存在だったのかも。給料は同じだし、マッチョなテレビ業界では〝女の武器〟を使えるほうが有利ですから。悲しいことに女性アナは実際に番組でも「女子」の役割を求められることが多いので、性差別的な構造であるがゆえの特権を手にしているんですよ。だから私はずっと「女子アナ」なんてものは絶滅してしまえと言っているんです。そんなロール（役割）、このご時世に誰も憧れないですよね。実際、アナウンサー志望者が減っていると聞きます。一九八八年にフジテレビで「女子アナ」という言葉が誕生してからちょうど三〇年の昨年が、一つの節目だったと思います。

共犯者や傍観者の負い目

白河 あとハラスメントで重症なのは、女性の営業職ですね。営業女性たちは、「営業女性でハラスメントにあったことない人はいないですよね」と言っていました。でも、実は彼女たちはちょっと言い淀んでいた。営業職の人はお客さんの悪口は言いたくないから、「大半はいい人なんですよ、でもたまにはそういうこともありますね」という感じで。きっと優秀な営業女性は、多少女を使うことや、セクハラをうまくかわすこともスキルであると教わってきているのだと思います。ここで明確に「それはいけない」と言うと、彼女たちを否定することになってしまうんじゃないかと、配慮が働くんですよね。

小島　それはわかります。男性社会でサバイブするために、そうするしかなかった悲しさは、ほぼすべての女性が味わっているんじゃないかな。だから口ごもる。

白河　たしかに。自分たちで自分たちを否定しちゃうことになる。

小島　そうなんです。仕事に適応するほどに自分が誇れなくなっていく。差別に甘んじることで得をしていることを知っているんです。その負い目があるので、「こんなのおかしい」って言いづらかったんですよね。

白河　私も負い目はすごくありますよ。社会に出てからのあれやこれや、やはり笑って流してきましたから。いまの♯ＭｅＴｏｏの動きが嫌だと思ってる女性には、そこを責められたくないという気持ちもあると思うんです。

小島　男性にも似たようなことはあるのでは。パワハラされても「声をあげるのは負け犬がやることだ」と思って我慢して黙認してしまう。それどころか、声をあげた人を非難したりして。ハラスメント問題って、誰しも被害者だけでなく加害者や傍観者の一面もあると思うんです。

白河　ただ重要なのは、女性の場合は能力にかかわらず、全員がハラスメントを受けているということです。その点、男性は立場の弱い人が集中的に受けますね。

小島　確かにそうですね。社会構造に女性差別が組み込まれていますから。

白河　そうです。そして私が自分も加担側の一人だったと強く感じたのは、伊藤詩織さんに会ったときです。

私自身、テレビで発言を求められるようになってから、飲み込んでしまうことも増えたんです。オンエアの時間は限られているし、テレビ現場は男性中心なので、もっとうまく喋れればよかったとか、それは違うんだけど、と思うことが山のようにあったけど、飲み込んでしまっていた。いちいち突っかかる使いにくい文化人と思われたくない、という気持ちもありました。「婚活」ブームの頃出たバラエティ番組では、とくにそうでした。書く仕事ならあとから直せるのでそんなにひどいことにはならないのですが、テレビはそのまま編集されて放映されちゃうから、自分のコントロールが全然利かない。

詩織さんに会ったとき、「ああ、あの場面でも、この場面でも黙ってしまったことがいけなかったのかな」と思ったんですよ。

詩織さんに会ったのは、ある忘年会の席でした。そこで詩織さんが、「自分の妹がこんな目にあわなくてよかった」と言ったんです。詩織さんって若くて美しくて、素敵な女性じゃないですか。勝手ですが、彼女はもしかして「私たちの妹」なんじゃないかと思いました。その場のマスコミの女性たちは全員が反省していました。私たちのやってきたことが強者の男の人の好き勝手を容認する社会を作っちゃったんだな、その結果、「妹」をこんな目にあわせたのかな、と。発信をする立場でありながら、そんな社会をつくることに加担していたかもしれないんです。

小島 詩織さんの話を聞いて、私は自分が正社員の世界しか知らなかったんだと気がつきました。局アナに手を出したら大きな問題になるから、社員も外部の人も、下手なことはできないんですよ。大物タレントでもない限り。

白河 そうなんですね。

小島 テレビ業界において放送局の正社員はヒエラルキーの最上位。局の看板娘でもある女性アナウンサーは守られているんですよね。だから何も知らなかっただけで、もしかしたら、私の同僚たちが社外の女性にひどいことをしていたのかもしれない。後でいろいろ聞いてみると、制作会社や放送作家の女性は、露骨に性的な嫌がらせをされたり、差別的な暴言を吐かれるなど、ひどい目にあっているんです。女性が全員同じ場面で弱者とは限らない。女同士でも、わからないことがいっぱいあるんですよね。

白河 私も、政府の人たちと接するようになったときには既に有識者で、「先生」と呼ばれる。私にセクハラする官僚なんていないんです。

小島 ハラスメントする人は自分よりも立場の弱い人を選びますからね。白河さんは既にペンの力を持っていらっしゃるから。

白河 力というほどではありませんが、一緒に仕事をする人として大切に扱ってもらえる立場。ハラスメントって、まさに立場の問題なんだと実感します。立場でしか人を見ていないから起きる。こいつはセクハラしていい女か、してはいけない女かという基準で見ているんです。

立場主義と正義感

小島　そうですね。そう考えるようになる背景には、男性は社会で、立場以外で扱われてこなかったということもあるんじゃないでしょうか。

白河　男性たち自身が、立場がすべてで、人間扱いされてないからというのもあるでしょうね。そして男性には、相手がお金や地位を目当てに寄ってきても、自分がモテていると解釈できる、都合のいい脳がある。前野隆司先生が言うところの、「地位財」的な幸せで生きているから。なぜそれで男の人は満足できるのか、すごく不思議。

小島　肩書きと生身が一体化してしまっていて、境目がわかっていないんでしょうね。

白河　身体性がないのかな。

小島　身体性の欠如と、自分が何者なのか悩む必要がなかったというのがあるんじゃないでしょうか。悩む習慣がなかったというか。

白河　定年になって初めて自分の生身を発見して「えっ」となるか、あとは病気になって気づくか、どちらかですね。

小島　世の中を変えたいという動機も、女性のほうが強いんじゃないかと思うんですよね。自覚していない人も多いと思いますが。

白河　今回の＃ＭｅＴｏｏ運動が盛り上がってきたのは、記者などのある程度権力のある強い女の人たちを怒らせたからだと思うんです。みんなが「あ、これはかつての自分にあったことだ」と、フラッシュバックした。発信力のある人、そういう状況をくぐり抜けて地位も得た強い人たちが一斉に怒ったというのは、すごく大きいと思います。

小島 自分たちは悔しい思いをして、こんなのおかしい、声をあげなきゃ、変えなくちゃと思いながらも圧倒的な男性優位の業界でサバイブするために黙ってきた。でも詩織さんや、福田元次官にセクハラを受けた女性記者は、リスクを冒して声をあげたんだ、とハッとしたんですよね。

白河 だからみんなが味方をした。

女性ってやっぱり正義感があると思うんですよ。私はよく女子学生には、就職するときに自分の正義に抵触する仕事についてはいけないよ、と伝えています。あとで辞めたくなっちゃうから。ある大手企業を辞めた女性がいて、「なぜ辞めたの」と聞いたら、「あの会社の広告は他の会社に比べて不当に高すぎると思うんです」と言うの（笑）。ビジネスモデル自体を否定しているわけですよ。

小島 全否定ですね（笑）。

白河 そう。正義感のある女性は、組織の中でいろんなことと戦ってきている人もいます。だから正義感に抵触するようなものを売るとか、人を陥れるような仕事をするのは、いずれ耐えられなくなる。

小島 男性の場合はわりと適応しちゃうんでしょうか。肩書きという鎧の下に何もなければ、守るべき正義もないかもしれませんね。

白河 今回の財務省のセクハラ事件は、男性側からすれば、一人の女性が事務次官のクビを取った、ということになります。しかし事務次官のクビを取った彼女を動かしたのは、個人の恨みというより、やっぱり正義感ですよね。

小島 霞が関のトップなら何をしてもいいなんて、そんなことがあってはならない、黙認するべきではないという記者としての使命感があったから、個人的にはリスクしかないのに告発に踏み切った。そして苛烈な二次被害を受けました。ここでも社会の女性蔑視がむき出しになりましたね。

いざとなったら社員を守る企業

白河 会社組織にいると、みんな洗脳されていくじゃないですか。それを社会化と言いますが、次第に集団の価値観に染められていく。長時間労働もそうです。多くの会社は社会化させることによって社員の忠誠心を培ってきた。

小島 電通の鬼十則もそうですね。

白河 新人の時の富士山合宿とかを否定しない人もけっこういますね。「やっぱりこの会社の組織醸成上、ああいうのが必要なんだよ」と。でも、もうさすがにそういう時代じゃないと思う。

小島 あれはイニシエーションですよね。

白河 どの会社もイニシエーションは仕掛けますよ。外資系の場合は、入れ替わりも激しいので、イニシエーションのしようがない。だからカッコいいロゴマークとか、Tシャツとか形を作りますね。

小島 せめて形だけでも。そういえば私も入社早々に新社屋の落成記念式典で第九を歌わされたな。あれもイニシエーションだったのか。どうも私には効かなかったようだけど。

白河 でも、グーグルがいい例ですが、最近は外資系企業の多くは、社員を一つの色に染めるのではなく、どうすれば個々が多様な能力を発揮してくれるのか、環境づくりを考えるようになってきました。日本の場合はまだ、企業のカラーに染める、軍隊のような組織にしたいという傾向が強いですね。

小島 ハラスメントが横行するような職場では生産性も上がらないし、人材を生かす上でも非効率だということは、企業もそろそろわかってきているんですかね。

白河 わかってきています。日本ハムの社長が、空港のラウンジで一緒にいた役員がセクハラをしたことで辞任した事件がありましたね。この件での注目ポイントは、ANAが大事な取引先である客に抗議して、自分の社員を守ったということです。ANAの人によると、客からのセクハラは多いらしいですよ。重要なクライアントを相手に、ちゃんと抗議した。ああいうことが公になるのは重要です。社員を守る会社もあるんだということがみんなに伝わりますから。

高橋まつりさんの件も長時間労働とハラスメントで電通は評判をさげたし、福田元次官に至っては、セクハラおじさんを一人放置していたせいで、国会が停滞しました。

小島 まわりが大迷惑。セクハラおじさんはどう考えたって仕事ができないやつということですよね。

白河 そう。メディア界は震撼するわ、国会は空転するわ、もう大変なことになっちゃったわけです。セクハラは、もうリスク以外のなにものでもないですよ。個人のキャリアを危機にさらすことぐらいは、そろそろわかってきてるんじゃないかな。

働きたい企業の条件

白河 セクハラをする人に対して、個人のキャリアにも会社にも大きなリスクなのだと、周りも指摘すべきです。本人の業績がすばらしいならなおさらです。

外資系の金融業界は結構ちゃんと対策していました。リスクマネーを仕掛けた結果、世界中が震撼するようなリーマンショックを起こして批判され、内部監査が非常に厳しくなった。

私はバブル期のリーマンにいたことがあるんですが、お金を儲けてる人はなんでもやっていいという世界でした。バブル期の外資金融では、愛人連れて出張に行こうが、一晩に何万ドル使おうが、とにかく何をしてもよかった。実力主義の業界で歩合制だから、トップよりも稼いでいる社員もいたわけですよ。でもいまはリーマンショックの反省から、持続可能性のあるビジネスにしていこうと業界全体が変わってきているそうです。
優秀な学生がグーグルのような企業に集まって、セクハラ、パワハラだらけの企業には行かなくなってしまったというのが打撃だったようです。かつては東海岸でMBA取った人は、ウォールストリートに行くのが普通でしたが、もはやそうではない。
四年ほど前、WAW!（国際女性会議）で、アメリカの要職についている女性と同席する機会がありました。彼女が言うには「最近の若い人はウォールストリートの面接でも休暇は何日もらえますかとか、セクハラ対策ちゃんとやってますか？　みたいなことを聞くのよ」と。他のアジアの人もオーストラリアの人も、「そうなのよ、ミレニアル世代はそうなのよね。お金だけじゃない」と言うの。彼女が「私たちはその人たちにとって魅力的な会社にならなきゃいけないのよ」と言ったのが印象的でした。日本なら「ゆとりだからな」で終わってしまうのに。

小島　オーストラリアには職場ジェンダー平等庁という役所があって、先日その長官であるリビー・ライオンズさんとお会いする機会があったんです。日本と同じような課題はオーストラリアにもあるけれど、ジェンダー平等を実現しないとイノベーティブな人材が集まらないし育たないと彼女も話していました。そして「女性幹部を三割ではなく五割にすることを目指しましょう」と。

白河　OECD諸国でここ三年女性のリーダーシップが一番進捗したのは、やっぱりオーストラリアとかニュージーランドですね。台湾やロシア、インドネシアも上がってきています。

小島 ニュージーランドでは、三〇代のアーダーン首相が産休をとりましたよね。

白河 他国の進み具合が激しいので、日本は置いてかれるばかりです。ウォールストリートでさえ人材を確保するためにセクハラ対策をやらざるをえないというのに。

あるコンサルティング会社では、四半期ごとに「ハラスメントを容認する風土がありますか」といった調査項目がアンケートにあるそうです。本人がセクハラを訴え出るのはハードルが高いので、様々な人事データなどを突き合わせ、セクハラがある、パワハラがあると事前に察知して介入する。外資系はすでにそれをやっています。

小島 ハラスメント対策をきちんと講じている企業をピックアップし、そこに投資を誘導するとか。

白河 最初にも言いましたが、研究会をやるにあたって最も苦労したのは、名前を出して、ハラスメント対策を公表する企業がほとんどないこと。いじめと一緒で、「いじめがあります」と報告するほうが健全である、という認識が広がらないとだめだと思います。セクハラ対策でも、「うちはこれだけ取り組んで、懲戒もこれだけやっています」と報告すればするほど人気企業になるような形にしたいですね。

小島 それを仕掛けるには何が必要ですか。

白河 セクハラ対策や効果をどんどん報道していくこと。窓口をやってます、だけじゃなく、その窓口がちゃんと機能しているのか、懲戒は行われているのか。そういったことも透明にしていく。

あとはやはり経営者の姿勢をしっかりと見せることですね。「うちは経営者自身がセクハラ、パワハラを許しません」と、企業のトップが宣言しないことには何も始まりません。日本の場合、声をあげた瞬間にもらい事故が来ます。「おまえだってやってるじゃないか」と言われたり、かつての社員や部下から刺されるかもしれない。だから触らないほうがいいという事なかれ主義になります。

小島 そういう体質の人しか出世してこなかったんですね。

白河 いままではね。だから勇気をもってやってほしい。きちんと対策をしている企業がイケてるというふうにならないといけない。あと、ハリウッドでは、先に謝っちまえ作戦があったじゃないですか（笑）。僕の過去の言動で不愉快になった人がいたら、申し訳ありませんとか。許される場合と許されない場合があると思うけど、やらないよりはいいですよね。

先に決めておく

白河 あとは、何がハラスメントなのか、かなり細かく定義しておいたほうがいいと思う。その上で懲戒についても決めておく。

小島 それは全国で統一したほうがいいですか。

白河 統一には時間がかかるし、企業によって違っていいと私は思います。日本の企業は横並び大好きだから、一社がやれば続くと思います。経営者が責任をもって、自分の企業なりのものを決めていいと思います。

日本の場合、法律よりも実態が先行する場合が多いです。働き方改革の残業上限だって、法律が通る前からやっている企業はやっていた。

とにかく本人が申告するといういまの形は、どんなに窓口がすばらしくても、いかに完璧な懲戒事案があっても、ハードルが高すぎるんです。社員には、ハラスメントを見たら必ず報告義務を課す、というふうにしたほうがいいと思うんですね。

小島 セクハラをやったらクビが飛ぶと思うから、抵抗するんでしょうね。「女のひと言でクビが飛ぶなんて、男があまりにも割を食っている」と思うのかもしれない。

白河 クビにするというのは相当深刻なケースです。懲戒にもいろんな段階があって、必ずしも免職になるわけではありません。多くの企業が特にパワハラでやってるのは、イエローカードが何枚かでレッドカードが出るというものです。

小島 条件反射的に出てくるものだから、まだ学習段階のうちは、「うわ、やっちゃった」ということが起こりえる。その学習を効率的にするためにはやり直すチャンスを与えることも必要だと思います。一度の失敗で退場させられるのなら誰も失敗を認めないでしょう。もちろん、深刻なセクハラを見逃すということじゃなくて。変わるチャンスを与えないと、本気で取り組めないし、拒絶反応しか出ないとも思いますね。

白河 そうですね。女性も男性も自分もやっているかもしれないという意識は大事ですよね。先にも言いましたが究極のハラスメント対策は多様性の確保しかないので、責任ある地位の人の三五％以上を女性が占めないと解決にならない。三五というのは、文化を変えるティッピング・ポイントなんですね。政府の目標が二〇二〇年に三〇％なのは少ないと思っているのですが。

小島　五％足りない。

白河　そう、三五％以上というのはすごく重要です。人間なんだから差別は絶対にある。どんなにすばらしい窓口を作ろうがハラスメント規定を作ろうが、やっぱり何か起きますし、起きたことへの対策をやってる限りは変わらない。多様性を担保した風土を根本的につくりあげていくということが、男女ともに働きやすい、ハラスメントのない職場になる近道ではないかと思うんです。

小島　確かに子育てと仕事を両立した人が上司にいるのといないのとでは、自分が子育てをするときに違ってきますね。

日本社会に渦巻く男性の怨嗟

小島　実は私も中年男性に対して「おじさん」という言葉をすごく性差別的に使っちゃったことがありまして。

白河　おじさんってすでに差別用語なの？（笑）

小島　いえいえ（笑）、言葉自体が差別的ということではなくて、私の用い方が性差別的だったかも、って気づいたんですよ。

第一印象がちょっと頑固オヤジっぽかった人が異動するときに、私こんな挨拶をしたんです。

「Mさんが来たときに私は〝あっやばい、おじさんが来た〟と思って、ちょっと警戒したのですが、ご一緒してみたらすごく繊細で熱い、優しいハートをお持ちの方だったので安心しました」と。そしたら「おじさんはショックだなあ」と言われたので、私が「いやいや、これは愛情表現ですから」っていう典型的なダメな返しを言っちゃったんですよ。

さらに別の男性への送辞では「Cさんは若い頃、女性からとてもモテたと聞きました。異動されたら『東京から、プリンス来たる』と話題になるかもしれませんね」と言ったんですけど、それだって受け取る人によっては性差別的なのかしらん、とか。男を性的魅力でしか評価していない、とか。考え始めるときりがないんですよ。

白河 プリンスも性差別的なのか、困りました（笑）。

小島 立場を入れ替えて考えてみたんです。「小島さんが来たときに、あ、おばさんが来たと思って身構えたけど、いい人で安心しました」と言われたら、なんか中年女性全般へのリスペクトが足りない感じがするし、「いやいや、愛情表現ですから」とフォローされたら、からかわれている感じがするなと。

あるいは「小島さんは男性にモテるから、姫が来た、と話題になるかもしれませんね」と言われたら、「異性にモテると言っておけば喜ぶと思ってるのか」って感じるかもと。

実際はモテないから、そう思うだけなのかなあ。

白河 むずかしいですね。

小島 で、そのとき気付いたんですけど、私、男は強者だから多少雑に扱ってもいいと思ってたんですね。ハラスメントとは条件反射で出てしまうもの、という視点をもって対策に取り組まなくては解決しないと思いました。

白河 そうですよね。いまだに私が解答を出せない問題が一つあるんです。このところジェンダーの専門家に聞きまわっているのですが、女性やLGBTの方へのセクシャルハラスメントと、パワハラなどのハラスメントを一緒にしちゃっていいのかな、ということ。

私たち日本の女性は「男の人も大変ですよね」とか「男女一緒じゃないですか」とすぐ言ってしまう。女のことだけ言うと批判されてきたから、もう反射的にそう言っちゃうの。でも、男女は必ずしも対称ではありません。あんまり一緒にしすぎると、#WeToo Japan運動もそうですが、被害者を置き去りにしてしまいかねない。

国連でもUN Women（国連女性機関）ができたのは最近です。それはまず女性の問題だけを切り出してやらないと解決しないという意志表明なわけです。日本でも、いまだに解決されない女性の問題をまずやりましょう、話はそこからですよねと言ってもいいのかなと思います。

小島 私はそれ、段階を踏んだほうがいい気がするんです。#MeToo運動でさえあれだけ反応が鈍かったばかりかバッシングまで起きたということは、女が被害者を名乗ることに対して、男性も女性も拒絶感が強いんだと思う。声をあげた当事者を一人にしないためにも「これは女性だけではなく社会全体の問題ですね」と地ならしをしておくことが必要なんじゃないかな。いきなり女だけの問題としてやっても、残念ながら聞いてもらえないと思うんですよね。そこで当事者だけでなく女性だけでなくみんなで、と＃ＷｅＴｏｏが立ち上がったのだと思うんです。

白河 なるほど。そこをどう考えたらいいのかは、私もいまだに迷いながらやっているところです。

小島 ここ数十年、馬車馬のように働かされてきた男性たちの被害感情がほったらかしにされてきたと思うんです。男は強者なんだから弱音を吐かずに耐えろ、って。いや、勝手な言い分なのだと思いますよ。でも、男性たちの中には言語化されない恨みがたまっているのかも。自分の痛みが認められない限り、永遠に〝誰よりも我慢してきたのは俺だ〟と言い続けますから。彼らが自分の加害者性を認める段階はその先にある。

白河 なるほどねえ。その気持ちを言語化してこなかった男の人には、精神的につらくても語る言葉がないんですね。働き方改革で産業医の方と対談したとき、女性はいろんなことを語ってくれるけど、男の人は「頭が痛いんです」とか「胃が痛いんです」という言い方しかできないと聞きました。「男性が自分のつらさを明瞭に言語化できるようになるまでって、けっこう大変なんですよ」と。

小島 言語化すること＝弱音を吐くことで、自分の弱さを認識するのは男として負けを認めることになるのかも。人によっては、言語化できずに抑圧してきたものが女性への差別や暴力になってしまうこともあるのかな。

白河 小島さん、やさしい（笑）。私ね、時々そういう人にフェイスブックで絡まれます。女性はすぐに「男性もつらかったよね」と共感を示す。けど男性は「俺たちがつらいのになんでケアしないんだよ」と、恨みをぶつけてくるの。「女性もつらかったんだね」って一言共感してくれれば仲良く一緒にやれるのに。

小島 なるほどー。それは厄介ですね。私、一家の大黒柱になったときに、一人で働くのはやっぱりしんどいなあってしみじみ思ったんです。不安があったりすると、私、家族に対してひどく被害妄想めいてしまうことがあるんです。男たちもそうなんだとしたら「あなたは偉いわねえ、つらいでしょ」って、会社も家族も言わない代わりにお店のママに言わせてきたのかなと。

白河 たしかに、そうかもしれません。

小島 自分がその立場になって気がついたんです。ハラスメントとか男女の非対称性を理解させるためには、まずは全国的なカウンセリング的ケアが必要なんじゃないの？ って。

白河 でも、それを与えられるのは誰なのかな。男の人って誰の言うことなら聞くんでしょう。

小島 擬似的な母親か、自分より権威があって尊敬できる男性ですかね。

白河 出口治明さんとかかな。〝俺らが認めた男〟みたいな人。誰が男の人を説得するかは、すごくむずかしい問題です。

小島　男性には「小島さんの言うのはもっともだけど、女にそれ言われちゃったら立つ瀬がない」と言われました。ほんっとに面倒くさいんですよ。なぜ国を挙げて僕ちゃんたちをケアしなくちゃいけないんだと思いますけど。どんな育て方したんでしょうね。

まずは建前から整えよう

白河　世の中いろんなことが、ちょっとずつ変わってはいっていますが、私が長時間労働に関していつも例に挙げるのは喫煙や酔っ払い運転です。私が社会に出た頃は普通に隣の席の人がスパスパとタバコを吸っていて、大企業でも分煙なんかしてなかった。酔っ払い運転だって、昔は一流企業のサラリーマンが平気でやっていましたから。

でもいまでは、ある程度地位のある人がしたら、おかしいと思われるようになった。許可のないところでスパスパとタバコを吸う人は、もう誰もいない。

小島　ハラスメントについても、そうなればいいですね。

白河　変わらないと思っていることもいずれは変わっていくんだし、それをみんなで信じていくこともとても重要です。

私ね、今回マスコミ女性たちの絶望と闇を知ったんですよ。あんな目にあっても、上の人にも言えないし言ってもどうせ変わらない、報道もできないと絶望している。そんな現状でこの国について希望に満ちた報道なんてできるわけないじゃないですか。

絶望している人たちが報道するものを見ているわけだから、変わらないのも当たり前です。働き方改革へのマスコミの批判もよくわかる。自分自身が長時間労働は仕方がないと思っているのですから。何か少しでも変わってよくなったという体験をしてほしいなと、思っているんです。

小島 メディアで働く人はとくに。

白河 今は建前の整備が重要だと思っています。「建前は所詮建前」と思ってしまうけれど、建前は実は重要です。アメリカや欧州は、建前がちゃんとしているから、＃ＭｅＴｏｏ運動が起きて、裁判に訴えれば賠償金がとれて、建前が実際に機能する。せめて建前だけでもしっかり整備しておかないと、いざ事が起きたときに訴えても賠償金もほとんどとれません。被害者は仕事を失うリスクを冒して訴えているのに。

ハラスメントをしたら、企業も個人も様々にリスクを被る。やってはいけないことをやったら大変なことになるんだということをまず広めていきたいです。

もちろん、建前が整備されてるアメリカやヨーロッパにもＤＶもキャンパスレイプも会社でのハラスメントもあります。それでも、いざ訴えたら、かなりな大ごとになるんですよ。建前は一つの抑止力になりますから、あったほうが絶対にいいと思います。

いじりはなぜつらいのか？

ジャーナリスト

中野円佳

MADOKA NAKANO

一九八四年生まれ。東京大学を卒業後、日本経済新聞社に入社。厚生労働政策や企業の財務や経営を取材。立命館大学大学院先端総合学術研究科で修士号取得、二〇一五年よりフリージャーナリストに。東京大学大学院教育学研究科博士課程に在籍。二〇一七年より、シンガポール在住。カエルチカラ言語化塾、海外×キャリア×ママサロン等のオンラインサロンを運営している。著書に『「育休世代」のジレンマ』（光文社新書）、『上司の「いじり」が許せない』（講談社現代新書）。

「いじり」はハラスメント

小島　ご著書『上司の「いじり」が許せない』（講談社現代新書）、すごく納得しました。「いじり」は、ハラスメントの矮小化に一番便利な言葉だと思います。日本全国に声を大にして広めたいくらい。いじりはね、ほぼいじめだよ！　笑いをまぶした暴力だよ！

本にも書かれていましたが、男性から女性にする性的な意味合いでのいじりだけでなく、女性が女性に、女性が男性にすることもある。かなり日常的なコミュニケーションとして、まるで職場の潤滑油のように浸透している。結構無自覚にやっちゃっている人、いるんじゃないでしょうか。私も身に覚えがあり過ぎて、この場から遁走したいです。そもそも中野さんがこの「いじり」に注目されたのは、なぜですか。

中野　きっかけは、電通社員だった高橋まつりさんが過労で自死されたという事件の報道を見たことでした。彼女のツイッターが残っていたので遡って見ていて、非常に生々しいなと思っていたんです。もちろん自死に至った背景には長時間労働があり、それは大問題なのですが、彼女がつぶやいていた内容で上司に言われたセリフが非常に印象に残りました。「女子力がない」とかですね。そういった周りの対応も彼女を相当に追い詰めていたのではないかという推測が湧き上がってきて、気になっていました。ただ、当時は私自身が忙しかったこともあり、記者会見に足を運んだり、ご遺族にお話をうかがうことができませんでした。

そうこうするうちにまた会社に新入社員が入ってくる四月が近づいてきて。あのツイッターを見たときの危機感を一度言語化しておきたいと思って、『現代ビジネス』に「『コイツには何言ってもいい系女子』が密かに我が身を切り刻んでる件」という記事を寄稿しました。

ここで何を書きたかったかというと、「はたから見ると『こいつには何を言ってもいい系女子』、すなわち下ネタやいじりを言っても許してくれるようなキャラの女子が、実はとても傷つけられていることがある」ということです。

男性が圧倒的多数の中に若い女性が1人放り込まれたとき、女性はどうするか。「男性化」「おもしろい子化」するというのが、1つの生存戦略となる。

つまり、下ネタOK、職場で寝るのOK、仕事が恋人みたいなことを言う、こいつには何を言っても許されるキャラを演じる……といったことは、女子にとって「メンバー」に入れてもらう手段になるわけだ。(「『コイツには何言ってもいい系女子』が密かに我が身を切り刻んでる件」)

と書いています。このときは取材をした結果というよりは、私が感じたことをそのまま書きました。そうしたら、「タイトル見ただけでピンときました」「まつりさんの報道を見て、自分も気になっていた」「私もつらい」……というような反応が、主にツイッターでものすごい量来たんです。そこから、こんなに共感してくれる人がいるのなら、と取材を始めました。はじめは「いじり」というキーワードを前面には出していなかったのですが、みなさんのお話を聞く中で、「いじり」が結構使われているのに気づいて。それで本のタイトルにした、という経緯です。

小島 最初から「いじり」＝「ハラスメント」と明確に認識はされていなかったということですか。

中野 私の記事に対して「それをいじりって呼ばないでください、いじめです」という反応もありました。「いじり」という言葉を使うこと自体が、問題を矮小化しているように見えたのでしょう。その気持ちは一〇〇％わかる、でも、敢えて「いじり」という言葉は使いながらも、「いじりもハラスメント、いじめである」という方向に持っていけば、免罪符としての「いじり」を残さずに済むのではないか。そう思って言い始めたと記憶しています。

小島 まつりさんのツイッターを見て苦しくなった背景には、ご自身のご経験があったんですか。

中野 私自身はどちらかというと嫌なこと言われてムカッとするとすぐ顔に出てしまうタイプで、いじられキャラではないんです（笑）。

小島 なるほど。

男性のコミュニケーション貧困問題

中野　まつりさんのケースで気になったのは、総合職女性の立ち位置の問題でした。総合職の女性が子どもを生んで直面する壁については、『「育休世代」のジレンマ——女性活用はなぜ失敗するのか？』（光文社新書）で追ったのですが、彼女たちは生む前の段階でもすごくいろんなことを求められているし、矛盾した扱いを受けている。男性と同等に戦え、仕事しろ、結果を出せと言われる一方で、料理が上手じゃなきゃいけないとか、美しくあれとも言われる。そういう二重基準、ダブルスタンダードは、私自身も多少経験があったし、育休世代の人をインタビューする中ですごく感じていました。総合職女性を職場側もまだどう扱っていいかわかっていない。

小島　一般職女性との比較もしんどいですよね。総合職と一般職の待遇差があるから、男性は一般職女性には気を使って持ち上げるけれど、総合職は俺たちと同等に稼いでいるんだから落としてもいいというような扱いになる。

中野　一般職の女性を下に見る風潮もあって、それも問題です。ただ、同じ職場に一般職と総合職の女性が両方いて、若い総合職女性が入ってきたときに、年上一般職女性がザワザワする、というのもある。そういうのを見てきたので、まつりさんがその総合職女性の受ける板挟みの象徴のようにも感じました。

小島　男性が主たる働き手で、しかもみんなが同じように二四時間滅私奉公する。そんな正社員が普通だった時代の名残が強くて、新たに出現した総合職女性という人種の扱い方がわかっていない。待遇は同じなんだから平等に扱えばいいのですが、受け入れる側の男性たちは、なぜかそこで挙動不審になる（笑）。

中野 ほんとに（笑）。

小島 本来自分たちの下にいるはずの女の子に肩を並べられたやっかみなのか、女の子は職場の花として扱わなくてはという思い込みなのか、それとも自分のライバルになる前に蹴落としておこうってことなのか……。

中野 いろいろと混ざっていると思います。今までがあまりに均質だったんですよね。生え抜きの日本人男性であれば、何も考えなくても暗黙の了解でいろいろ進められた。実際には適応できない男性もいたと思いますが、それには目をつぶって回せていた時代が何十年も続いた。総合職女性がそこに入ってくるようになったのは、わりと最近ですよね。

小島 二〇〇〇年代後半ぐらいからですか。

中野 私は二〇〇七年に就職したのですが、ちょうどその頃、新卒採用のうち三、四割は女性を採る、というような大手企業が増えてきたんです。リーマンショックの影響で二〇〇八、〇九年は少し落ちましたが、一〇年以降も多少波はありつつ、約三割は女性が採用されている。一九九〇年代から就職氷河期に入社した女性は本当に数も少ない上に、かなりがんばらなければ生き残れなかった方々ですよね。そのがんばる方向性としては、男並みを目指す「名誉男性」にならなくてはならなかったかもしれないし、中にはもしかしたら女性性を売りにしていたケースもあるかもしれない。総合職女性とはそういうものだと思っている男性たちからすると、二〇〇〇年代後半に入ってきた女性たちはなんか違う、「普通」の女子が入ってきたぞ、と。女性側が相当合わせていたと思うのですが、それがなくなってきて、セクハラへの認識も高まってきている。女性とサシで飲みに行ったりするとセクハラと疑われるから違った対応をしなくてはと思うけれど、変に親密感を出そうとした結果、「いじり」のようになってしまうということなのかもしれません。

小島 もともと男性同士でも「いじり」は、やっていたんですよね。モテないいじりとか童貞いじりとか。薄毛いじりは定番ですし、巨根いじりというのも、まま目にします。プライベートに踏み込んだり、容姿をからかうことは、男同士の一体感を高める潤滑油として肯定的に評価され、習慣化していたと思うんです。だから同じ立場として入ってきた総合職女性に対してもそれをやるという側面と(親密さの表現というよりは男社会の踏み絵として)、やっぱり女性は異性だから仲間として見ることができない、性的対象として見てあげなければと考える側面があったのかなと。

中野 なるほど、両側面。どっちに転んでも悲惨という(笑)。

小島 男性のコミュニケーション力の貧しさゆえに起きたことかな、という気がする。異質な人を目の前にして、相手の気持ちを想像して出方を変えることができなかった。できないのか必要を感じていないのかわかりませんが、必要を感じていないとしたら、それは習慣なのか、それとも女性をなめているからなのか。そのあたりアンケートをとってほしいくらいです。

中野 男性同士のいじりでも「おまえは俺より格下だぞ」と序列を覚え込ませる側面があります。女性に対しても、同じ構図がある。上司というより先輩や同期からいじられる場合には、女を下に見るとか、自分のライバルだから蹴落とす、という形で力関係を見せつけている感じがします。

「いじり」の才能を売っていた私

小島 どの職場でもおそらく新人女性は、ちょっとネタにされて部長の隣に座らされるとか、どの子がかわいいと噂されるとか、いろいろあると思いますが、「女子アナ」の場合は、そういう本来の業務とは別に生じてしまうロール（役割）自体も業務という……。

中野 たしかに。

小島 建前としては、日本語のプロが本業ということになっていましたが、実態は職場の華が本業だった。で、公然とほかの女性と比較されるわけです。

私の入社時、新卒女性は三人でした。「Aちゃんは天然ボケのアイドルキャラだよね、Bちゃんはお嬢さんキャラだよね。小島は……」。いまいちキャラ立ちしない。そこで「埋没してはいけない！」と若気の至りで思いついたのが、同期二人のおもしろさを巧みに引きだすという才能のアピールだったんです。

地方出身のAちゃんをからかって、お嬢様のBちゃんを困らせて。すると場が盛り上がって「小島はヒール（悪役）だな！」となるんですが、悪役の女性アナウンサーなんて需要ないんですよ（笑）。でもそのとき、「私は自分のキャラクターでかわいがられるのは無理みたいだから、同期をおもしろく見せる才能で使ってもらおう」と思ってしまったんです。

いま思うとそれは、同期をいじって注目を浴びようという浅ましい生存戦略。でも、当時の私は、人をからかって狼狽させることを才能だと思っていた。相手は感謝するだろうと思っていたんです。でも私の同期は幸いにも、それを「ひどい」と怒る人でした。

中野 テレビの裏で？

小島 裏で。しかも、直接言ってくれたんです。感謝しています。はじめは困惑して、真に受けなかったんです。でも何度か言われるうちに、「そうか、こちらは親切のつもりでも、相手は嫌なんだな。じゃあやめよう」とようやく思えたんです。それでも、自分は誰かにツッコミを入れないとっていう強迫観念はかなり長い間ありました。だから女子の品評会で高得点が望めないなら、生き残るために、うまい「いじり方」や「いじられ方」を追求しようとする人の心理はすごくよくわかってしまうんです。

差別と芸の境界線

中野 以前あるネットテレビ番組に出演したときに、婚活がテーマということもあって、女性は男性に何を求めるかとか、逆もしかりといった話題が繰り広げられるんですが、ハラスメントぎりぎりの下ネタがぽんぽん出てくるんですよね。そこで気が付いたのですが、わかりやすく笑いをとる方法に、カテゴリー差別というものがあると思うんですよ。たとえば「京都の女はこわい」とか「携帯の画面がバキバキに割れてる女はやりマン」とか、誰も本気でそうだとは思っていないけど、そういう紐付けをやっていくこと。その場はそれなりに盛り上がるから、誰もまじめにツッコまないし、「偏見ですよ」とはならない。テレビ業界のそういうやり方には水を差しにくいし、それで食べている人たちがいる以上、変えるのはむずかしいなと思いました。

小島 「いまどきそれはありえないですよ」と言うと、「あいつ笑いのセンスない」と言われてしまう。

中野 たとえば女性タレントが男性芸人にいじられているときに、「いまその発言はアウトですよ」とは言えない。でも、レギュラーでもない有識者ポジションで私はいたわけだから、私がツッコむことはできたかな、と反省しました。ついつい、その場では「いじられている側もオイシイと思ってるかな」くらいの認識をしてしまって口をはさみにくい。

小島 そういう空気ができているんですよね。私もバラエティ番組で、「言っても通じないし、ここは流しておくか」とか思うこともありました。荻上チキさんが『いじめを生む教室』(ＰＨＰ新書)で指摘していますが、いじりを笑うバラエティショーが、一つのアティテュードモデルとして機能してしまっているのだと思います。容姿や属性などをからかわれている人がいたら笑っていいのだと、見る人が学習してしまう。笑いは人に肯定的な感情を抱かせます。そのことに作り手がまったく無自覚であっていいのだろうかと思うんです。こういうこと言うと必ず「ポリコレ（ポリティカル・コレクトネス、政治的正しさ）がテレビを殺す」とか言われるんですが。でも、他にやりようはあると思うんですね。

中野 実は私はあまりテレビを見てきていなくて、中高生の頃なんて、あまりにも世間に疎いことがコンプレックスだったくらいなので、そういうモデルを習得する機会はありませんでした。でも定型化という意味では、芸人さんのあり方ってすごく影響力が大きいですよね。

小島 しかも、それがバラエティだけじゃなくて、ニュース番組にも浸食していると思います。新聞の悩み相談コーナーで、あるセクシータレントのファンだという中学生の女の子が、「男子が毎日胸を揉ませるか、パンツを見せろと言ってきて、うざくてしょうがありません。どうしたらいいですか」という悩みをそのタレントに相談したところ「その困った君は、あなたに気があるんですよ。手を握って目を見つめて、『好きな人にしか触らせないし、見せないの』と言ってあげましょう。あなたのような聡明な女の子ならきっとできるはずです」と回答して大炎上したんですよ。なぜそんな回答を載せたのかと、新聞が批判された。

中野 大手の新聞ですら、そんなふうなんですね。

小島 一昔前はそういう性的なちょっかいに対しては「いなす」のが洗練されたリアクションとして男性からも女性からも好感を持って評価されていた。でもいまは、さすがに違うよね、となりつつある。中野さんはいじりに対して、「嫌です、と意思表示すればいい」と書かれていましたよね。

中野 しかし、その場で切り返すのはむずかしいです。しつこい「いじり」被害にあった方たちによると、その場では自分も一緒に笑っているんだそうです。だけど、あとで泣くんです。翌日同じ先輩の前に行けば、また同じことが起こる。

だからその場で言い返すよりは、自分自身も落ち着いていて、相手も言い過ぎたと感じる余裕のあるときに、メールでいいから「実は嫌なんです」と伝えるのが有効なのではないかと思います。小島さんの同期の方が、テレビの裏で伝えてきたみたいに。抜本的な解決策じゃないんですけれども……。

小島 そうですね、彼女には本当に感謝しています。無知ゆえの暴力ってあるんですよね。私は、いじりは親切だとまで思っていたんですから。

「いじり」が自己規制に変わるとき

小島 「いじり」のむずかしいところは、された側がすごく嫌で死にたい気持ちになったと言っても、事態がそれほど深刻に見えないことですね。「たかがそれぐらいで?」と思われてしまう。

中野 たしかに第三者が聞くと「それぐらいのこと?」と思う場合があります。たとえばちょっとフリフリの服を着ていったら、「デートなの?」と言われて、翌日、仕事が忙しくて適当な服を着ていったら、「今日は地味だね」と言われたとか。その状況を人事に報告したとしても……。

小島 深刻には見えないですよね。

中野 でも、本人にしてみたら、「今日これ着ていったらなんて言われるかな」と思ったら何を着ていけばよいかわからなくなって本当にストレスを感じていて、精神的に追い詰められることもある。自分がそこではっきり言わなかったのが悪いんだ、自分も結局この状況に加担している、という自責の念もある。でも実際、客観的に見ればそこまで深刻なことをされているわけではないので、訴えにくい。

小島 そこは力関係も影響するのでしょうか。本来なら気にする必要のない、放っておけばいいようなことなんだけど、自分より上の、逆らいにくい立場の人に繰り返し言われることによって、その発言に縛られてしまう。

中野 さきほどの女子アナには本業と別のロールの二つがあるという話と似ていると思います。新人の女の子が、どこまでが業務的なコメントで、どこからが無視していいことなのか判別するのは、むずかしいと思うんです。たとえば、服装についても、業務上本当に必要なアドバイスをする先輩や上司もいるはずなんですよ。だから、そういったまじめなアドバイスじゃなくても何か言われると、それを参考にして考えなければと思ってしまう。

小島 職場の常識なんだと思ってしまう。新人であるがゆえにアドバイスとクソバイス（アドバイスに見せかけた呪いやマウンティング©犬山紙子さん）の判別がつかないんですね。

中野 インタビューした中で、営業職の人が言っていましたが、新人時代はお客さんとの信頼関係もまだないし、実績がないので、服装とかコミュニケーションで何とか評価してもらいたいと思っていたそうです。キャラ立ちしなきゃとか、うまい切り返しをして上司に気に入られなきゃ、というのは新人にはとくにあるのかなと思います。

小島 「服がダサくたって、きっちり結果出してます」と言えればいいのだけど。新人は無理ですよね。

中野 いろんな方を取材しましたが、ほとんどが新人の一年間でつらい状況になっている。高橋まつりさんも一年目で亡くなってます。

メンバーシップが評価される

中野 日本の職場は、実質的にはジョブ型ではないんです。入社したら会社へのコミットメントも含めて全人格的かつ曖昧な基準で評価される。海外なら自分の仕事はここからここまで、今日はここが終わったので帰ります、ということができる。まるで違います。

小島 経理なら経理という職能でいろんな会社を渡り歩くことができる国もあるけど、日本では入社して、その会社のメンバーとして経理を割り当てられる。だから仕事の範囲がはっきりしていない。

中野 しかも海外では、人間関係とかコミュニケーションで査定されたりはしない。ジョブ型ではなくメンバーシップ型の日本の総合職という枠組みは、人格と業務をごちゃ混ぜにしやすいと感じます。

小島　「メンバーシップ」という言葉自体に表れていますね。俺たちの仲間なのか、仲間じゃないのかとか、忠誠心の高さが問われる。メンバーシップの対価として給料をもらうことが、実は不安を大きくしているんじゃないでしょうか。成果ではなく関係で評価されるから「いじり」にも耐えなきゃいけないと。私も若いときの悩みはそれでした。自分が社内で好かれているかどうかが仕事に対する評価だと思っていたので、とても苦しかったのです。

中野　好かれていれば、実際抜擢されますしね。

小島　そうです。やっかいなことにアナウンサーというのは視聴者から好かれること自体が本業なので、社内でも好かれることが業務だと思ってしまうんですよね。若いときは、それ以外の業務が思い当たらない。でも、年次を重ねると、あの子より私のほうがニュースを読むのが明らかにうまいとか、技術に自信がついてくる。人気女子アナとして起用されたければ、社会からの「好き」という評価は必要ですが、私の場合、人気や知名度とは別の基準で起用されるという経験を少しずつ積んで、人の顔色をうかがわずにすむようになりました。

中野　その意味では若い人たちに、そんなに焦らなくても大丈夫、と言ってあげたいですね。新人でいられるのって結局一年だけ。良くも悪くも次が入ってくれれば「いじられキャラ」も移っていく。本業の中身で見てもらえるときが必ず来るから、と。

小島　もう一つ、新人は弱者じゃない、ということ。新人は自分のことを最弱者だと思っている。みんなの言うことを聞かなければならないし、好き勝手なことを言われると思っている。だからなんとかご機嫌をとって好かれなければと思ってしまう。でも、会社員時代を思い出すと、逆に新人に好かれたくて意識過剰になっている先輩がたくさんいました。とくにマッチョな人はかえって不安が強い。自分たちのコミュニティに新たな若者が入ってくるわけですから、彼らにとって、新人というのは脅威なんです。

だから「会社の飲み会には参加すべきでしょうか、断るべきでしょうか」という新人の問いに対しては、「とりあえず二回目までは参加して、先輩の不安を軽減してあげましょう。『はいはい、あなたのこと尊敬してますから大丈夫』と形だけでも伝えるとみんな安心して、その後余計なことを言わなくなる」と答えています。不安が強いとやっぱりいろいろ縛ってくる。いじられたくなかったら、なるべく早めに安心させてあげるのがいい。

男性アナの新人女性アナに対する挙動不審ぶりといったらないんですよ。普段は愛想のない人が、新人女子アナには「おう、どう、仕事、うまくいってる?」と爽やかな笑顔でぎこちなく話しかけたりして、嫌われまいとビビリまくっているのが一目瞭然なんです。だから新人であるということは、それ自体が無自覚に他人にとって脅威なんだと、新人、特に女性は知っておくといいと思います。

中野　まつりさんは、きっとそういう感じだったんじゃないかと思うんですよ。

小島　東大卒で美人で。

中野 やっぱり怖いんですよね、男性からしたら。

小島 あの子にダメ出しされたらどうしよう、嫌われたらどうしようって。

中野 だから無理にでも自分に従属させようとするのかもしれません。

小島 どうして自分はこんなことを言われるのだろうと悩んだことでしょう。つらくて言葉がないですね。本当に、まつりさんの心中を思うと。

東大コンプレックスと東大ブランド

小島 ときどき、東大女子であることをもてあまして迷走する人がいますよね。「私は東大卒女性だから男性に警戒されてしまう、警戒されないようにせねば」と考えた結果、なぜかいつも胸元の大きく開いた服を着て黒目カラコン入れて、「そうなんですよお、それでえ〜」と舌足らずに喋って、いや別にそれが快適ならいいんですけどちょっと無理している感じがあって、とんでもないクソ野郎とばかり恋愛をしてしまう……とか、見ていて苦しくなることがあります。そんな武装解除はいらないのに。中野さんにもありますか、そういうことが？

中野 相手がコンプレックスあるんだろうなという感じを受けるときはあります。よく聞くと東大に行きたかったけれど不合格で他大に行った人だったりする。

小島 それはつらいですね。「残念でしたね」と言ってあげるわけにもいかないし。東大に落ちた人も受かった人も大変ですね。

中野 でも、東大卒の男性はすごくいじられやすいとも思います。「お前、勉強はできてもこういうことわかんねえだろう」みたいに言われやすい。先輩男性たちは恐かったのかもしれないですね。人間力では自分のほうが上だと思いたい、みたいな。

特に東大卒女性で、もてあましている子がいるっていうのもわかります。広告代理店の営業職の女性が、お客さんのところへ一緒に行くと、先輩に必ず「こいつ東大で」と言われるそうなんです。「どう他己紹介に乗っていいかもわからないし、ほんと嫌です」と話していました。

小島 いますね、開口一番「こいつ東大」って女性の部下を紹介する人。あれは「俺は東大出てないけど、東大出た女を部下にしたよ」という屈折した自己顕示なのか。しかも美人だったりすると顕著です。ほんとに浅ましいし、根深い。

高学歴女性の孤独

中野 そういえば私は、フリーになってからはマウンティングされないように、東大卒の肩書きを敢えて出すようにしていますね。もちろん「東大のくせに何もわかってない」と批判もされ得ますが、新聞社の社名という鎧がないいま、特におじさんには有効かもしれません。

小島 そうですよね。一番外側のカラになるわけだから。東大卒がプロフィールにあると、一目おく人は多いでしょうからね。

中野 そうなんです、残念ながら。

小島 肩書きなんて関係ない！　って言ってもそこしか見ない相手がいる限りは、使えるものは使ったほうがいいですよね。東大に限らず、会社名でもそうですけど、呑み込まれずに適正な距離を保って向き合うのは本当にむずかしいですね。

中野 高橋まつりさんや、さっき話した広告代理店の東大卒の子は東大卒のせいでいじられていたけど、逆にその威力を利用すれば解決、というわけではないですから。

小島 特に女性の場合、東大卒はネタにされたり、要らぬ嫉妬をあおったり、扱いづらいやつと思われたりしますが、この高学歴女性特有の苦しみって、共感されにくいですね。圧倒的マイノリティですし。苦労知らずの勝ち組という先入観で見られて、たとえつらさを語っても共感されにくいうえに、自慢ととられてしまう。一番孤独な人たちかもしれない。数が少ないので、東大男性以上に孤立無援なのではと思います。

中野 私は、高橋まつりさんの事件のニュースを見るたびに、東電ＯＬ殺人事件を思い出していました。東電ＯＬも慶應卒で総合職で東電に入ってというエリートでしたが、それをもてあましていた。彼女はそれが身体を売るほうにいってしまったから、まつりさんとはまったく違いますが、今の高学歴女性の共感されない悩みのようなものは、その頃から脈々と続いていたのではないでしょうか。

小島 たくさん勉強して、総合職として大企業に入り、男並みに働けと言われるけど、いつまでも「女のくせに」「女なんだから」とも言われ続ける。どこまで自分の力で頑張っても「女として求められる私でないと価値がない」という意識から自由になれないのかもしれません。それに拍車をかけるのがまつりさんも受けた男性の上司や先輩からの「女子いじり」ですね。

中野　いじり問題は習慣化したいじりもありますが、女性の場合はそこにダブルスタンダード的に追加されるロールがすごくたくさんあって、しかもそれらが矛盾しあっています。

増殖する無敵女性とその闇

小島　最近、美人医師や美人弁護士という枠でテレビに出る女性が増えましたね。一緒に出ていていつも不思議でした。それだけの学力と手に職があって、なぜわざわざ本業の時間を削り、ネットでたたかれるリスクを負ってまでテレビに出るのかと。おそらく彼女たちは、学力もコミュニケーション力も美容力も、全てにおいて能力が高いので、課される課題が全部なくなるまでクリアしたくなってしまう人たちなんだろうと思うのです。医学部入学や司法試験をクリアしたら、あと残っているのは知名度と女性としての評価。その上幸せな結婚をして子どもを生めば、手持ちのカードはもう無敵じゃないですか。ロイヤルストレートフラッシュを出して、どこに行こうとしているのかなあと。見ようによっては、男社会の評価軸と、女社会の評価軸いずれもに照らして全方位的に隙のない人生を送ろうとしているようにも見えます。全ての基準で誰にも負けたくないという意志を感じるというか。その渇きはどこから来るのかなあと。そういう人が二〇〇〇年代に入ってから増えてきたように思うんです。

中野 私は東大時代に学園祭の実行委員みたいなものをやっていたこともあって、東大のミスコンをずっとウォッチしています。私自身が二〇〇三年入学なのですが、その年のミス東大でNHKアナウンサーから二〇一八年まで『news zero』のキャスターを務めた小正裕佳子さんや私の高校の同級生でもある八田亜矢子さんあたりから、ミス東大出身でタレントになっていく事例がいくつも出ています。このころミスコン自体がすごく商業化していった印象もあるのですが、同時に東大女子の中にオシャレにも気を遣う綺麗な子が増えていっている印象もあったんですよ。それは、もしかしたら、以前は「女の子はお嫁にもらえるぐらいの大学でいいよ」「むしろ女が学をつけては嫁にもらえない」と言われていたのが、そうじゃない家庭が増えてきたことも関係しているのではないかと思うんです。それでむしろ、美貌と学力両方求めるようになっていったのではないかと。学生のほうも、オシャレにも興味あるし、女として評価される権利も勝ち取りたいみたいな感じで。商業主義的な流れと参加者側のマインドがその頃から重なるようになっていったのでは。

小島 先日も、地方で東大出身のアナウンサーが増えているという記事がありました。アナウンサーって、もう滅びていく仕事ですよ。まだジェンダーロールの縛りがきつかった頃だからこそ希少価値があった、「昔の憧れの職業」になりつつある仕事です。東大卒ならこの売り手市場で他にいくらでも選べる仕事はあるだろうに、なぜ今さらアナウンサーなのだろうと、とても興味深いです。地方アナを経て東京の芸能事務所に移り、フリーのキャスターとして活動するというコースを目指しているにしても、なぜ今テレビ業界なのでしょうか。旧来の価値の枠組みの中で承認されたいのかな。冷静に考えれば、自分の市場価値を最大化するなら、選ぶべきは地方局のアナウンサーではないとわかるはずです。そこに重み付けをしてしまうところに、何か闇がある気がするんです。

中野 たしかにそうですね。

実は敗北宣言である

小島 親がハイスペックな無茶ぶりをしているんじゃないかという疑惑が私の中にはあります。親が「うちの子美人だわ」と思ったときには「でも美人で頭からっぽの女は嫌いだから勉強もしなさいよ」と言い、学力のある女の子だったら「ガリ勉でかわいくないといかないから、きれいにしなさいよ」と言う。つまり二〇〇〇年代に東大に入学し始めた女の子たちの母親世代の中に、女というのは容姿だけでも頭だけでもだめで、両方備えてないとだめなんだという思い込みがあるのかな、と。

中野 今の話のままのアンケートをとったことがあります。二〇一一年に東大卒のママたちが出産後のキャリアや人生について語り合う「東大ママ門」というコミュニティを作ったのですが、そこで、子どもにかわいくなってほしいか、頭がよくなってほしいか、女としてどちらが得かというようなざっくりとした質問をして、自由に記述してもらったんです。

そうしたら、若い頃はかわいいほうが得をしていると思っていたけれど、実際に仕事で実績が出てきたり年齢を重ねていくと、容姿だけでは勝負できなくなるのを実感して、やっぱり勉強のほうが大事だと思う、という回答がけっこう多かったんです。その一方で、比較的若い層だと思いますが、「両方が最強だと思います」という回答もかなりの数ありました。

小島 結局どこまで勉強しても、どこまで資格を取っても、若さと容姿というものさしから逃げられないんですね。そのあたりを悟ったのが二〇〇〇年代からミスコンに出始めた東大生の親の世代なんじゃないでしょうか。

男たちが学歴に傷つけられるのと同じように、女たちは逃れようもなく容姿に縛られる。それは学歴があっても免除されることはない。そして、容姿はある一定の年齢で資産としての価値がなくなったとみなされるので、その後を生きるためのヘッジとして学歴を確保しておく。お嫁に行って上がり！　ではない時代になって、短期投資と中長期投資と両方やっておこうと考える女性が増えたのでしょうか。どうせ逃げられないのであればせめてここで勝とうという、女の敗北宣言でもある気がします。暗澹たる気持ちになります。それぐらい女の人は過酷なところに置かれている。

あらかじめ閉じられた門

中野　学生時代だけはそういう状況からフリーでいられると思っていたけれど、複数の大学医学部が女性受験者を一律に減点していたというニュースを見て、がっくりきましたね。
　これまで女性の立場を改善しようとしている女性活躍系の企業を取材して、ワークショップのようなものにも関わってきました。その中でアメリカではいま性別による無意識の偏見「アンコンシャス・バイアス」が議論されているという話をしてきたのですが、日本の場合、まずはコンシャス・バイアス、目に見える差別をなんとかしなければ。女性はすぐ辞めるから成長投資はしないとか、そんなことをいまだに言っている。そういうところをまずは変えていかないといけない。それは社会人になってから直面することだと思っていたら、今回入試段階で差別されていた。もちろん民間企業ではよく行われてることで、それも問題なのですが、おそらく公平だろうと思われていた入試で、となると今回はそれとはレベルが違うガッカリ感でした。

小島　「入試だけはフェアだと思っていた」と国立大の医学部を出た女性の友人が嘆いていました。少なくとも一回はフェアに評価されたことがあると思っていたのに、それさえあやしくなってくる……。

中野　ある意味、みんな教育システムへの信頼が厚いんだなとは思いました。厚かったのが裏切られたということなんでしょうね。

小島 友人は、あそこまであからさまに最初から門が閉じられていたなんて、とショックを受けていました。

中野 ＃ＭｅＴｏｏに始まって、財務省、福田淳一元事務次官の問題があり、さらに東京医科大学の問題が出てきた。表に出てきたこと自体はいいことなので、一つ一つ直していくしかないですね。

小島 女性医師たちへのアンケートでは「職場環境が過酷過ぎて、それもしかたない」という人が六五％もいたといいます。佐藤ナツさんという女医さんも『バズフィード』で書いていました。「医療現場が完全に崩壊していて、男も女も命がけ。医師としての職業倫理でもっているようなものなので、そう考えたら女性がせっかく医者になっても残れないのは当たり前だ」と。

中野 働き方の問題は深刻だと思います。ただ、実はいじりの取材のときにも、かなり医療関係者や研究者からの告発が多かったんです。医療界では、常識として言ってはいけないようなことを平気で言う人が結構いるように思えました。今回の医大の話も、やっている側の非常識さは一般の人から見たら明らかですよね。それを「必要悪でしょう」と言いのけてしまう。

小島 生存するために「いじり」に適応してしまうというのと似ていますかね。この業界で女医として生き残るためには、あの差別に適応するしかないというところまで追いつめられている人が多いんだというのも、今回わかりました。

あすはわが身

中野　私は、いま「カエルチカラ・プロジェクト」というのを友人とやっているんです。目の前の問題をちゃんと言葉にして声をあげていこうというコンセプトで、作文塾をやっています。女性はいろんなことで泣き寝入りをしていて、それらはずっと個人の中でなんとか押しとどめられてきた。作文塾では、個人の問題を社会の問題としてどう一般化できるかを考えていきます。たとえば子どもが学童に行きたくないと言いだしたとか、出産したら上司に嫌味を言われたとか。個人レベルでわが子や上司が悪いとしてしまうと、本人を責めるだけで解決しないから、なぜそういう状況になっているのか、社会としてどう変えたらいいのかを文章にしていきましょうというのをやっています。そういう発信のしかたをすると、「自己責任なのに社会のせい、企業のせいにするな」という感じの批判がすごく多い。しかし、いま問題提起をしていくべきだと思って、果敢にやっているつもりなんです。

小島　本当にそうだと思います。女性医師の問題も、いじりへの適応も、生きる場所がそこにしかないから、なぐられても笑うしかないわけです。いじりなんかに適応しなくたっていい働き方ができて当たり前だとか、あんな働き方にノーと言えずに医者を続けなくてはいけないのはおかしい、というほうに持ってかなければいけない。「どうせ言っても……」といった諦めがこれまでは強すぎた。言わなければいけないけれど、声をあげるのを強要することはできないから悩みます。

中野 ほんとそうですよね。

小島 自分とは全然違う日常を生きている人の問題を社会の問題として、自分とつながる問題として考えるためには、いつか自分もそうなるかもっていう発想を持つことが必要だと思うんです。

いまオーストラリアで暮らしていますが、私は英語が堪能ではないので、職に就くとしたら、スーパーでの商品陳列とか後方でのパッキングとかお掃除ならできるかな、ぐらいの意識なんです。これは外国に住むようになって初めて得た心境です。だから今は日本のスーパーで外国の人が棚に商品並べたりしているのを見ると、これはいつかの私だと思うんです。

そうすると彼らに親切にしようとか、外国人がいいように使われすぎている、というのが気になってくる。ニュースの読み方が全然違ってきたんです。マイノリティの移民として異国の社会の弱者として生きる自分を四〇歳過ぎて発見したからこそ見えるものがあったんです。

いまは、いつ自分が落ちこぼれるかわからない。失業している人や介護離職している人が明日の自分に見えてくる。そうなっても人生を続けていけるよう整えたほうがいいわけですよ。情報の出し方がすごく大事だと思うんです。

中野 マイノリティになることって大事ですよね。

小島 中野さんはマイノリティになることありますか。

中野 いま住んでいるシンガポールでは、マイノリティ側だとは感じますし、高校時代にアメリカに留学したことがあって、そのときは本当につらかったですね。カリフォルニアで最初に通ったのが多様な人種の生徒がいる学校でしたが、それゆえに結構人種別に派閥のようなものができていて、話しかけても無視されるのが普通でした。あとは、妊娠したとき、やはりベビーカーを押しているときに、すごく弱い立場になった気がしました。バリアフリーでないと進めないということを体験して、車いすの方の困難についても少し想像がつくようになったし。

友人に、東大卒で学生時代雑誌モデルをやっていたくらい美人で、卒業後は外資系金融に入って、そのまま出世し、同じく高スペックのすてきな男性と結婚し、子どもも生んだ女性がいるんです。彼女と話すと、すごく恵まれたところにいるのに、自分とは違う立場に置かれた弱い人への想像力がすごく豊かで、やわらかいように感じるんです。なんでだろうと考えていたのですが、実はご両親が在日外国人なんです。「あ〜だって私、日本で外国人だったから」という感じで、それで彼女はこんなにほかの人にやさしいんだろうなと納得しました。苦労した時代があったのか、恵まれたところに到達したからといって全然驕らない感じが、すごいな、マイノリティ力は、と感じました。そうじゃない男の人がいっぱいいますから（笑）。

小島 自分がマイノリティになることを想像だにしない人だって、たとえばポルトガルとかに置き去りにされたら超弱者じゃないですか、たぶんポルトガル語しゃべれないし（笑）。

中野 日本人はみんなグローバルに見たらマイノリティですよ。

小島 内輪だけで回っているうちはいいのかもしれないけど、これからはわからないですからね。

みんなが「いつかの自分」の視点を持つよい契機としては、介護、二〇二五年問題があると思います。出産は、妊娠するかしないかを自分でコントロールできたり、一〇カ月の準備期間があったり、だいたいどういうことが起きるかわかっていますが、親が突然倒れることもあります。親が倒れると、今までマイノリティに何のシンパシーもなかった男性が、ある日突然介護に巻き込まれる。それが二〇二五年には問題化すると言われています。もう一〇年切っているのに体制が整っていないので、早晩、ドロップアウトする男性が量産される。

残酷なようだけど、「働き方の多様化なんて女の問題でしょう、俺は働くぜ」と思っている彼らは、結局そのときにならないと気がつかないと思います。だから私は二〇二五年問題にある種期待をしています。今まで男の王道を行っていた人が、ある日突然落ちこぼれになったときに、「なんで俺がこんな目にあうんだ、制度設計が間違ってるだろ」って絶対言い始めますから。希望的観測すぎるかもしれないけど、それぐらいしか思いつきません。

中野 そうですね。

小島 子育てに関しては男性だって携わる立場にあるはずだけど、徹底的にそれを意識させない物語が二重三重に編み上げられてきましたしね。

でも、変化もあるんです。育児雑誌『たまごクラブ』の編集者が言っていたのですが、『たまごクラブ』は昔はお母さんが手にとることを意識して真っ赤な表紙だった。でもいまはお父さんが手にとりやすいように水色になっているそうです。もう「ママのための雑誌」と言わないようにしている。さらに、ここ二、三年、読者の赤ちゃんの表紙撮影に、お父さんが来なかったことがないと言うんです。こんなことは表紙が赤かった頃にはなかったことだと。これは、希望だなと思いました。

均質性と「いじり」

小島 スリランカから日本に帰化したにしゃんたさんという羽衣国際大学の社会学者がいます。彼はスリランカの多数派、シンハラ人なのだそうです。いい学校を出て、わりと恵まれたお家に育ったようです。しかし日本に来たらいきなり超マイノリティになって、それでやっと内戦で戦うタミル人ら少数派の人たちの気持ちがわかったとおっしゃっていました。「スリランカを出なかったらわからなかったかもしれない」と。日本人は特に国内にいる限り、こういう実感を持つことはありません。

中野 あらゆる問題が、日本の均質性、そこから出ないことの弊害が降り積もった結果なんだと思います。

小島 「いじり」だって、均質だから通用する笑いですから。

中野 そうなんですよ。シンガポールでは、服装でいじるなんてあり得ない。違うカルチャーの人に対して、そんなこと怖くてできません。いじりは、人種の違いを肌感覚で感じてこなかった人たちだけで構成される社会だからこそ起こるんだと思います。

小島 もう一つ気になるのが、日本の人の母語話者優位主義とも呼ぶべきものです。オーストラリアには英語が母語ではない人が大勢いるので、建前上は不完全な英語をしゃべることで相手を差別してはいけないという合意があるように感じます。みんなけっこう親切です。

中野 シンガポールもそうです。さきほど高校時代のアメリカへの留学について触れましたが、高校生だったということもあったかもしれないけど、アメリカでは英語がたどたどしいと「はぁ?」という顔をされることが多かったんです。学校の事務やお店などで大人に聞かないといけないことがあっても「それ私の仕事じゃないし」「この日本人何言ってるかわかんないから」みたいな感じで、しょっちゅうたらいまわしにされた記憶があります。

それが、シンガポールは、シングリッシュといってシンガポール人自身の英語がイギリス英語やアメリカ英語の文法からすると若干適当なところもあるし、中国語が母語という人も多いので、基本的にこちらが言おうとしていることをわかってくれようとする姿勢がすごく強いと感じます。中国語で話しかけられてジェスチャーで適当に理解し合うみたいなこともありますし。アジア人が多いからアジア人が引け目を感じることもないから過ごしやすい面もあるかな、と思っていたのですが、オーストラリアは明確にそういった「差別してはいけない」観念があるんですね。

小島　もちろん、本音はわかりませんよ。でもそうでないと国が成り立たないですしね。日本だと、ちょっとイントネーションがおかしいだけで、「あいつ日本語変」みたいな「いじり」をやるじゃないですか。外国人人口はどんどん増えているのに、日本語が母語の人のほうがクラスが上で、ロバート・キャンベルさんや、デーブ・スペクターさん、ピーター・フランクルさん並みにしゃべれないとなかなか仲間だと認めない。

先日、「ダイアログ・イン・サイレンス」というのを体験してきたんです。聴覚障害を持つ方と一緒に、聴覚を遮断してコミュニケーションするのですが、まるで言葉が通じない国に行ったみたいでした。相手の言っていることがわからず、こっちの言っていることも通じない。それは音がないのと同じことだと気づかされます。普段は意識しない弱者の気持ちに気づくためにも、これはなるべく多くの日本人が経験したほうがいい、と主催の志村真介さんに言ったら、「実は僕たちそれは意識しているんです。暗闇の中で視覚障害者の世界を体験するダイアログ・イン・ザ・ダークやダイアログ・イン・サイレンスは、オリンピックのある二〇二〇年に向けて多様性に日本人が適応していくうえで絶対必要なものだと思う。常設ミュージアム化もする」とおっしゃっていました。

中野　多様性といえば、いまかなりの数の外国人の方が日本に入ってきています。いい意味で、なし崩し的にダイバーシティが広がって変わっていく可能性もあるかなとは思っていきます。

小島　たとえ、なし崩し的にそういう状況になったとしても、ちゃんとしたビジョンのもとに具体的な共生プログラムを作らないと、移民は社会の不安要素になってしまいます。

オーストラリアでなるほどと思うのは、外国籍の人たち向けの州の英語プログラムで、いかにあなたが歓迎されているか、を繰り返し伝えることです。大丈夫、オーストラリアはダイバーシティを大事にしているし、心配なことがあっても誰か絶対助けてくれるから、と。難民収容所の問題など、オーストラリアもきれいごとばかりではないのはもちろんですが、基本的な設計はよく考えられていると感じます。日本もそれがあるといいですね。

中野 いま私は東大の大学院で教育社会学の博士課程に在籍しているのですが、ニューカマーの子どもたちの研究をしている人たちが身近にいます。ヨーロッパではこうした移民の子どもたちの学力や適応についての研究が非常に多くなっていて、それを日本でも調査しはじめている人たちが出てきているわけですが、なし崩しダイバーシティになっていったときに子どもたちの教育面などは非常に心配なところではあります。シンガポールの移民政策はある意味冷淡で、シンガポールに貢献してくれる優秀な人か、超低賃金労働でもいい単身者しか入れない。究極の二極化で、いいとは思わないんですけど、でも、少なくともビジョンは明確ですね。

小島 異なる人たちと一緒にどうやって暮らしやすい世の中を作るか。いじりで笑う内輪のノリも、これを機に廃れていってほしいものです。

法律は、ハラスメントや差別をなくすのに役立ちますか？

弁護士

伊藤和子

KAZUKO ITO

九四年に弁護士登録。以後、女性、子どもの権利、えん罪事件など、人権問題を中心に活動を続ける。米国留学後、国境を越えて世界の人権問題に取り組む日本発の国際人権ＮＧＯヒューマンライツ・ナウを立ち上げ、事務局長を務め、国内外の人権問題の解決を求め、活動中。著書に『人権は国境を越えて』（岩波ジュニア新書）、『誤判を生まない裁判員制度への課題』（現代人文社）、『ファストファッションはなぜ安い？』（コモンズ）などがある。ミモザの森法律事務所（東京）代表。

セクハラは犯罪じゃない？

小島 二〇一八年にハラスメントに関連して広まった言葉の中でも強烈だったのが、麻生副総理の「セクハラ罪という罪はない」。福田淳一元財務事務次官のセクハラ事件で、開き直りとも言える発言でしたが、実際、日本の法律上は「セクハラ罪」はないと言えるのでしょうか。

伊藤 「セクハラ罪」という罪自体はありません。意に反する性行為には強制性交等罪などが適用されますが、セクハラという類型で犯罪が定義されていないということは、そのとおりです。

小島 麻生さんが擁護しようとした福田元次官が行った行為は、今の法律ではどう捉えられますか。

伊藤 セクハラが犯罪じゃないからといって許されることではないですね。パワハラも含め、人権侵害として社会的に批判されるべき事例の中にも、犯罪類型になっていないものは多い。でも、犯罪じゃなければ人権侵害をしてもいいのかというと、そうではありません。特に政府は人権を守らなければならない立場にあるのですから、人権侵害にあたるセクハラに対し大臣が「セクハラ罪はないんだから」などと責任がないかのように言うのは、大問題だと思います。

小島 法に触れさえしなければどんなひどいことをしてもよいと言ったのと同じことですね。

伊藤 そう思います。

小島 男女雇用機会均等法には、雇い主には職場でセクハラが発生しないようにする義務があるとされていますよね。

伊藤 はい。雇用機会均等法はまだ十分ではないし、改正の必要性があると思います。でも、雇い主にセクハラ防止に配慮する義務など、注意義務はしっかりと課しているんです。

均等法の一一条、この条文が均等法に入った当時は、注意義務というのもかなりゆるいものだったのですが、現在では非常に厳しくなっていて、積極的な防止措置を講じない限り、雇用主が責任を問われると明確に示されています。均等法の下には指針があり、何をしなければならないかが詳しく書かれています。きちんとした研修や相談体制の確立、セクハラが判明した場合には配置転換など被害者が職場にいやすい環境を整える、といったことが定められているんです。

セクハラの定義

小島 セクハラが問題になると必ず「何でもかんでもセクハラにするのはおかしいんじゃないか」

という声があがります。セクハラの定義が曖昧だから、何を言ってもセクハラにされかねない、会社で無駄口もたたけないし、恋愛もだめなのかと。そうした声についてはどう思われますか。

伊藤 実はそれもかなりきちんと定められているんです。特にこの財務省の件は国家公務員が主体の職場で起きた事案ですから、人事院規則が適用されます。人事院はセクハラについて非常に細かいルールを定めガイドライン化していて、それが模範的なんです。された人の受け取り方を中心に据えなくてはならないとか、相手が嫌だと言っていないからといってセクハラを受け入れたことにはならないとか、断れない事情があったかもしれないと考慮すべきとか。そこまで明記してあるんですね。ところが、官僚のトップがそれをまったく勉強していない。これは問題です。

小島 あの事件を受けて、当時の野田聖子総務大臣が幹部職員の再研修を義務付けました。それまで研修がされていなかったということなんでしょうか。

伊藤 入省時にはあるのかもしれませんが、幹部クラスを集めての研修はなかったということでしょう。

小島 実際には立場が強くなってからのほうがセクハラ加害者になる可能性は高いのだから、幹部にこそ研修が必要でした。

伊藤 最近では良心的な企業は幹部研修も含めて研修体制を整えているところが増えてきています。官庁は民間の取り組みに比べても、非常に遅れています。

小島　一般的にセクハラで問題になるのは、「主観」です。力の差がある関係の人に対して性的にからかったり、身体に触ったり、性的な発言をしたことで相手が不快な思いをしたり、不利益を被ったり、脅威を感じることが「セクハラ」であって、あくまでもされた側が主観的にセクハラだと言っていいんですよね。

伊藤　そうです。人事院の指針には、「セクハラに当たるか否かは相手の判断が重要」と書かれています。

小島　された人の主観が大事ということですね。セクハラされたと訴える人に「セクハラされたと感じるな」とは誰も言えない。

伊藤　男女雇用機会均等法は一九九九年に改正されて、セクハラ防止の義務が雇い主に課されたのですが、これにあわせて均等法の指針がつくられ、具体的にセクハラの例が記載されています。さらに均等法を受けて同じ一九九九年に定められた人事院の指針には、「セクハラになりうる言動」として、初心者でもわかるような具体例が書かれています。スリーサイズを聞くとか、おじさん／おばさんと呼ぶ、交際者や配偶者の有無など相手の性的関係を聞く、性的なからかい、女性にだけお茶くみをさせる、チークダンスの強要、酒席で隣に座るように指定する……そういうことはだめですよと、広範囲にわたって非常に具体的に書いてある。そして、この人事院の具体例をモデルにしてセクハラに気をつけましょう、ということはいろんな場面で強調され、研修が行われてきました。約二〇年前のことです。それを勉強していれば、そういった意見は出てこないのではないかと思います。

小島　もし職場の上司が、「セクハラつったって、曖昧だよなあ」と言っていたら、「男女雇用機会均等法を読んでください」と言えばいいんですね。

伊藤　はい。均等法や人事院規則の指針に明記されています。

セクハラ天国、日本

小島　海外出張の多いグローバル企業の幹部などは、きちんとセクハラ研修を受けており、外国では絶対にセクハラしないように気をつけるのだけど、日本に戻ると「日本の子はいいよね、うるさいこと言わないから」とセクハラオヤジになってしまうことも少なくないと聞きました。

　実際、日本では他の国よりも泣き寝入りをする人が多いのでしょうか。

伊藤　多いと思います。いろいろなことが違います。女性が声をあげると潰される職場環境が多いうえ、裁判になったときの賠償額が圧倒的に低い。

小島　国によってはとんでもない額の賠償金を……。

伊藤　何億も払わされます。アメリカなどでは陪審制度のもとで懲罰的損害賠償という制度があるので、賠償金がいくらでも跳ね上がる可能性があります。同じセクハラ行為でも、日本では二〇〇万円くらいの賠償金なのに、海外では企業にとって何億ものコストになる。そこが非常に大きいかなと思います。

小島　現在シンガポールにお住まいのジャーナリストの中野円佳さんは、シンガポールのある医師が患者にセクハラをしたら、莫大な額の賠償金を求められた上に、新聞に大きく載ってしまい、医師としてやっていけなくなったとおっしゃっていました。そういうニュースを日常的に見てるので、セクハラには多大なリスクがあるという意識が多くの人に浸透しているそうです。日本ではまだそこまでの危機意識はありません。結局、福田次官は辞めましたが、明確にセクハラの責任を問われたわけではなかった。

伊藤　はっきりと認定されたり、よくなかったということになっていない。つくづく責任をとらない社会だと思います。

小島　あの経緯を見てると、セクハラはやってもたいしたお咎めがないのかなと思ってしまいます。まして副総理が「セクハラ罪なんてない」と断言するのですから。

伊藤　あれが一番よくなかったですね。大臣があんな発言をすると、民間企業の姿勢もゆるんでしまいます。

小島　もしセクハラを法律で罪として規定したら、高額な賠償金などの懲罰が歯止めとなりますか。

伊藤　日本で司法制度を変えるのは非常にむずかしいですから、一足飛びに何億円という賠償金を科すようにはならないかもしれませんが、企業内の規定は厳しくできますよね。セクハラした人は解雇とか、明確に決めてしまえばいいのですから。でも、仕事のできる、実権のある人間が若い女性にセクハラをした場合、会社としては若い女性を黙らせて、仕事のできる男を残したいんですよ。だからもみ消しのほうが優先されて、解雇といった厳しい処分にはならない。

小島 セクハラをする人は仕事ができない人であると、評価軸が変わってほしいです。

伊藤 セクハラをする＝社会人としてありえない、詐欺や横領、暴行をしたのと同じぐらいモラル的に問題があるんだと位置づけるべきだと思います。

セクハラから身を守る

小島 セクハラの被害者が女性である場合、「セクシーな服装をしてるからだ」とか「男社会でやっていくなら、このくらいはいなして当たり前」とか、我慢を求められることが多い。被害者の側に非があったように捉えられがちだし、世論もそちらに傾くケースが多いと思うのです。

伊藤 本当にそうなんです。セクハラ被害で相談に来られても、多くの方が実際に裁判などに訴えることは躊躇されます。「これが万一明るみに出たら、私はどんなバッシングを受けるかわかりません」とか「こんなことを訴えて大丈夫なんでしょうか」とおっしゃって、会社からつぶされると心配する方がとにかく多いんです。

小島 そういう人を守る法律はあるんですか。

伊藤 それが、ないんです。非常にむずかしいなと思います。セクハラの被害は深刻で、

PTSDを発症することもある。しかも会社の人全員から否定されたりしますからね。

小島 本人が一人で言いたてているだけだと。

伊藤 「虚言じゃないか」とか。最終的にはみんな会社の有力者を守ろうとするんです。セクハラが行われるのはたいてい密室など誰も見ていない場所です。事実認定では、被害者は被害を受けたと言うけれども、加害者側はそうは言わない、まったく違うストーリーを言うわけです。セクハラを見ている人が社内にいたとしても、加害者のほうが社内での立場が強い場合、みんながセクションを守ろうという感じになって、被害者一人が孤立してしまうことがよくあります。

小島 福田元次官のケースのように音声を録音するとか、被害者自身が何らかの証拠をおさえておかない限りは、事実認定がむずかしいということですか。

伊藤 やはり証拠があるほうが有利ですね。声をあげても通らないというケースはかなりあります。だから声をあげるのは損、とみんな思っちゃう。セクハラ被害を受けたと声をあげても社内調査で認められなかった場合、会社に居場所をなくしてしまいます。その仕事が好きで働いている方もいると思うし、再就職もむずかしいとなると、セクハラは糾《ただ》したいけれど、居場所は失いたくない。リスクを考えると、やっぱり踏み出せないという人が多いのかなと。

小島 あるコンサルティング会社は、社外に完全に独立した相談窓口を作ったと聞きました。そういう動きは解決の助けになるんでしょうか。

伊藤　一つの解決策にはなると思います。最終的には、やっぱり証拠があるかないかが、決め手になりますが。

小島　もし自分が被害にあったら、とにかく証拠をとること。メールを残しておくとか、音声を録るとか。

伊藤　はい、それは大事です。

ハラスメントのメンタリティ

伊藤　私の事務所には、耐えに耐えて来る方が多いので、それなりの覚悟を持たれてはいるんですが、「真面目に生きてきたのに、自分の何がいけなかったんだろう。考えると眠れない」などとおっしゃるんです。

だから、とにかく「あなたは悪くない」と言い続けています。DVの被害者も「私が夫を機嫌よくさせられなかったから、生意気だったから、こういう目にあってしまってるんでしょうか」と必ずおっしゃいます。暴力は何があっても絶対にやっちゃいけないことなので、「あなたは被害者です」とまずお伝えしています。

小島　セクハラやパワハラの被害者も同じような精神状態なのでしょうか。悪いのは自分なのではないかと。

伊藤　会社に適応するためには、いろんなことがあっても耐えなきゃいけない。その耐えを積み重ねていった結果、セクハラ被害にあってしまう。じゃあ最初から耐えなければよかったのか、とか。みなさん本当に悩まれています。

小島 そういうときは、何と言うんですか。

伊藤 「すごくがんばってこられたけど、いま声をあげる選択をしてよかったと思いますよ」と言いますね。

性暴力の場合、男性のほうがマインドコントロールがうまいんです。女性を支配したいという気持ちがすごく強いので、つなぎ止めるために様々なマインドコントロールをするんです。そして、DVで女性が去ってしまうと、自分が被害者だと思ってしまう。

小島 特に女性の自己肯定感が低いと「私みたいな女を愛してくれるのは、彼しかいない」と思ってしまって、共依存から抜け出せなくなりますね。

伊藤 「君みたいな女性を愛せるのは僕だけだよ」って、本当に言いますからね。

そして暴力をふるうときには、「僕に暴力をふるわせた君が悪い」となるんです。これは日本だけの現象ではなくて、洋の東西を問わず共通しています。そもそも日本にはDVの概念はなくて、外国で研究が進んだのですが、男性のセリフや支配のパターンは驚くほど各国で共通しています。本を読んで「自分がされていたこととまったく同じだ」と気づく人が多いですね。

相談窓口のあるべき姿

伊藤 大学生や高校生相手に人権について講演することが多いのですが、女子学生の場合、主な関心事項や心配事はやっぱりセクハラ問題です。せっかく希望の会社に入ったけど、セクハラにあったら、実際には誰に相談していいのかわからない。人事課か労働組合しか行き場がないそうです。人事に行けばもみ消されてしまうし、労働組合に行くというのは若い女性にはかなり勇気がいるのが現状です。だから行き場のない彼女たちにとって、先ほども話に出た、外部に相談窓口があるというのはとても心強いと思います。

小島 「セクハラ相談窓口が社内にできたから、そこに通報しなさい」と言われても、窓口の人が前の部署でさんざんセクハラしてた人だったということもあるそうですね。

伊藤 本当にそうなんです。

小島 あとは、相談内容を社内で言いふらされたらどうしようとか、心配ですよね。

伊藤 形だけあっても、まったく機能していない状態ですね。モニタリングをして定期的にブラッシュアップしないと制度は機能しません。

小島 完全に会社とは別組織で、訴えがあったら、その部署を徹底的に調査するようにするとか。

伊藤 セクハラの場合、どうしても被害者自身が告発することになります。現状では、証拠がないともみ消されてしまうこともあると先ほども指摘しましたが、ほんとうは、第三者からの内部告発が出てくるといいですね。セクハラが起きるというのは会社自体が腐っている証拠です。ガバナンスを強化するために、内部通報があるのは非常にありがたいことだと会社側も考えるべきで、その人の匿名性を守ってできることをやっていくべきだと思います。そこで必要なのは、相談窓口などに配置する専門家です。社内の人間だと、話を聞きながら加害者を変にかばってしまう人って意外と多いし、かばわれるとそれで調査が終わりになってしまう。だから専門性の高い人を配置することが重要です。

小島　社内の人間関係と切り離して見てくれる人が必要なんですね。

伊藤　それと、声をあげた人へのバッシングをなんとかしたいです。伊藤詩織さんのケースにしても、あんなにひどいバッシングを見てしまったら、やっぱり声をあげてはダメなんだと、みんな思いますす。声をあげている人がいたら応援できる社会をなんとかして作りたいです。ツイッターなどSNSでもいいので、みなさん遠くからでも応援してあげてほしい。また、身近な人がセクハラを訴えていたら、「あなたの言っていることは正しい」と援護してあげてほしいです。

小島　そうなんです。私も番組である大物タレントの発言に対して「それってセクハラになっちゃいますよ」と指摘したら、若い女性タレントが援護してくれて、すごくうれしかった。最近は男性芸人さんでも「それセクハラですよ！」と司会につっこむ人も出てきました。

伊藤　ですよね。それだけでその場の空気は変わります。強い男に「俺はセクハラなんてしていない」と言われて、みんながシーンと黙ってしまったら、声をあげた女性は孤立するし、言わないほうがよかった、となってしまう。そのとき「私も今のはセクハラだと思います」

と言ってくれる人がいれば本当に助かるし、男性にもそうなってほしい。
一人ではむずかしいなら、他の男性も一緒に声をあげてくれればいいんです。必要なのはそこで行われた行為がセクハラなのかどうかを評価することであって、個人的にその人の味方かどうかは関係ない。そこで放置したら、また同じことが続いていきますから。職場全体の問題として考えてほしいです。そこは、強調しておきたいです。

法律の必要性

小島 セクハラは、女性差別と切っても切れません。女性を人間として対等な存在ではなく、性的な対象としてしか見ていない。モノのように扱ったり、からかってもいいと思ってしまう。こういう男性たちの認識を変えるために、法律的にできることはあるのでしょうか。

伊藤 日本には性差別禁止法のような法律がないので、国連の女性差別撤廃委員会からもよく勧告されています。女性差別自体は憲法で否定されているのに、禁止する包括的な法律がない。テレビでいろいろなケースのコメントを求められたときでも「女性差別は違法です」と言うと、「いや、それを禁止している法律はどこにもないですね」と反論されて、「いや、憲法で否定されていますよ」と答えているんですけど。どうもはっきりしない。

小島 でも、憲法に書いてあることが法律の形として整理されていないというのは、不備なんじゃないでしょうか。

伊藤　そうだと思います。性差別をしたら何らかの罰則を科すぐらいはしなくてはいけない。だって、東京医科大学の入試で公然と女性差別をしていても、なんのペナルティもなかったじゃないですか。

小島　憲法とは別に女性差別禁止法のような法律があれば、どんなことが可能になりますか。

伊藤　サンクション（制裁）を明確にできます。男女雇用機会均等法は、雇用上の男女差別をした場合はペナルティを科すと明記しています。企業名を公表されるなどの様々なペナルティが、まだ十分ではないのですが、あるんです。一方、雇用にかかわらない性差別に関する法律は存在しない。

小島　女性差別はダメとうたわれてはいるけれど、やったらこうなるよ、がないということですね。

伊藤　日本には男女共同参画社会基本法という、女性がどんどん社会に進出していけるよう助けていきましょう、という法律はあるんです。禁止法ではなく、よい方向にやっていきましょうという法律なのですが、それ以上に、明確な禁止法があるべきだと思いますね。

小島　パワハラに関してはどうでしょうか。

伊藤　法律の面では、パワハラはもっと進んでいません。作るとしたら、パワハラ特別法だと思います。

小島　セクハラはセクハラの法律、パワハラはパワハラの法律、性的指向や性自認（SOGI：ソジ）を理由にした嫌がらせはソジハラの法律というふうに一つずつ作っていくべきなのか、それとも全部を包括的に明記したハラスメント防止法がいいのでしょうか。

伊藤 最近はＬＧＢＴの問題でもロビー活動がされていて、それぞれの戦略もあるので一概には言えませんが、性に対する差別には一つきちんとした基本法があってもいいのかなと私は考えています。

小島 個別の法律があったほうが、個々の事情にきめ細かに対応できるということはありますね。でも、法律を一つずつ作っていくには時間がかかりますから、その間に現状を変える手段として、どんなものがあるでしょうか。

伊藤 法律を変える議論は続けていく必要があります。

セクハラについていえば、たとえば韓国では、セクハラは禁止と明記されています。日本でもセクハラ禁止規定を明確に導入する必要があります。

また、私たちが改正を求めて取り組んでいる刑法の問題についていうと、刑法は二〇一七年に改正され、強制性交等罪が新しくなったのですが、レイプ罪が成立するためには「暴行又は脅迫」が必要なんです。暴行又は脅迫が立証できないものは全部犯罪ではないというふうことになっている。ところが、イギリスやスウェーデンでは、同意がないというだけで犯罪になる。私たちは日本でもぜひそういう法律を目指したいと思っているんです。

小島 そうですね、ぜひ。

伊藤 さらに進んで、雇用関係上断りにくい立場や優越的な地位、依存関係を利用して性行為に及んだ場合は、イエスと言ったかどうかに関係なく、すべてレイプと認める、という法律を持っている国もあるんですよ。

そうすれば、職場を越えたもっと広い範囲の行為が適用される。嫌と言えない状況で優越的地位を利用されて性行為に及んだものが犯罪とされれば、児童養護施設の職員、親、祖父、そうした人たちからの意に反する性行為を全部犯罪にすることができるんです。

小島 本人が望んでいなかったものはすべて、罪に問えるということですね。

伊藤 はい。あとは状況ですね。望んでいたかどうかを確かめるまでもなく、優越的地位を利用していたという状況が認められれば、それだけでもダメとなる法制があります。コーチと生徒とか、スポーツの現場や学校の事例も含まれてきます。

小島 スクールセクハラという言葉があります。部活の指導と称したセクハラや性暴力の被害にあっても、先生やコーチには逆らえないので泣き寝入りしてしまう。でも法律があればこれを禁止し、罪に問えるようになるのですね。

伊藤 法律ができるまでには下準備が必要なので、まずは、同意した以外は、すべてノーであると、「イエス・ミーンズ・イエス（Yes means Yes）」とか「ノー・ミーンズ・ノー（No means No）」という社会のコンセンサスをもう少し広めていけたらなと思っています。

小島 法律では、暴力はどのように定義されるんですか。

伊藤 日本の法律では、「有形力の行使」とされています。殴るとか蹴るとか、実力を行使すること。つまり身体的暴力だけになっていますが、海外では、ＤＶとの関係では経済的、精神的、性的、すべてについて暴力だと捉えられています。それがＤＶ防止法などに明記されている国もあります。日本でもＤＶの範囲をもっと広げたいのですが、まだ物理的暴力と非常に一部の精神的暴力しかＤＶ防止法の枠には入っていません。

小島 暴言や罵倒はどうなのでしょう。

伊藤 日本では暴力とは認められません。手が出るか、「おまえを殺すぞ」と言わない限りはダメです。暴力の定義が非常に狭いですね。実際には人格否定も暴力だと思いますが。

しかも、刑法では、レイプの要件として求められる「暴力」は、被害者が反抗できない程度の強い暴行だけに限られるとされ、それを被害者側が立証しないと犯罪に問えません。これでは、性暴力の被害者の多くが救われません。

人権について教える

伊藤 この社会では、自分が自分らしくあったり、違和感を大事にするよりも、型にはめられたり、理不尽なルールや掟を押し付けられてしまうことのほうが多い。私はそれが日本をダメにしている気がすごくするんですね。

小島 同感です。

伊藤 何か違和感を感じても、自分がおかしいんだと思って声をあげずに沈黙してしまう。そうではなくて、一人一人価値観は違うし、あなたの違和感はすごく大事で、理不尽だと思うルールは変えていくことができる。そうやって社会はよくなっていくんだよ、と学校などでも教えていくことは本当に大事だと思うんです。みんなの違和感や思いを集めて一緒により生きやすい社会を作っていきましょう、と伝えたいです。

小島 大事なことはいつも自分より上の誰かが決めるものと教えられますよね。ルールを守るのはもちろん大事ですが、そのルールは正しいルールかどうかを考える力も必要。家庭では親、学校では先生、会社では上司の言うことをきき、異を唱えるのは生意気で行儀の悪いことだと叩き込まれる。アーティストや芸能人が政治について語ると叩かれるのも、政治は「上の人」が決めることだと思っている人がいるからでしょう。「あなたはどう考えるの?」と聞かれずに育てば、そう思うようになるのも無理もありません。やっぱり教育ですよね。

いまオーストラリアで子育てをしているのですが、長男が小六の時、修学旅行のしおりをもらってきました。その中に「してはいけないことリスト」があり、最後に「以上のルールが守れない人は滞在の途中で車で親元に送り返すことがあります。その際の費用は親が支払います。同意する人はサインしてください」と書いてあって、親はもちろん、本人の署名欄まである。署名するということは、自ら理解して責任を引き受けるということです。息子は「これにサインしたら、何が起きるの?」と言うから、「書いてあるとおり、してはいけないことをしたら車で送り返されて、交通費は親が払うことになるんだよ」と言ったら、真剣にリストを読み始めました。

「あなたにはあなたの領分があるよ」と子どもに言うことは大事だと思います。人権について教えることも、あなたには人としてこのような権利があるんだよ、それは誰にも侵せない領分なんだよと教えることですよね。それは他の人も同じだと。

伊藤 日本の学校では、人権教育はあまりやりたがりません。学校はできるだけ生徒をルールでコントロールしたいと思っていますから。人権教育といえば海外で起きている児童労働や戦争の話になってしまい、「あなたが明日こういう目にあったら」という身近なテーマは取り上げない。

日本では何が人権侵害かが曖昧なのが問題です。身体的な暴力だけでなく、罵詈雑言で傷ついてる人もいるし、そういうことに対して声をあげられない人は本当にたくさんいる。それらについて、「人権侵害ですよ」と言うと、大げさだと感じてしまう。どんなことが人権侵害にあたるのか、カテゴリーをみんなで共有していく必要があります。

それから、企業研修もきちんとやってもらいたいですね。いま私はビジネスにおける人権という分野に取り組んでいるところです。海外では重視されている人権問題やセクハラ問題が日本では放っておかれているので、海外が日本を見る目はかなり冷ややかです。海外では、トップがセクハラを理由に更迭されたり、会社自体が潰れたりするケースが増え、人権問題は「経営リスク」だと認識されるようになってきたんですね。投資コミュニティでいま流行っているのが「ESG」です。Eは環境（Environment）、Sが社会課題（Social）、Gがガバナンス（Governance）。この三つがちゃんとしている会社じゃないと国際的には投資しないという傾向が強まっていて、セクハラへの対応はS（社会課題）にもG（ガバナンス）にもかかわる。放置している会社はダメだというのが、いまや流れなんです。日本は完全に取り残されていて、ようやく大手企業がいろいろ取り入れようとしているところです。

小島 最近新聞記事で、「ESG投資とは」という言葉を見るようになりました。

伊藤 ようやく日本でも、上場企業ならせめて男女の役員比率はちゃんと公開しましょうとなってきました。もちろんそれだけではまったく不十分ですから、今後は女性が主体になって、どの程度セクハラ対策を行っているかを指標として、各企業をチェックしていくとか、そういう動きがあってもいいと思っています。

身近な人の呪いの言葉

小島 この一年、日本の社会の女性蔑視の根深さを繰り返し感じているのですが、どうしたら変わると思いますか？

伊藤 本当にばかにしていますよね。美人と見ればセクハラの対象にするし、そうでもないと思えばゴミみたいに扱う。

小島 女性を鑑賞物のように扱ってしまう背景には、メディアの責任もあると思います。メディアにおける女性の多様性は、あまりに乏しい。若くてかわいくて従順な女性が望ましいという価値観が随所に見られるし、胸やお尻を極度に強調した体型のアニメキャラも多いですね。

家庭の中でも無意識にそうした価値観の刷り込みが行われます。たとえば、学校の集合写真を見てどの子がかわいいか品評したり、娘の容姿にあれこれ言ったり。私も家庭内でずっと見た目のことを言われ続けました。だから私は女であることとずいぶん長い間和解できませんでした。で、これって別に男が女に言うとは限らないんですよね。母や姉からのダメ出しもきつかったなあ。足が曲がっているとか、鷲鼻は残念だとか、ほんと細かかった。

伊藤 実は、女性のほうがひどいところがありますね。母親の呪縛というか、「そんなことじゃおまえは結婚できない」みたいな呪い。

小島 私も母に言われましたよ。男言葉を使っていたら、「そんな言葉を使ったらだめよ。きれいな花にしかいい蝶々は寄ってこないんだから」と。

伊藤 上の世代はそのやり方でサバイブしてきたということなんでしょうね。でもだからといって、それを押しつけないでほしいのですが。

私はこの間、シンポジウムにスカート丈の短めなワンピースを着て登壇したんです。その後、シンポジウムの内容がよかったと、ある男性の大学の先生がSNSに写真入りで投稿してくださったんです。大事な議題が話し合われましたと。するとすぐに女性から「伊藤さん、スカート短すぎ。ハラハラします」という非難コメントがあがりました。スルーしても、しつこく「こんなのだめです」と書かれました。内容についてはまったくコメントせず服装だけ。

小島 本人は正義感でやっているんでしょうね。多くの家庭で親が娘によかれと思って「そんな隙のある格好して出かけちゃだめよ」と言う。それが人々の間で常識になり、実際にセクハラとかレイプ事件が起きたときに「おまえが短いスカートはいてたからいけなかったんだろう」という世論につながっていく。レイプする男が悪いに決まってるじゃないですか。

女の意見は通らない

伊藤 女性ってオフィシャルな場に出ても、何をしゃべったかよりも、服装で評価されたり非難されたりしますからね。

小島 女性は見るもので、話を聞くものではないんですね。伊藤公雄さんの『男性学入門』(作品社)に、外国の企業が日本のサラリーマンと仕事をするときに使うマニュアル本の引用があります。それによると、日本の男たちは、外国企業の女性がプレゼンしてもまず聞かない。対策としては、まず「みなさん、これからプレゼンするキャサリンはすごく有能で、この分野で非常に高い評価を得ているんです」と男性が紹介する。途端に全員が顔を上げて話を聞くようになると。さらにプレゼン内容を伝えたい場合は、男性にしゃべらせればよい、と書いてあったそうです。伊藤さんも実感されることありますか?

伊藤 あります。たとえば私が最初にある意見を言ったのに、そのときはみんな反応しなくて、「よく考えたら伊藤さんの意見はいいんじゃないか」と男性が言うと、「私も賛成です」となったりする。アイデアにしても、私が提案したときは受け入れられないのに、男性が言ったら「そうだね」と議論の流れが変わっていくことがあります。そういう方向に議論の流れが変わること自体はウェルカムですが、なぜ私が最初に言ったときには取り上げられないんだろうというモヤモヤはあります。

小島 女性差別禁止法みたいなのができたら、いまおっしゃったような場面も法的に処罰の対象になるんですか。

伊藤 それはなりにくいかもしれません。この手のことは法律でもむずかしくて。フェイスブックのCOOのシェリル・サンドバーグが、アメリカでもいまも同様のことがあると書いていましたね。

小島 『LEAN IN《リーン イン》──女性、仕事、リーダーへの意欲』（日本経済新聞出版社）ですよね。私もあの本を読んで、アメリカも大して変わらないんだなと思いました。

伊藤 私は、これは自分のことだとも思いました。私は男性の多い弁護士業界にいるので、自分のプレゼンの仕方がもう少し男性並みに理路整然とすれば意見を取り上げてもらえるんじゃないかとか悩んでいた時期があったのですが、この本を読んで、やっぱりあれは差別だったんだと気がつきました。

無意識の性差別

小島 男性側も「よし、差別してやろう」と思ってやっている人より、無意識のうちにしている人のほうが多い気がします。

伊藤 若い頃から日弁連など弁護士会でいろいろ仕事をしていたので、私も男性社会で目をかけてはいただいてきたんです。あるとき突然、「伊藤さん、今日あと一時間空いてる?」と言われて、「なぜですか」と言ったら、「会長にねぎらいの花束を渡したいんですけど残ってもらえません?」と言われたことがありました。

小島 女から渡したほうが喜ぶからということですね。

伊藤 そう。私はそのとき、忙しいけど何とかやりくりして花束を渡そうかなと一瞬思ったんですが、すぐにこれはおかしいと感じて、「ちょっと忙しいので」と断りました。でも相手に悪気はないんです。

小島 わかります。私もいまだに宴会で一番偉い人の隣の席を勧められたりします。彼らは善意なんですよ。その場の男性たちは、偉い人の隣という最上席を女性に空けてあげたと思っている。つまり、それぐらいあなたの女としての価値を認めていますよ、とサービスしているつもりです。本気でそう思っている人たちに、いったいどうしたら理解してもらえるんでしょうか。法律を整えるだけじゃなく、教育もセットにしないと……。

伊藤 教育は大事ですよね。もう上の世代には期待できないので、若い人に変わってもらうしかないと思います。

小島 学生さんと接していて、若い世代の意識は変わってきてると思いますか？

伊藤 非常にフラットになってきた感じはあって、すごくいいと思います。ただ問題なのは、企業内のヒエラルキーが強く、上からやりなさいと言われたら逆らえない雰囲気があることですね。会社の飲み会で男性に強要される宴会芸、たとえば裸になるなどが、セクハラそのものだったりします。

小島 男性も、セクハラされたと言いづらいのでは。相談されることはありますか？

伊藤 私は女性専門でやってるので、男性のことはあまりわからないのですが、男性被害者は相談しにくいと思いますね、行くところもないですし。

小島 きっとパワハラとされているケースの中にはセクハラとの複合的なものもあるんでしょうね。男子学生のいじめの多くには下着をおろすとか性器へのいたずらが含まれると言われていますから。セクハラの問題に悩んでいるのは女性だけじゃない、むしろ若い男性のほうがセクハラと認定すらされない状態で放置されてるのかもしれません。

部活とか会社とか、上下関係が厳しい組織に入って適応し、ホモソーシャルな価値観に染まってしまう。セクハラをセクハラと言わないほうが強いんだとすら思うようになる。適応力のある人ほどそうなるかもしれません。

伊藤 つくづく人権教育が足りていないと思いますね。最近、ブラック校則と言われているものの中には、セクハラ校則みたいなのもありますね。

小島　下着の色は白じゃなきゃだめとか。あれどうやって確かめるんだろう。

伊藤　それに合致してなかったから下着脱がされたとか、ブラジャーを没収されたとか。

小島　もはやいじめですよね。荻上チキさんと内田良さんの『ブラック校則』（東洋館出版社）を読むと、先生より親がそういう管理を学校側に望んでいる面もあるらしいです。

伊藤　ただ、こういう問題がようやく明るみに出たこと自体はよかったと思います。

小島　いままでなら、日大アメフト部の悪質タックル問題だってニュースにならなかったかもしれない。

伊藤　そうだと思います。とんでもないパンドラの箱が開いてしまった状況ではありますが、明らかになったのはよかったと思うしかないですよね。

バブル女子になれなかった私

小島　最後にお聞きしますが、伊藤さんはなぜ弁護士になられたんですか。

伊藤　実は大それた理由はないんです。

　私はもともとおとなしい子だったんです。それは女の子だからというよりは個性として。器用でもなかったので、どうやって生きていったらいいのか、いつも悩んでいました。

　母は学校の教員だったのですが、私は小学生の頃から母の基準をまったく満たせない子で、スポーツができて気が強い母とは正反対でした。母の受け持っているクラスには優秀な生徒がたくさんいて、それを眺めながら「私は違うから仕方ないな」と最初から競争に乗っていませんでした。まあ自分らしく生きていくしかないなあ、と。

大学は一九八九年に卒業しました。八六年に男女雇用機会均等法が施行され、周りのみんなは総合職をめざしていました。しかも、当時はちょうどバブル時代全盛期で、みんな髪型はワンレン、服はボディコン、足元はパンプス。うわあ、こんな気の強い女性たちの間でしのぎを削ってがんばったって、きっと体はボロボロになる。もう少し自分らしいペースで人の役に立てる仕事ってないかな、と考えて、弁護士がいいと思ったんですね。

自分自身が生きづらかったから、まずは自分を守るために資格を取ろう、と思ったんです。勉強して司法試験さえ受かれば、女性差別も受けずに社会で生きていけるだろう、と。

小島 その生きづらさというのは、世間の求める女性像をクリアしなくてはというプレッシャーだったのでしょうか。

伊藤 そういうのはありましたよね。バブル期の女子にとって、それってすごく大事じゃないですか。JALのCAみたいにピシッとするなんて、私には絶対にできない。子どもの頃から忘れ物は多いし、縫い物はできないし(笑)。でも、本を読んだりするうちに、いまの日本の枠にはまらない生き方だってもしかしたらできるんじゃないか、と考えるようになったのだと思います。

小島 周囲の女性の生き方が気になったりしましたか。

伊藤 そうですね。無縁でいるようでいて、やはりプレッシャーでしたよ。二二歳でいい会社に就職して、二五歳までに結婚する。このスローペースの私がどうやったらそんなことができるのか（笑）。なぜみんなそんなに器用に、幕の内弁当みたいにきちっと詰め込めるのかなと思ってました。

でも就職戦線に出た私の身近な個性的な大学の友人たちは、何社まわっても採用されない。いい加減な感じの体育会系の男子が、超大企業に内定がバンバン決まっていく。女性差別ってあるんだなと思うようになりました。

その後私が司法試験の勉強に専念している間にも、総合職で入った友人からは会社での苦労話を聞かされ続け、そのたびに、女性差別の根深さを植え付けられました。

小島 私は一九九五年に男性と同じ待遇の専門職として働き始めたのですが、伊藤さんのお友だちたちが直面した状況とまったく同じでした。待遇面でも試験でも男性とは対等だと思って入ったら、私の場合は仕事自体が女子ロール（役割）だったんです。

伊藤 フジテレビの『オレたちひょうきん族』とかが打ち立ててしまったんでしょうね。当時の女子アナの方々を見ていて、なんであんなセクハラに耐えてやっているんだろう、と思っていました。当時セクハラという言葉は言語化されていなかったので、余計モヤモヤしましたね。会社に入ったらあの女子アナの人たちみたいにやらなきゃいけないのなら、私にはできないな、と（笑）。

人権に本当の意味で目覚めた、腑に落ちたのはその後です。弁護士を目指したのは、自分が男女差別を受けずに生きていこうと思ったからですし、仕事を始めると、周囲の人たちから「日本の男女差別をなくしてほしい」と言われたりもするわけです。かつてワンレン、ボディコンでがんばっていた友人たちからも、「あなたに期待してるんだから」と言われると、ああ、やっぱりがんばらないとな、と思います。

女性が置かれている環境は、ほんと厳しいですね。契約社員もすごく多いですし。悲しいです。若い頃はあんなに輝いていたのに、翼の折れたエンジェルのような状態になっている方のご相談を受けると本当に悔しくなるんです。

小島 そんな状況だからこそ、法律が助けになることを知ってほしいですね。

伊藤 はい。きっと助けになりますよ。

メディアの体質を変えるには？

『ビジネス・インサイダー・ジャパン』統括編集長

浜田敬子

KEIKO HAMADA

一九八九年に朝日新聞社に入社。前橋支局、仙台支局、『週刊朝日』編集部を経て、九九年から『アエラ』編集部。記者として女性の生き方や働く職場の問題、また国際ニュースなどを中心に取材。二〇〇四年からは『アエラ』副編集長に。その間一〇カ月の育児休業を取得。その後、初の女性編集長に就任。二〇一七年よりオンライン経済メディア『ビジネス・インサイダー・ジャパン』の日本版統括編集長に就任。またテレビのコメンテーターとしても活躍している。著書に『働く女子と罪悪感』（集英社）がある。

あまりにも古典的なセクハラ

小島　浜田さんは朝日新聞の記者として働きはじめ、『アエラ』の編集長をされたあと、現在はニュースサイトの『ビジネス・インサイダー・ジャパン』で編集長として活躍されています。またテレビのコメンテーターも務められ、新聞とテレビ、ネットと様々なメディアの現場をご存知ですよね。今回、福田淳一元財務事務次官のセクハラ事件が起きた際に、『ビジネス・インサイダー』ではかなり早い段階、四月にメディア各社の取り組みのアンケート、及びメディアで働く女性へのアンケート調査を行いました。まずは福田元次官のセクハラ事件が報道されたとき、最初にどう思われましたか。

浜田　福田さんのセクハラ事件を報じた『週刊新潮』の記事を最初に読んだときに、あまりに古典的なセクハラで、不謹慎ですが、あきれて笑ってしまったほどでした。今どき、まだこんなことをする人がいるのかと。

『アエラ』でも、今の職場、『ビジネス・インサイダー』でも働く女性や職場の問題などを取材してきました。二〇一六年に女性活躍推進法が施行されたこともあり、企業も女性を活躍させる前提として、セクハラに対しては非常にセンシティブになっています。女性を採用し、長く働いてもらうためにはセクハラに対しては厳しく対処するというコンセンサスができていると思い込んでいた。ところが、財務事務次官の事件は、三〇年前でも、こんなベタなセクハラはなかったよね、というしかないひどいもので、まったくあきれるばかりでした。

『アベマプライム』（インターネットテレビ局アベマTV内ニュースチャンネル）に出たとき、一緒に出演した三〇代前半の元官僚の人と少し言いあいになったんですよ。官僚のトップである事務次官が、「手を縛っていい？」「胸触っていい？」などと言うこと自体信じられないと発言したら、彼は、「これははめられてるのかもしれない」と。さらには「そもそも、一対一で情報を取りに来るような人に、僕だったら情報はあげない」と言うのです。

ああ、私たちの仕事はこう見られるのか、と思いました。なぜ私たちが一対一で情報を取りに行くのかと言えば、夜回り、朝回りが習慣化していることもあるけれど、取材源の秘匿、つまり誰からその情報が出たのか、取材者を守るためでもあるんです。そういう構造的な問題であって、好きで行っているわけじゃないと話しても、なかなか通じない。メディアの取材の流儀や、私たちが置かれてる状況は、社会にはまったく理解されてないと感じました。

その後、会社で財務事務次官のセクハラについて、「これどう思う？」って若い女性記者に聞いてみたんです。「こんなことは、今はもうさすがにないよね」と言ったら、「いや、あります」と複数の女性記者が言うのです。その実態に驚き、メディアで働く女性たちのアンケートをすることにしました。

驚いたことに、回答をくれた約一二〇人のうち、八割がなんらかの被害にあっていた。それも公務員、警察というどうしても取材で付き合わなければならない立場の人だけでなく、社内も多かった。中でも警察はかなり悪質なケースがいくつもありました。個室で胸を触られた、夜回りに行ったら抱きつかれた、など。本来、法を守るべき立場の人間が、と驚くと同時に、私が若い頃とほとんど変わっていないんだなと感じました。

女性の記者が少なかった時代

小島 浜田さんは記者時代に、セクハラの経験はありましたか。

浜田 九〇年代はありました。支局で新聞の記者をやっていた時代ですね。たとえば支局のメンバーと学校関係者の接待をしたとき、二次会に一緒にスナックに行って、お酌をしたりする。チークダンスの曲が流れると、「おまえ踊れ」と、先輩や上司から言われる。踊ると、耳をなめられたりするんですよ。相手は、高校の教頭や校長です。

小島 うわ……サイテーですね。

浜田 当時は女性記者が少なくて、人寄せパンダみたいでした。そういう女性が自分から飛び込んでくるんだから、何をしたっていいじゃないかと思われていたのではないでしょうか。とにかく『週刊朝日』にいたときには取材していた官僚などからもセクハラを受けました。とにかく狙われるのは二〇代と三〇代の前半です。ポジションにもついてない、結婚もしてない女性が狙われる。副編集長になってからはなくなったので、なんらかのポジションについているかどうか、相手も見ているのだと思います。

小島 結婚するとセクハラ被害が減ると、女性記者たちから聞いたんですが。

浜田 私は一回目の結婚は二〇代で早かったのですが、当時はよく誘われました。相手にどういう狙いがあったのかはわからないですが、あるとき外務官僚の人に情報をもらおうと思って、こちらも近づくと、食事をしようということになり、フレンチのお店を指定されました。なんでフレンチ？　と警戒すると、自意識過剰だと思われる。おまえのことなんて誘ってない。親切で飯を食ってやってるのに、そんな目で見られるのは心外だ、と思われても困る。こちらも情報はほしい。相手の意図を測りかねながら、身を固くして行きました。『アエラ』の記者時代には、内部資料をもらうときには、駅の改札でぱっともらう場合もありましたが、「知り合いの人から借りている部屋があるからそこで」と言われたこともあります。情報源にしていて仲のいい人だったけど、一瞬躊躇しました。行きたくないって言うと、おまえは何を勘違いしてるんだって思われる。しかし、もしついて行って、そこで万が一何かがあったら、おまえが好きでついて行ったんだろうって言われる。男性はそんなこと考えずにすんでいいなあと思っていました。

どの女性記者も情報を取るために必要だから行くのだけど、いろいろ葛藤しながら、それでも取材に行かなくてはいけないと自分を奮い立たせて行っているのだと思います。今回のセクハラ事件を聞いて、そういうことを思い出しました。

小島 秘密を保持できて、かつ安全な場所を探そうとは思わなかったんですか。

浜田 「ホテルのラウンジでお茶飲みませんか」とも言えたと思うんですけど、そこがたぶん若さゆえの経験不足だったのかな。そんな機転が利かない。

　大学出てすぐに社会人になって、大人の男性と向き合うときに、どうやって切り返したらいいか、相手を怒らせずに断ったらいいかわからないし、瞬時の判断はむずかしい。いわゆるネタを取ってなんぼの世界なので、特ダネの一つぐらいは取りたいというある種の野心だってある。取らなければいけないというプレッシャーもある。「いや、ここじゃなくて、あっちにしませんか」と言ったら、その段階で相手が気分を害するんじゃないか、と不安になるわけです。

　あらゆる場面を想定して、セクハラの予防線を張る判断は、とっさにはできない。場数を踏んでいれば、「ええ。でも、いいところあるから、こっち行きましょうよ」とか言えるけれど、若いときに、そこまで切り返せなかった。

経験は受け継がれない

小島 場数を踏んだ女性の先輩からのアドバイスはないんですか？

浜田 ないです。

小島　ないんですか⁉　教えてくれてもいいのに。

浜田　たぶん誰もが経験はしてるんだろうけど、そもそも自分の中でもいい思い出じゃないから、封印したい。私自身も、今回、いろいろなことを思い出しました。

私は『週刊朝日』時代に林真理子さんの担当だったんですけど、ある女性記者がお尻から手を触られたのが許せないと林さんに話したそうです。林さんから「浜ちゃんもそういうことあったの？」と聞かれて、私は、「お尻ぐらい触られたって減るもんじゃないし」と答えたんです。「やっぱり浜ちゃん、腹がすわっててすごい」と林さんに言われ、むしろ得意になってました。以前は、その程度でギャアギャア言ってたら仕事なんかできないと思い込んでいました。でもそれは違う、と自分が徐々に変わってきたんです。

小島　「女性記者たちは、セクハラの共犯者ではないか」と言う人もいますよね。セクハラに耐えていたと言うが、積極的に利用したんじゃないか。女を武器にネタを取ったんじゃないかと。私は若手アナウンサーだった頃、そのほうが得をするんじゃないかと思って男性にお酌をしてあげたり、下品な冗談を言われたときもニコニコしていたことがあります。それで心象がよくなるならこんなことぐらいなんでもねえや、むしろこれぐらいやってのける私ってかっこいいんじゃ？　というやけっぱちな気持ちでした。確かに損したことばかりとは言えないんですよ。

浜田　そうですね。

小島　得したことがあったにもかかわらず「セクハラは許せない」なんて言えないと怯む気持ち

もありました。おまえだって共犯だったくせにって、言われてもしかたがないよねと。

浜田 でも、私や小島さんは、いまそうしてきたことを反省してますよね。

小島 はい、うんと（笑）。だからこうして本も出そうと。

浜田 それはおっしゃる通りで、私の世代のメディアで働く女性たちが口を揃えて言うのは、「その頃に私たちがノーと言っていれば、この財務事務次官のセクハラ問題は起きなかったのではないか」ということなんです。当時は女性は数が少なかったし、どうノーと言っていいのかもわからなかった。しかも、自分たちは途中で辛い経験を封印して、「それぐらい耐えて当然」と変節している。三〇年間この問題を野放しにしていた、だからなくならなかったという罪の意識はすごく強くあります。

小島 こんなのおかしいじゃないかと思い始めたきっかけはなんですか。

浜田 私は『週刊朝日』の記者のときが一番変節していました。オヤジ週刊誌だし、オヤジ度がマックスでした。『アエラ』に異動になった当初はあんまり働く女性の話題を書きたくないって、思っていたくらいなんですよ。男性記者と同じように、事件や政治のネタをやりたいと。当時は働く女性の問題を書く同性先輩記者たちを少し「苦手」だとも感じてました。女性の権利を声高に言うから、男性から敵対視されるのでは、とさえ思ってました。

ところが、人間って不思議なもので、だんだん自分の中で「これはおかしいのでは」と思うことを書きたくなるんです。なぜ出産すると働きにくいのか、なぜ女性の管理職がこんなに少ないのか、と疑問に思い取材すると、やっぱり無知から抜け出すわけです。知ることによって、構造的におかしいと、問題意識を持つようになったんです。

きっかけを考える

浜田 自分自身も、『アエラ』の副編集長を九年やって、なかなか編集長になれなくて、悔しいなと思っていた。最初は「なりたい」なんて思ってなかったんですよ。二番手でいいやと思ってたんです。編集長になって、数字も含めて全部の責任を背負うのは、私には荷が重い。男の編集長のもとで、ある程度権限と裁量がある副編が一番いいなと思ってた時期が長かったんです。

でも九年もやってると飽きる。そんなとき、新聞から新しく編集長が就任したときに初めて悔しいと思ったんです。

本来編集長がすべき仕事までやっていたにもかかわらず、なぜ編集長になれないんだろう。私が女性だからだろうかと思い詰めました。それまでは、女性だという理由で不利益をこうむったことはないと思っていましたが、このときは初めて女性であることを恨み、そうしたネガティブな思考をする自分自身に嫌悪感を抱いていました。

セクハラとは違いますが、女性であることを強烈に意識したのは、私にとっては出産よりもこのときの体験でした。

小島 私の場合は、アナウンサーという職業が「女子アナ」という俗称で呼ばれるように、男性に従属する女性像を強化する役割だと気付いたのが大きいですね。会社を辞めるときにある役員が「おい、おまえ会社辞めんのか。今度から同じ番組でもギャラが発生するのか」と言うから、「そうですね」と言ったら、「いやあ、俺は女性に値段を付けることはできないな」と言われたんです。衝撃でした。これほど端的に、女性アナウンサーの立場を説明する言葉ってないですよね。なるほどこの一五年間、私の技術でも才能でもなく性別に給料が支払われていたのかと。ああやっぱり辞めるのは正解だなと思いました。

浜田　プロフェッショナルとして払っていなかったのかと。

小島　信頼していた紳士的な上司だと思ってた人が、最後の最後にそれを言ったので、ショックでした。

浜田　みんな根深いですねえ。

小島　根深い。女性差別やセクハラをする人はいかにもエロオヤジという人だけではないんですよね。もはや習慣や条件反射で、悪気もない。そういう人が圧倒的に多い組織の中にいると、生存戦略として適応することを選んでしまうんですよね。二〇代で「女子アナ」的振る舞いやセクハラをうまく受け流すことを要求されるのに強い抵抗を覚えていた私も、三〇代になって、プレイだと思えばいいんだ、と考えるようになったんです。女子アナごっこだと思って割り切ってやればいいや、って。それがプロってやつかも、なんて思ったりもしました。うまくできるようになってくると、評価されたりもする。自分で、あ、いいじゃん、女で得してるじゃんと思うんですけど、同時にそんな自分を誇れない気持ちも同じだけたまってくる。なんでこんなことをしなくちゃいけないんだろうって。そういう自分はきっとナイーブなんだろうと、つまり世間知らずで子どもっぽいのだろうと思っていたんですけど、今思えば、そのナイーブな感性のほうが正しいんですよ。男性優位の職場で働く女性は多かれ少なかれこの「汚れちまった自分」の負い目を感じているんじゃないかな。適応するほど罪悪感が募るという。

浜田　本当にそう思います。居心地が悪い感覚を大事にしないと。

声をあげるには

小島　浜田さんのセクハラ体験に話を戻しますが、記者として働いていたときには、セクハラ被害を相談する場所などはあったんですか。

浜田　九〇年代にはなかったですね。セクハラ110番が朝日新聞の中にできたのは、比較的早かったように記憶しています。あまり活用されることは望ましくないですが、実際通報もあると聞いています。

世間の常識もまったく違ってましたね。仙台支局にいたとき、私は県政を担当していた時期があるのですが、ある選挙で自民党の県議が自民候補が負けたら下の毛を全部剃ると宣言したんです。みんなおおウケで、その議員は本当に負けて剃って見せた。しかも議員の控え室で。その議員にはよく取材していたのですが、ある資料をもらいに指定の場所に行ったら、料亭の部屋に二人きり、みたいなことになったこともありました。

小島 身構えますよね。

浜田 でも、きちんと一対一で話ができれば、政治家の人柄とか考え方を知ることができる。セクハラを絶対に受けないとわかっていたら、私たちは一対一で会える。だけど、する人もいれば、しない人もいる、この政治家どっちなんだ、大丈夫かなとか思いながら、会いに行く。

小島 それは賭けですね。もちろん、セクハラしない人もいるわけですけど。

浜田 支局時代はまだポケベルの時代だったんですが、この県議のところに行くから、一時間後にポケベルを鳴らしてと先輩記者に頼んだこともあります。タクシーで相手がどうしても送ると言うときには、住んでいる家がわからないようにしたい。そんなときにポケベルが鳴れば、「ちょっと電話をかけてきます」と言えるから。

小島 財務省のセクハラ問題のときに「テレビ局は女性記者を差し向ければネタが取れると思うから、一対一で取材に行かせるんだろう」と批判された。女性記者がハニートラップ要員であるかのような決めつけをする人もいましたね。しかし実際のところ、会社が「若い女性を行かせれば、相手が性的な関心から気を許して、情報を漏らすのではないか」と考えて女性記者を現場に行かせることはあるんですか。

浜田 そういう男性記者や上司がいることは否定しません。ただし、そのことを絶対に認めないでしょう。一方で実力でネタを取ってるにもかかわらず、枕営業で取ったと女性記者は陰で悪口を言われるのも常なんです。

小島 ひどいですね。男性記者が、取材相手からの暴力や理不尽ないじめを受けることもあるんですか？

浜田 私の周りにはいなかったです。むしろ男性は取材先と仲良くなるのが早いなと思ってました。取材相手と飲みに行くから。すごく悔しくて、余計こっちも距離を縮めなきゃって思うんですよね。

小島 じゃあ、女性であることを生かして心理的に近くなる方法はないかと考える……。

浜田 ということはあります。でも、ある県警本部の管理職からは、僕は単身赴任だから、官舎に夜回りに来てもらっては困るって言われました。当たり前ですよね。反対に単身赴任中の県警幹部のところに夜回りに行ったら布団が敷いてあったという女性記者もいます。本当に人によります。

小島 ジャーナリストの竹信三恵子さんが、会食して情報を取るような報道のあり方自体を変えるべきだとおっしゃっていますね。馴れ合いの関係を築いてリークを狙うようなやり方ではなく、調査報道を中心にすえるべきだと。

浜田 たしかにそう思います。人間関係ベースでもいいと思うんですけど、お百度参りのように通って、ういやつみたいに人間関係を作るのではなくて、こいつの記事はすごいと相手に思われて、この人だったら自分のネタを渡せると信頼される、ちゃんと力を認められている人間関係で情報をもらうというのが、本来の姿だと思うんですね。

何を報じるべきなのか

小島 いずれ発表されることがわかっている情報を他社よりも一日でも早く報じるための「夜討ち朝駆け」も多いと聞きます。いずれ明らかになるなら、急がなくてもいいんじゃないですか？　それより、明らかにされないことを調べて報じるほうにエネルギーを使うべきではないかと思います。

浜田 それもそうだと思いますが、むしろ、特オチとよく言われるように、自分のところだけが載ってないということを新聞社は恐れる。だから、飲み会があると横並びでみんな行きます。事務次官から飲み会に招集されたら、女性記者はみんな行くというふうになるわけですね。

自分の会社だけ行かせないという判断ができない。むしろ、こちらのほうに問題があると思うんです。この飲み会って意味があるのかどうか、問えない。財務事務次官（当時）が主催した飲み会に行っている人に何人か取材したんですけど、下ネタなどを話していて、まったく仕事の話はない。一回行ってあきれたという女性記者は二度と行かなかったと。そういう選択が自分でできて、上司がそれでいいと判断できれば、問題がないと思うんですよね。

小島 素朴な疑問なんですけど、特オチは何が問題なんですか。ネットの時代ですから、ニュースサイトにあがった多数の媒体の記事を見ている。朝刊を並べてどこが特オチしたか見る、なんて読み方、今はほとんどないでしょう。

浜田 そういう読み比べをしてるのはメディアだけですよね。社内評価を気にしているのだと思います。

この問題は、特ダネとはそもそも何かという問題でもあると思うんです。私たちは何を報じるべきなのか、読者にとって必要なニュースとは何か、ということを、新聞社やテレビ局の中でもう少し議論しなくては。取材の手法より、この本質的な議論を先にすれば、取材手法も変わってくると思います。

小島 ライバルの会社に抜かれたくないということだけで、取材をし記事を作る。読者や視聴者は置き去りになっていると思うんですよね。抜かれたなら、続報で巻き返せばいいのでは。

浜田 別の深掘りした記事とかね。たとえば、朝日新聞の調査報道で報じた森友・加計問題などはすばらしい特ダネだと思います。『アエラ』や『ビジネス・インサイダー・ジャパン』は記者の数も少ないので、そういう競争では勝てない。そうなると、じゃあ、何が価値あるニュースなのかという発想になります。独自の視点の企画、記事でないと勝負できない。新聞にもそういう視点が求められると思います。価値のあるニュースを考えるときに、自分たちの尺度、価値観ではなく、読者は本当に何を読みたがっているのか、必要としているのか、を真剣に考える。そう話すとすぐに、「そうなると芸能とかスポーツばかりになる」と言う人がいるんですが、それは読者を見くびっていると思います。

誰を代弁するメディアとなるのか

小島 読者とは誰か、という問題もあります。ネットで記事がバラ売り的に読まれる時代ですから、読者像を設定するのはむずかしいのでは。

浜田 私は、先日新聞社の記者の人たちの勉強会で話す機会がありました。そこで「一社ですべてカバーしなくてもいいんじゃないか」と言ったんですよ。そもそも『アエラ』とか、『ビジネス・インサイダー』では、すべてをカバーできるはずもないので。

ターゲットをはっきりさせて、ほかのメディアで報じられてないところ、たとえばうちの読者はミレニアル世代のビジネスパーソンなのですが、そういう若い人たちに向けて必要なものはなんだろうかって考える。『アエラ』だと四〇代の働く女性や共働きの人たちがターゲットなので、その人たちがどんな情報をほしいんだろうか、それも政治、経済、ライフスタイルから教育まで、その対象に向けて三六〇度カバーしたいと思うわけです。

たとえば、森友・加計問題のように政権のスキャンダルは読者は誰かなど意識せず取材する。政権のスキャンダルは誰にとっても大事なニュースだからです。ですが、高度プロフェッショナル制度問題をはじめとする働き方改革はどの読者に向けて書くか、でだいぶん違ってくる。この制度について、上司世代と二〇代の考えは全然違います。若い人たちの立場を代弁する記事を作る一方で、彼らに上司世代が考えていることも伝え、世代間ギャップを埋める工夫をする。これは意識的にやらないと届かない。

これだけ世代間や立場によって利害が対立したりする今、日本全国の一億人を満足させる報道というのは、むずかしいのではないかと個人的には考えています。

それでも、すべてのメディアを見れば、自分はどこかに当てはまっていて、自分はどこかでちゃんと意見が言えるし、自分たちの利益を代弁してくれるメディアがあると思える。これが大事だと思います。金太郎飴のようにどのメディアも同じ、というより、多様なメディアがあることが。だから同じネタを競争するよりも、個々の問題を見つけて報道することがとても大事になってくる。自分たちの媒体を代表する読者を見据えた報道をする一方で、反対の見方も伝えるというのは、一つのあり方なのかなと思うんですよね。

小島 高齢者が読みたがる記事を扱うだけではなくて、高齢者が知らないであろうことを、高齢者にわかるやり方で示すとかね。

浜田 そうです。若い人って今こういう生活なんですよとか、共働きのあなたの娘さん、こういうことで悩んでるんですよ、ということを親世代に伝える。視点が定まると、全然ものの見方が変わるので。

小島 そうですね。メディアの役割は、分断に橋をかけることだと思います。全員に納得してもらうものを書くのではなくて、分断の一方に働きかけて、その人たちが自分とは違う人たちを理解するための手助けをする。でまたもう一方にはその人たちにわかるやり方で「あっち側」の話をする……その繰り返しで相互理解が深まるための手助けをすることじゃないかと思うんです。それを、複数のメディアがそれぞれの持ち場でやればいい。全員が朝刊を読んでいるという世の中じゃないですからね。

浜田　私は読者との「壁打ち」という言い方を『アエラ』のときからしてますが、記事を出して、読者の反応を見て、次の手をどんどん考えていく。『アエラ』のときは、自分がこういう人に読んでもらいたいという人とお昼を食べたりお茶を飲んだりしながら、自分たちの記事がその人に通じているのかどうか確かめ、さらにその人たちが何を考えてるかということを、深く知ろうとしていました。その人はたった一人かもしれないけど、氷山の一角のようにその下に同じような考え方の人が大勢いる。そのたった一人の人が、どういう生活をして、何に困っているかということを一生懸命考えて記事を作ってねと編集部には言ってました。それは今も同じです。

小島　少ないサンプルでも、リアルな実感は大事ということですね。それを対話で確かめる。

浜田　でも新聞社とか通信社から来た人は、どうしても記事の出し方がプロダクトアウト型になりがち。読者が何を求めているかを考えて作るのがマーケットイン型。雑誌はマーケットイン型。すぐに売上げが数字として出るので、どのぐらい読まれたのか、読まれなかったのかということに常にさらされている。今この記事を出した場合、本当に読まれるのか、政治や海外情報のような読まれにくい、でも大事なニュースはどうやったら読まれるかということを常に考えるわけです。新聞社の人は、それが苦手ですね。ニュースを出す側のほうばかり気にしている。ニュースの価値って読者が決めるものだと思うのです。

必要とされる記事を出す

浜田 たとえば、この夏は異常な猛暑でした。なので、猛暑の記事はすごく読まれました。うちは経済メディアなので、最初は猛暑を取材するのに出遅れたんです。しかし、社内のあるママ社員から、自分の子どもが通う小学校に、登下校中に水筒の水を飲んじゃいけないという変なルールがあって困っている。それをなんとか記事にしてくれないかと言われたんです。

小島 意味不明ですね。熱中症になりそうで心配です。

浜田 これはひどいよねとなって、子どもを持つ母親たちに、学校の変なルールを聞いてみた。すると、どんなに暑くても外遊びをしなければならないとか、おかしなルールがたくさんあり、そもそもなぜこんな不思議なルールが学校にあるのか、というふうに広げていきました。その記事はヤフーニュースのアクセスランキングで一位になりました。新聞やテレビでも猛暑のニュースはやってましたが、たった一人の話から普遍的な話につなげるのが、マスメディアは苦手だな、と感じます。新聞社内でこのお母さんの話を取材したいといったら、たった一人の話じゃないかと言われて終わり、だったかもしれません。

　なぜそうなるのか。社内の意思決定に時間がかかることも大きいと思います。この話の本質は何か、これがニュースなのか、報じるべきなのか、という議論に大勢の人のコンセンサスを得なくてはならない。だからこそ、私たちのような小回りの効くデジタルメディアの存在意義もあるとは思うんですが。

小島　#MeTooにしても、火がついたのはネットニュースからでした。このニュースをやるかやらないかのジャッジが速いので。

浜田　読まれる記事って文脈が見えてると思うんですよ。たとえば、世間の関心が猛暑に向いているときに、「こんなに暑いと熱中症が心配だな。自分や家族も気をつけないと」と感じている人が多いことがわかれば、水筒の話はニュースだと判断できる。従来の基準で決めると、事件しか記事にならない。熱中症で児童が亡くなったことを報じるのももちろん大事だけど、そのニュースから人々がどんなことを考えるかを想像して、人々の思考のフローにうまく乗るような形で情報を出すことが重要ですよね。記事にするかどうかを決めるスピードも大事ですし、肌感覚というか、生活実感がないとわからないと思います。

うちではエアコン格差という記事も報じました。自治体によって公立小中学校のエアコンの設置率に格差があるということは報じられていたのですが、その格差がどうして生まれるのか、『アエラ』から移籍してきた一人の女性記者が二日間でがーっと調べて書いたんです。新聞社の記者は地力があって、取材力もあるので、やろうと思ったらもっと速く、もっとおもしろい記事が出せるはず。どれだけ記者に裁量を与えるかだと思います。仕事のしかたとか、意思決定のあり方を変えるだけで、もっとタイムリーに読者の温度感にあったものが出せると思うんですよね。

メディアの体質を変えるには

浜田　伊藤詩織さんを例にとると、伊藤さんが記者会見をしたときに記事にするかどうか、新聞社はすごく世間の空気を読んだと思います。新聞社は何人かの編集長が日毎に交替する当番編集長という仕組みですが、当番編集長が自分の当番の日に、「こんな紙面を作りたい」と個性を出したり、「自分はこれがニュースだと思う」と決断できたら、もっと他のメディアと差別化できてオリジナルなおもしろいものができると思います。

小島　一人の視点が紙面に表情を作ると。

浜田　集団で物事を決めるということはいい面もあるけど、結局多数決になる。そうすると、少数の意見は通りにくい。前例踏襲の無難な選択をしがちです。たとえばジェンダー関連の問題が新聞ではなかなか記事になりにくい、という相談を各社の女性記者から受けました。男の人が多い組織で、みんなで話し合ったら、そりゃその問題は後回しにされますよ。だから、伊藤詩織さんのケースでも、もっと言えば「保育園落ちた日本死ね」のときも、最初は新聞の動きは鈍かった。

小島　女性幹部の少なさは課題ですよね。男性社会に適応したごく少数の女性を幹部にするのではなく、いろんな女性を幹部にすることが大事だと思うんです。つまり男性幹部にも優秀な人とそうでもない人などいろんな人がいるように、女性幹部にも幅があることが大事。やはり男女半々にしてほしいですね。

浜田　もちろんです。数だけ増やせばいいのか、という議論もありますが、でも、まずは変わるのは数を増やすことだと思っています。『アエラ』で私が編集長のときは、三〇人中二〇人が女性でした。そうすると、あきらかに女性は意見を言うようになるし、逆に少数派の男性は意見が言いにくい感じでした。男女同数ぐらいだったら、もっと双方意見が言いやすくなっただろうと反省してます。

当時はワーキングマザーが一〇人いたので、ワーキングマザーの意見が強くなりすぎないよう、私の立場としては独身の人が肩身が狭くならないように配慮しました。ワーキングマザー視点の企画が出てきたときには、「こういう企画が通っているけど、あなたたちどう思う？」というように。

安倍政権になり、「生めよ増やせよ」的な論調が強くなっていたからこそ、独身の人たちはどの職場でも肩身が狭い、というようなことを聞いていました。なので、「子なしハラスメント」という特集をやったり。いろいろな立場の人の意見を聞き、一つずつ企画にしていければいい。それが企画の多様性に繋がると思うんですよね。

メディアと働き方

小島　財務事務次官のセクハラ事件を機に、女性記者たちが長年の沈黙を破ってセクハラが常態化している職場はおかしいと声をあげ、連帯が広がったのは大きな変化だと思うんです。

だけど、そうして結成された「メディアで働く女性ネットワーク（Ｗ・ｉ・ＭＮ）」が匿名でしか団体を作れなかったように、会社に目をつけられたり、世間からの攻撃にさらされる不安はまだとても大きい。「声あげ損」みたいなところはあると思うんですよね。アメリカでは大手テレビネットワークＣＢＳのＣＥＯがセクハラ疑惑で辞任に追い込まれました。メディアの世界が男性優位であることはどこも同じで、セクハラが見過ごされてきたのではないかと思うんです。二四時間切れ目なく情報を出し続けなくてはならない業界では、過酷な働き方ができる人材しか生き残れない。女性を増やすにはまず、どうやったら人間的な働き方ができるかを考えなくてはならないですよね。

浜田 女性はキャリアの途中で結婚するかしないか、出産するかしないか、の問題に直面します。どちらを選んでも個人の自由ですが、結婚・出産をする人も増えてきているので、時間的なハンディは生まれます。でも、それをハンディにさせない仕組みが必要なんだと思います。

先ほどの話に戻りますが、いまはまだ夜討ち朝駆けができない記者は「二線級」だと見なされがちです。そうなると、社内でも発言権がなくなる。発言権がなくなったら、自分の企画が通りにくくなる。

まずはニュースに多様性を持たせ、読者から反響が大きいテーマはなんだろうと考えることも男性優位な組織を考え直す第一歩だと思うんです。単にＰＶだけでもなく、「抜いた抜かれた」というだけでもない記事の価値を認める。読者からのお手紙の数でもいい、それも一つの価値だと認めたらいいと思います。

新聞社には記事に対する表彰があるんですが、調査報道のような特ダネは選ばれやすい。もう少し違う評価軸を作るだけで、社内は変わる。短時間で働いても結果が出せれば、そういう働き方もありなんだと、男性もそんな働き方が選べるようになる。男性でも育児休業を取る人が出てきましたからね。

小島 病気を抱えながら働いてる方もいる。介護する人も今後は増えますよね。

浜田 朝日新聞社では一七時、一八時に帰ることを制限勤務って言うんですが、この時間って普通の会社の定時です。定時まで働いて宿直や残業、夜回りができないだけでそう言われ、昇進も遅くなるのでは、モチベーションに関わります。確かに泊まりと夜討ち朝駆けができないと、ほかの人のシフトが厳しくなる。むしろ、一八時までの勤務をベースにして、宿直や夜回りをした人にプラスをあげればいいのでは、と思います。定時の中でやったことを一〇〇%と考えれば、罪悪感をもつことはなくなると思うんですけどね。

小島 なるほど。

浜田 働き方を変えることによってニュースの価値も変わってくるし、評価も変わってくると思うんですよ。

小島 私は東京大学大学院情報学環の林香里教授のもとでメディアの表現と多様性について考える研究会に参加しているのですが、表現と働き方の問題をテーマにしたシンポジウムを開いて現場の人の話を聞きました。そこで見えてきたのは、偏ったジェンダー表現や女性をモノ化するような表現で炎上するコンテンツの背景にあるのは、長時間労働が当たり前のホモソーシャルな職場でした。そうした職場で競争を続けているとどうしても視野が狭くなり、性差別的な視点にも無自覚になります。そういう社会で生きづらさを感じている女性や性的少数者の気持ちにも当然気づかないですよね。まずはいろいろな働き方を可能にして、多様な人材を集め、異なる生活実感を持つ人がアイディアを出し合って生かせるような環境を作ることが大事なんです。

浜田 ただ、一方で、従来のやり方のよいところも残さなければならないとも思います。

記者は本当に必要なときには、夜回りしてでも取材しなければならないのです。私の同期にボーン・上田記念国際記者賞という賞をとった、とても優れた記者がいます。ワシントン特派員や北京特派員時代に、「どうやって特ダネをとってるの?」と聞いたら、ひたすら会えるところで待つというんですよ。アメリカの政府高官を捕まえるのはすごくむずかしい。どこかで会合があると聞いたら、会合が行われるホテルの前で待って捕まえる。「朝日新聞です」と電話してもガシャッと切られたり、メールにも返事がこなかったりするので。

新聞社には、やるべきことがいくつかありますが、権力をチェックすることと、そこに隠されている真実を掘り起こすというのが一番大事な仕事だと思います。森友・加計問題のように首相周辺が情報を隠そうとしている場合に、それを表に出していくとか、米朝との交渉の中で本当に何が話されているのかということを明らかにしていく。そのときには強い足腰が要求されると思います。それを培うのは毎日のように飲み会に行くことではない。この人に真実を話させるまで諦めないみたいな姿勢は、やっぱり大事なんですよね。

若い時代にサツ回りからやらせるのは、捜査情報って一番取りにくい情報だからだと思うんです。警察官は基本的には漏らさない。一番漏らさない人たちに最初に対峙させられると、情報取るのは大変だと学びます。信頼関係を結ぶのは大変なんだと。遺族の取材も非常にむずかしい。そういう経験を積んで精神的に鍛えられていく。この経験には一定の効果はあると思います。

何がセクハラを生むのか

小島 女性記者に対するセクハラでは、とくに警察関係者が酷いと聞きました。なぜでしょう。

浜田 彼ら自身が権力の中で、抑圧されているからじゃないですか。だから誰かに対して同じことをやる。警察組織自体が、男尊女卑の組織で、セクハラは新聞記者相手だけではない可能性は大きい。婦人警官や犯罪被害者に対してもハラスメントの意識が薄いとしたら、こわい。

警察官の多くが、セクシャルハラスメントに対して基本的に無知なのでは、と感じます。メディアが警察のセクハラを告発するということには、自分たちを守るだけじゃなくて、警察官の女性全体に対する考え方を改めてほしいという意味もあります。

小島　その体質を変えるいい方法はないのでしょうか。

浜田　今は、セクハラした人が、たまたま変な人だったという、個人の属性に落とし込まれることが多い。本当にそうなのかという検証はされてないですよね。

セクハラ罪を作ったほうがいいという声もあります。セクハラが犯罪であると認定された途端に、警察や官僚には効果はあると思います。遵法精神を叩き込まれるから。今はまだ、セクハラが飲み会の芸の延長みたいなもので、犯罪ではないと思い込んでいる。「これは犯罪です」とはっきり言われれば、ある種の人たちは変わると思う。

小島　警察は逮捕とか取り調べとか強い権力を持っていますよね。

浜田　さらにそこでポジションにある人は、権力の上に権力を持つわけだから権力が集中しやすい。そこに対して無自覚な人が多いような気がします。権力を握っている人自身も組織の一員という意識が強くて、自分が権力者だと思っていない。〝ザ・権力〟みたいな人なら、自覚的に権力を使うことで自分に都合のいいことをやるかもしれない。で、むしろ無自覚な人のほうが、自分の言動がこんなに影響があるんだということを知らないからこそ、ハラスメントを助長する方向にいってしまうかもしれない。

小島　警察関係者だけではなく、何らかの決定権を持つ立場にある人は、相手と対等ではないことを自覚する必要があるということですね。自分にそのつもりがなくとも、立場上相手がNOと言えない状況であれば、自らの言動が相手に脅威を与えることがあると知っておくべきです。テレビの世界だと、キャスティングをする権限のあるプロデューサーなどはそういう立場にあると言えますね。立場を利用している権力者もいるでしょう。アメリカの映画プロデューサー、ワインスタイン氏のセクハラ事件は典型です。

自分がパワハラをするかもしれない

浜田 二〇代、私はいわゆるセクハラを受けてきたと思うんですが、年齢を重ねると受けるのがセクハラからパワハラに変わってきた感じがします。たとえば「このやり方はどう見てもおかしいんじゃないか」と意見を言うと、「そういうことをこの場で言うもんじゃない」「おまえ、あんなところであいうことを言うべきじゃない」と叱責される。パワハラとは違うかもしれませんが、自分のポジションが上がると、男性からの「当たり」がきつくなったと感じました。つまり出世の競争相手になるわけです。さらに、出世したいなら、「男村のルールに従うのかどうか」を常に試されていた感じがします。

一方で、私自身も一度だけみんなの前で編集部員に注意したら、「パワハラではないか」と指摘されたことがありました。私から見たら絶対やってはいけなかったことをその部員はやっていたので、みんなの前で叱責しました。編集部全体にも知ってもらいたかったから。それでも、受け止めた側は違った。それ以来、なぜあなたに私が注意をしてるのかということを感情的にならずロジカルに話すようにとても注意しています。

小島 ハラスメントはされたほうの主観なので「そのつもりはなかった」と言っても「いえ、私はハラスメントだと思っていますと平行線ですよね。セクハラでは被害者として「そのつもりがなくてもセクハラはセクハラだ」と怒っている女性でも、自分が部下や後輩からパワハラだと言われると「そんなつもりないのに」と戸惑ってしまう。

浜田 パワハラのほうがより複雑です。状況によっても相手によっても違う。常に自分で自分に問いかけることが必要ですね。

小島 権力を持つ立場の人が、弱い立場の人に不利益を与えたり脅威を与えたり暴力を振るったり、人格を否定するような言動をするのはパワハラになります。客観的に見てどうであるかも大事ですね。

浜田 先ほどの私の「パワハラ疑惑」の際には、私は上司から注意を受けました。私が特定の人を追い落としたいとか、その人に個人的にイライラしているとかではない。本来注意すべきことと別の感情が入っていないかどうか、そこに尽きると思います。それからは、怒る前に、きちんと自分の頭の中で考えて怒るようにしています。

小島 私もケアレスミスを繰り返す若い人に注意をしたところ、小島さんのときだけ緊張してミスをするのですと言われたことがあります。そうか、うんと年上のタレントというだけで相手は緊張するんだよな、と自覚しました。でも、同じように注意しても問題ない人もいるので、むずかしいです。

浜田 相性はありますよね。一対一で伝えるか、みんなの前で言うかもケースバイケース。ミスを怒るときは、なんで怒ったのか、何がだめだったのか、必ず説明します。あと、二日後ぐらいにご飯に誘う、フォローはする（笑）。

男性と女性の両方の副編集長を見てると、比較的女性のほうがコミュニケーションが細やかなのはたしかなんです。少し話は飛躍しますが、そういう意味でも、これからの時代のマネージャーや管理職には、女性が向いてると私は思っています。俺についてこい、みたいなやり方ではなくて、一人一人バラバラの意見をどうまとめるかという能力が、これからの管理職に必要だと思う。そういう調整能力は女性のほうが高いんですね。

小島　『アエラ』のとき、ある部員から「浜田さん、あのデスクとは組みたくない」って言われたんです。「え、なんで？」と聞いたら、「勝手に文章を直すんです」と。でも、新聞ではデスクが直すのは当たり前で、なぜ直したかまで説明しない人もいます。これからの時代はそういうやり方はもう通用しないと思う。ちゃんと説明して納得してもらう。それが大事なんだと思います。「黙って、俺の言う通りにやってろ」はもう通用しない。

浜田　「とにかく上の言うことは絶対」というやり方ではダメ。

小島　そう。だから「なぜですか」と聞かれたときに、きちんと言葉で説明しなければいけないし、納得して働きたいのは当たり前。成長したい気持ちの裏返しなんですから。自分で納得できたら彼らは成長する。わけもわからず怒られ、わけもわからず行けって言われたら、成長しないじゃないですか。今の二〇代はより成長意欲が強いので、仕事に納得感を求めたい人は、メディアに限らず増えてると思う。

小島　それを「話の通じないやつだ」と言ってる側が滅びていくんですね。

セクハラに対する意識を変えていく

小島 財務事務次官のセクハラの件では、霞が関とメディアのセクハラに対する意識は、先進的な国から四〇年遅れているという指摘もありました。

浜田 今回のテレ朝の記者の告発の意味は大きかったと思います。あの告発で霞が関の管理職は、セクハラ防止研修が義務付けられました。もちろん、研修一回ぐらいでは変わらないです。それでも、同じことをやったら告発されると誰もが気がついた。抑止力にもなる。もしかしたら一定の人は、女はめんどくさいってなるかもしれないけれども、しぶしぶでも、信頼関係を作るということをやり出すと思うんですよ。

セクハラに関しては、霞が関だけじゃなくて地方の役所、警察がひどいので、そこで被害にあったとき泣き寝入りしないことが大事だと思います。地方紙や地方のテレビ局でも、セクハラに対して告発していく。それは本人じゃなくて、その上司、会社が組織としてきちんとその社員を守りながら言っていく。要は、まだセクハラが何かということに無知な状態だと思うので、一つ一つ事例をあげていくしかないと思います。

小島 麻生大臣の「セクハラ罪という罪はない」という発言が批判されました。確かに、法的には性暴力は犯罪ですが、セクハラは犯罪行為ではない。罪でなければやってもいいという発想が大問題です。人権意識の低さに驚きました。おそらく財務事務次官も自分の言動が女性の尊厳を貶めているとはつゆほども思っていなかったでしょう。情報がほしくて寄ってくるのだから、何を言ってもいいだろうという気持ちがあったはずです。それもやはり、肩書き、立場がすべてという発想ですよね。立場が上なら何をしてもいいという誤解です。

浜田 セクハラとかパワハラが起こりやすい組織は、ヒエラルキーが厳しいと言いましたが、たとえば役所だと何期入社、何期生って言いますよね。新聞社も同じで、新人社員を一年生と言うんですよ。上の者は下に対して命令をする、軍隊と同じように下は上には逆らえない。だからハラスメント教育をするだけじゃなく、組織のコミュニケーションのあり方とか、そういうことを変えていかなくちゃいけない。

今、私がいる編集部は一四人が所属していますが、コミュニケーションでSlackというアプリを使ってるんですよ。このアプリの力は大きくて、フラットなコミュニケーションが生まれるんですね。

小島 Slack、最近よく聞きますね。

浜田 ビジネス・チャット・ツールなんですけど、編集部のスレッドでは、「今日は家で仕事します」とか「うちの夫が……」みたいな、結構プライベートなこともあげている。「夫の田舎に帰ったんだけど、姑と話して超つらい」と書く人もいれば、「昨日これが読まれてよかったね」と書き込む人もいる。しかも絵文字を多用。祝いごとがあれば、みんなが花火をバーンとあげてくる。Slackはベンチャーや自由な職場で広まっている。「きのうのPVこうでした」「これやっといてね」「台風どう?」、これがすべてフラットに対等に可視化されていく。「明日までに原稿出せます」とかも、ここに全部書き込む。「猛暑のときにうちの夫がエアコンつけすぎて風邪を引いて、この夫婦格差」「あ、それどこの家にもありますね」と書き込んだところから、ネタが生まれるとか。

とにかく、ものを言いやすい。ここでは家族の悩みも話すし、うまくいってない企画のことも話す。その中から企画が生まれる。

私がたまたまニューヨークに出張に行っているときに、熊本の市議会に赤ちゃんを連れて入った市議がいて、賛否両論が巻き起こった。「ばかばかしいよね、あのオヤジたち」みたいなことを誰かがＳｌａｃｋに書き込んだら、みんなが自分の意見を長々と書き始めたんですよ。

そのとき、ブルームバーグ（アメリカの経済・金融の情報配信会社）から移籍してきた男性副編集長（当時）は、「ブルームバーグは夏休みになると、みんな子どもを会社に連れてくるから、アメリカでは子連れは当たり前」と書き、二〇代の男子は、「こんなことで反対する人のいる日本はダサイ」。新聞社にいた女性記者は、「私は、子どもを育てながら働くのがとても大変だったので中国に留学に行った」と書いた。このやりとりがとても面白かったので、そのまま記事にしたこともあります。

みんな考え方が違って、それを言える組織があるところから、ニュースとは何だろうという基本的な問いがあるといいなと思います。この人にとってのニュースとこの人にとってのニュースの違いは、コミュニケーションしてみるしかない。で、そのためにビジネス・

チャット・ツールが、すごくいいなと私は思う。

小島 霞が関でも若い人は省庁の壁を越えて勉強会をやったりしていますよね。私と同い年ぐらいの世代の官僚にも、このままではいけないと思ってる人たちがいます。公務員の副業も解禁されました。ソーシャルセクターでプロボノで活動している官僚もいますし、「外の空気」に触れる機会が増えれば、古い価値観が変わっていくかもしれません。

浜田 世界を知るとか。

小島 実際、私はソーシャルセクターの人と知り合って世界が広がったし、全然違う立場の人が集まってフラットな関係で何かを作っていくということを初めて体験したんですよね。

浜田 以前は財務省の次の予算の概算要求は防衛費が何%伸びるみたいなことが特ダネだったと思うんです。だけど、今みんなが知りたいのは、若い官僚の人って何を考えているんだろうということかもしれない。こちらのほうが実は特ダネなのかも。こんなおもしろい官僚の人がいるよ、というほうがニュースだったりする。

小島 やる気のある優秀な官僚は応援したいですよね。メディアの表現もそうですが、いいものはどんどん褒めて、ひどいものはきちんと批判することが、これまでの「当たり前」を変えるんじゃないでしょうか。

いじめが起きない
ご機嫌な社会へ

評論家
荻上チキ
CHIKI OGIUE

一九八一年生まれ。元『シノドス』編集長。NPO法人ストップいじめ！ナビ代表理事。ラジオ番組『荻上チキSession－22』（TBSラジオ）パーソナリティ。同番組にて、二〇一五年度、二〇一六年度とギャラクシー賞を連続受賞。著書に『いじめを生む教室』（PHP新書）、『日本の大問題』（ダイヤモンド社）、『ブラック校則』（内田良との共著、東洋館出版社）、『現代語訳　近代日本を形作った22の言葉』（片山杜秀との共著、朝日新聞出版）など多数。

なぜいじめ問題にかかわるのか

小島　チキさんは、『いじめを生む教室――子どもを守るために知っておきたいデータと知識』（PHP新書）を書いたり、「ストップいじめ！ナビ」のNPOの代表理事もなさっています。いじめやハラスメントに関心を持ったきっかけはなんですか。

荻上　自分がいじめの被害、ハラスメントの被害にあったということが少なからずあると思います。まずは、そうした経験について、言葉を獲得して説明したかった。で、その次に同じような経験をする人を減らしたいとなっていきました。

小島　いじめられていたのは？

荻上　小学校三年から中学校二年ぐらいですね。

小島　長かったですね。一貫校だったんですか？

荻上　小学校と中学校は別ですが、いじめられやすいタイプだったんですね。
　社交性が低くて、運動神経が鈍くて、学年で三番目ぐらいに太っていて、母親に切ってもらっていたからおもしろい髪形をしてました。そういうのはきっかけでしょうね。とにかくみんなとカルチャーがぜんぜんあわなかった。おしゃれに興味がない。流行りの歌も歌えない。九〇年代ですから、Ｊポップやドラマが隆盛を誇っていました。自分はどちらかというと映画やゲームが好きだったので、カルチャーギャップが大きかったですね。

小島 どうやってサバイブしたのですか？

荻上 僕は感情を翌日に持ち越さないタイプだったので、ある日いじめられても翌日仲良くしてくれればそれでリセットみたいな感じだったんです。

小島 引きずらない。強いですね。

荻上 当時、引きずられずにすんだのは、たぶん学校というものに帰属意識が強くなかったからです。僕は転校してきているということと、習い事をやたらとさせる母親だったので、放課後に、ボーイスカウト、塾、プール、スケート教室、テニス、絵画とかピアノ教室などなど、何かしらのスケジュールがある。そして、自分が好きなのは、映画やゲームだったので、放課後のほうが自分の人生にとってはメインの時間という感じだったんですよ。だから学校でどんなにネガティブになったとしても、学校以外のところで楽しみとか希望があった。

小島 リアルな居場所として、家庭や習い事は安らげる場所だったんですか。

荻上 子どものストレスには、家庭ストレスと学校ストレスがあって、家庭を第一の場、学校を第二の場として、第三の場が重要であると本にも書いたのですが、僕にとっては、習い事より、ゲームとかマンガとか一人でいる時間のほうが安らげる場所でした。イマジナリーな第三の場所みたいなものを作ってやりすごしてましたね。

小島 いじめにはコミュニケーション操作系のいじめ（ものを隠す、嫌なあだ名をつける、噂話を流す、無視するなど）と、暴力系のいじめ（殴る、蹴る、性暴力を行う、恐喝をする）の二つがあるとご著書にありますね。ご自身は、どんないじめを受けていたのですか。

荻上 両方でした。小学校のときは暴力系が一定の程度ありましたが、ずーっとコミュニケーション系のいじめでターゲットにされました。小学校三、四年生の頃のあだ名が「貧乏神」で、五、六年生はただ単にクラスのほとんど全員からハブられているみたいな感じです。

　で、中学校一年生のときのあだ名が、「便器」です。トイレ掃除の当番を決めていくときにグー、パーでチーム分けして、役割を決めていく。一人余ったやつが便器掃除をすることになっていたのですが、みんなは示し合わせて、グーでもパーでもないものを出す。たとえば「グッド」サインとか「ファック」サインとかですね。で、僕一人がグーかパーか出すことになる。そして毎回便器の係にさせられて、掃除をしていると扉を閉められて、上から水をかけられ、さらに物をバンバン投げられて。で、ずっと便器掃除してるから便器好きなんだよな、じゃあ「便器」ってあだ名にしようって言われて、いじめのターゲットになっていました。

小島 酷いですね……。学校に行くのをやめようと思いませんでしたか。

荻上 今日は休もう、今日は仮病しようと思いました。でも、あとは、なんか学校燃えてくんないかなとか、他力本願な感じでした。

小島 辛かったでしょう。親は知っていましたか。

荻上　知ってました。

小島　何か行動してくれましたか。

荻上　先生に対して抗議をしたり、その子の親のところに行って話し合いをしたり、あとは現場を押さえて、「あんた、うちの子をいじめるのやめなさい」みたいなことはしてました。

小島　親の行動は、助けになりましたか。

荻上　それでよくなるわけではないので、それやられると、また明日からいじめられるなあ、というような感覚はありました。ただ、自分のことを思って、つまりいじめは最低だという感覚を共有して、あんたが悪いとは言わない、僕を追い詰めなかったという点では、まあ、ありがたかったと思います。

小島　先生はどうでしたか。

荻上　先生は、ほんとに対応しなかったですね。だから大学に至るまで、教師に信頼を抱いたという経験がほとんどない。小学四年生のときに、学級崩壊のような状況になりました。担任の教師が泣いて屋上に行ってしまったのを、女子を中心としてみんなで迎えに行こうとなったのですが、男子はボイコット。僕もいちおう先生を迎えに行きましたが、戻ってきたら僕の机だけ荒らされてました。先生はそれを見て見ぬふりをする。僕は場を収めるために、ささっと片付けよう、そんな感じでした。

小島　先生をケアしなくちゃいけなかったんだ。

荻上　そうですね。不安定というか、頼りはなかったので。

小島　いじめが止んだきっかけはなんだったんですか。

荻上　中二になってクラスの雰囲気がよくなったというのが一つですね。データ的には中二はいじめがピークアウトする時期でもあります。あとは二年生の担任とクラスのメンバーがたまたまいいマッチングだったんだと思います。クラスとして教室の雰囲気をよくしていこう、一定の連帯感と秩序を設けようとする感覚がありました。そして、三年生になると、みんな受験なのでそれどころじゃないという感じになってました。

小島　長い間いじめを経験すると、自己肯定感が低くなっちゃいますよね。

荻上　ああ、そうですね。自己肯定感はとにかく低いです。僕は学校後遺症というふうに言っています。僕はその後遺症を三〇代半ばになっても変わらず背負い続けてるなあと感じます。

小島　たとえばどんなところですか。

荻上　人付き合いがへたくそだとか、自己肯定感が低いがゆえに人間に対する信頼と不信のギャップが極端で、そのことによって疲れてしまう。あと学校で強制されていたものは、ネガティブなイメージのまま嫌いだと思っていることが多いですね。食わず嫌いみたいなもんです。たとえば運動が楽しいと思ったのは、成人してからです。そういうものがいくつかあります。

自分の問題から世の中の問題へ

小島 ご自身の経験を、社会問題としてとらえようと思ったのはいつ頃でしたか。

荻上 大学生になって思想､社会科学系の本を読んでいくうちに､「学校」が一つの大きな研究テーマだとわかりました。社会学者などが、学校をどうすればよりよくできるか議論もされていた。あ、理論に基づいて、いじめって語ることができるんだと気づいていった。

小島 知ることは、癒しでもあると書いていらっしゃいますね。

荻上 はい。森田洋司さんの『日本のいじめ』や『いじめの国際比較研究』(金子書房)などのいじめに関するいくつかの数字を見て、データも最低限はあるんだと知りました。内藤朝雄『いじめの社会理論』(柏書房)も読みやすかったですね。その後だんだんと、自分がいろいろ読んでいく中で得た情報をまとめて言葉にしていくことが、人の役に立つんだなと思うようになりました。そして評論家である自分がかかわることでいじめに対する言説を広げていったり、NPOを作ることで具体的に現場とかかわったり、メディア関係者たちを啓発していくという役割ができるかなと思って。

小島 いじめは子どもの問題と思われがちですけれども、構造自体は、職場までずっと続いている。チキさんが本の中で紹介しているIPS秩序が示すように、集団の同調圧力が個人の行動を操作し、それが内面化して、さらに同調圧力を強化していく。一種の連鎖ですね。日本の社会全体がいじめを生む構造になっていて、職場いじめやハラスメントが横行している。それが今まではまったく言語化されてきませんでした。ここへ来て、ようやく一つの問題として意識されるようになった気がします。

『いじめを生む教室』に載っているグラフや数字は、誰にでもわかりやすいものでした。こうやって数字を出すと、実態を具体的に把握することができます。

荻上 そうですね。理論と数字、どちらも大事ですよね。ハラスメントって概念が登場したことで、自分たちのことを言葉にすることができて、そうした概念があるからこそ、その概念に基づいた被害実態を統計でとって、これだけの状態がありますよということを見せていくことができる。

八〇年代以前のいじめのデータはないんです。いじめの概念を社会問題として共有しておらず、データをとろうということにもなってなかった。いじめは、あって当たり前だというふうにされていたからです。八〇年代に入って、ようやく国がデータをとろうという姿勢は見せるようになった。中身はボロボロなんですけど、議論は可能になったわけです。だから概念を発明することと、それに付随してデータをとること、そのデータなどに基づき政策提言していくというのは、必要なことだと思いますね。

環境がいじめを作る

小島 これまでは、いじめをなくすには、道徳教育で個人の心がけを正すのが重要とされてきましたよね。いじめは悪いことです！　と言って聞かせるとか。チキさんはそうではなく、環境に注目した。どんな教室がいじめを生むのかをデータで明らかにし、いじめが起きやすい教室を「不機嫌な教室」、起きにくい教室を「ご機嫌な教室」と呼んでいます。不機嫌な教室とはストレスの高い教室。子どもたちはどんなストレスを抱えているんでしょうか。

荻上　大津市中二いじめ（二〇一一年一〇月滋賀県大津市の中学二年生の生徒がいじめを苦に自ら命をたった事件）の調査で僕が行ったのが、子どものストレスの状況といじめ被害、加害の相関をとるということです。端的にいうとストレスが多いほどいじめ加害に加わりやすい。そのストレス中身は、大きく分けて、学校ストレスと家庭ストレスがあります。学校ストレスは、授業についていけない、学校で楽しい時間がないなどで、そういう環境にいると、本人の発散欲求がすごく高まります。学校空間はストレスを発散する手段がことごとく許されていない空間です。持ち込みは何もかも禁止、飲食も禁止。

小島　いまは、休み時間にほかのクラスの教室に行くのもだめなんですね。

荻上　学校によるのですが、昔より厳しくなっています。たとえば隣のクラスの教室に行っても、部屋に入っちゃいけないとか、あるいはほかの学年の階に行ってはいけないとか、いろいろです。

小島　ええー。なんで？

荻上　なんでかというと、たとえば盗難など何かあったときに生徒を疑いたくないからだそうです。もう既に全員を疑っていることになりますけど（笑）。トラブルを未然に防ぐために、トラブルの要因になりそうなものをすべて排除していく。そうした結果、ストレス発散のきっかけや方法というものも排除してしまった。

そうするとアンガーマネジメント（感情のコントロールの方法）やコーピング（対処行動）というようなことを、子どもの頃から教わることはむずかしくなりますよね。たとえばキャラクター鉛筆やキャラクター筆箱はただ禁止されるのですが、僕はマーベル・コミックが好きで、スパイダーマンのグッズ、ハンドタオルを持っているだけで安心します。でも、そういうことが許されないと、自分なりのストレス対処法を身につけることすらできない。

どんどん自分らしさというものを失っていって、ある尺度の中で人と比べられる。そうすると特定の尺度にあてはまるやつが勝つわけですよ。運動部のやつとか。俺はこっちでは勝ってると言いたいのに、それは許されない。そういうような形でストレスがむしろ溜まってしまう方向に行ってしまう。過度に厳しい校則やルールがストレスを増やし、ストレス発散手段をも減らしというようなことになってしまっているので、そうなるといじめという手段に行きつく。あるいは友だちとのコミュニケーションの中でも、意見があわない人と不必要にぶつかるというケースが増える。

小島 なるほどー。校則で縛ると、逃げ場が極端に少なくなるわけですね。勉強か運動が得意でない限りは、安住できない。あとは人間関係をコントロールして強者になるしかない。逃げ場のない人間関係は、いじめを生みやすいんですね。

荻上　大学になるといじめがガクッと減るんですが、大学って友人関係を強制されない空間だからなんです。授業も選択制だし、サークルを出たり入ったりできる。授業中に飲みものを飲んでもかまわないし、自由が許されてますよね。さすがに職場でも飲食は自由じゃないですか。工場での仕事など、仕事内容や職種にもよるでしょうが、学校に比べて自由度は高いですよね。ストレス発散の手段は、いろいろあるわけです。それでもハラスメントは生まれますが。

学校で教えられること

小島　いじめは心の問題だと言っている限り、効果的な対策は打てないですね。

荻上　心のせいにするのって、最後の拠り所なんですよね。同じような危機的状況に置かれていても、人を襲わないとか、ものを盗まないとか、そういったことを貫ける人はいるかもしれませんが、多くの人はやっぱり貧すれば鈍す。ある状況で犯罪に走ることは、いたしかたないことだったりします。真っ先に道徳というものを頼りにして、環境を改善しない状況が続くと、竹槍戦法になってしまう。

小島　環境に着目すれば打てる手はあるのに、国がいじめを道徳教育で解決しようとするのは、もしかしたら環境改善のためのコストをかけたくないからなのかも。あくまでも個人の心がけの問題にして、各人で何とかしてよ、と。

荻上 児童虐待の問題、育児ストレスの問題も、構造はぜんぶ同じです。ストレスを生む環境を見直すことなく、だめな母親だからと、個人に責任を押しつけてしまう。そうなる前に原因はいろいろあるはずです。子育てするときにまわりのサポートが得られないとか、貧困であるとか。ストレスの要因はバラバラです。要因を取り除けば、それでご機嫌になったりするわけじゃないですか。

小島 学校でも「いじめは悪いことですよ」と教えるだけではなく、「いじめはなぜ起きるのか、どうしたら防げるか」を具体的に考える機会を作ってほしいですね。

荻上 あとは、いじめにあった際にはどういうふうに身を守ればいいのかということを教える。被害にあったときの身の守り方を学ぶことは、加害にまわらないようにするためでもあります。たとえば性暴力などにおいても、性暴力の被害にあうってどういうことなのかということを想像して、それにあったときにどうすればいいのかを学ぶことは、被害にあった人たちにの体験をトレースすることになるので、加害行為への抑止にもなると言われているんです。だから性教育というのはとても大事なんです。そうした様々な具体的知識とノウハウを共有することが実は何かあったときの対策にもつながると同時に、何かあってはいけないんだということをちゃんと想像できるようにするんですね。

小島 いじめっ子を排除するのも根本的な解決にはならないですね。いじめを生む環境自体が変わらないと、いじめは繰り返し発生するでしょうから。

荻上 非行研究の中に「漂流理論」という概念があります。なんで漂流というかというと、非行少年は完全に悪に染まるものではなく、善悪の価値観の中を漂流していると考えるものです。で、漂流しているのは、人にとってかなり居心地が悪いので、人はそのとき持つ罪悪感を中和する。その「中和の技術」が大きく五つあります。「責任の回避」「危害の否定」「被害者の否定」「非難者への非難」「高度の忠誠への訴え」です。

たとえば、「いじめなければ自分がいじめられるから」（「責任の回避」）、「話さないだけで無視しているわけじゃない」（「危害の否定」）、「この子がずるい子だから仲間外れにしているだけだ」（「被害者の否定」）、「誰だってやっているから」（「非難者への非難」）、「みんなでいじめようと決めたから」（「高度の忠誠への訴え」）などです。いじめをする側はこういう理論で、自分のいじめを正当化しようとする。でも、逆に言ったら、こういった言葉で自分を正当化しようとしていたら、それはいけないことなんだと、自問自答できる。

いじめに対する思い込み

小島 いじめは、以前よりひどくなっているんですか？

荻上 いじめが増えているという根拠はないですね。ここ三〇年ぐらいのデータを見ても、特に急増しているということはない。ただ、いじめ報道は増えています。そもそも、昔はいじめ報道がなかった。一方で多くの人たちがいじめはこうだったというイメージはもっていて、身近なものなんです。身近で起きていた日常的ないじめと、テレビで報じられるえげつないいじめとを比べて、昔はあんないじめはなかったと言ってるんです。でも、昔でもどこかでは似たようなものはあったはずです。

小島 たまたま目に入らなかっただけだと。

荻上 はい。ひどいいじめがテレビで共有されることによって、センセーショナルに社会が変わったというふうにイメージを形成して、なんとかしなくてはと憤りを覚えた人たちがあてずっぽうで政策を提言していくというのが、ここしばらく起きていることなんです。

小島 最近はネットいじめが注目されていますね。

荻上 ネットいじめは、いじめ全体を増やすほどの件数ではありません。ネットいじめは、先ほど話に出た暴力系、コミュニケーション系でいうと、コミュニケーション系のレパートリーの一つなので、たとえばメモをまわすとか、イヤなあだ名をつけるとか、無視するとか、そうした類の一つです。

もともと学校空間の中でコミュニケーションのトラブルがあって、そこからネットいじめが発生している。リアルな空間では笑顔でにこにこ話していて、家に帰るとネットいじめして、また翌日、おはようと言って普通に会話するみたいなことって通常ないんですよ。リアルないじめの延長にネットいじめがある。そう考えると、ネットそのものの問題というよりは、ネットいじめにつながるような学校の教室空間を改善しなくてはいけないというのが前提です。

加えてそのネットいじめというものは、ほかのいじめと比べてはるかに証拠が残りやすい。むしろ対応策さえ知れば、決定的証拠として改善をうながすということはできる。ネットいじめばかりに焦点を当てていたここ一〇年くらいの報道は、ちょっと流行りものに乗りすぎていて、社会問題を解決するための議論にはなっていなかったなという感じがしますね。

小島 チキさんは自分のことをいじめられやすいタイプと言っていましたが、いじめをしやすい人、されやすい人というのは、データからわかるのですか？

荻上 だいたいの人はいじめを一度は経験します。小学校四年から中学校三年の六年間の中でいじめを経験する人は九割以上というデータがあります。多くの人たちは条件に関係なく、その教室にいるというだけでいじめに巻き込まれる。学校に通ってる時点で一定のいじめの被害にあうということなので、個人属性で語るということは、まず前提を整えてからにしなくてはいけないわけです。でも、その前提をいろいろ整えたうえで、それでもいじめを行いやすい人、受けやすい人はいます。

まずいじめを行いやすい人は、ソーシャルスキルが高くて、でも、学力的にはけっして高いわけではないと指摘できます。その中で学力が高い場合には、コミュニケーション系に走り、低い場合は暴力系に走りやすい。つまりソーシャルスキルが高くて、友だちを作りやすくて、特定の空気を作りやすい人は、いじめのリーダーになりやすく、家庭が経済的に貧しくて、社会的なムーブメントとか流行に疎くて、コミュニケーション能力が低いと、相対的にいじめの被害にあいやすい。また、発達障害、セクシャル・マイノリティ当事者は、被害にあいやすいとされています。

いじめを減らす具体策と根深い全体主義

小島 具体的にどのように環境を変えれば、被害が減るのでしょう。

荻上 教室でならば、授業をわかりやすくしましょうとか、先生の数を増やしましょうとか、相談できるような状況を作りましょうとか、改善につなげていく方法はいくらでもあります。職場も同じことですが、机のレイアウトや照明器具を替えたり、業務報告のタイミングや連絡の手段を替えるだけで、関係性が変わっていきます。でもいじめ対策として環境を変えていくという発想にはまだなっていません。

学校の仕組みでいうと、僕が不思議に思うのは、人間の集中力は二〇分しかもたないのに、なんで授業は四〇分やっているんだろうということ。そろそろ変えてもいいのに。

朝食を食べると頭がよくなると言われていて、朝食を食べなさいというふうに食育基本法で訴えているんですが、朝食の給食制度改善には結びつかない。希望者だけでも学校で朝食を出したら、世の中のお父さんお母さんは、大喜びですよね。パン一個とミルク一本でいいですよ。おにぎり一個でも。それがだめなら持ち込ませてほしいけど、だめなんですよね。

小島 あくまでも家で朝食を食べなさいと。

荻上 そうですね。この国は同質性が高いことを前提としてシステムは作られてるので、各家庭はこれくらい教育支出をするべきだとか、貢献を強いてくる。それが前提です。GDP比で見ても、日本の国家予算の教育支出は稀に見る少なさ。一方で、各家庭からの拠出の割合が高いということになる。そして家庭格差がものすごく出やすい制度になってしまっている。で、各家庭が自助努力で何かしたいというと、今度は平等原則を持ち出して、違いは徹底的に認めない。

小島 人と違うことをしてはいけません、と学校で叩き込まれて育ったら、大人になって理不尽な目にあっても「これはおかしいから意見を言おう」とはならないですよね。

荻上 古い慣習のままで、ハラスメントを問題視する声もそんなにあがらない。子どもの頃から違和感を抱くということをちゃんと許す、それが原点だと思う。これはおかしいんじゃないかというふうに異を唱えるという感性を育むことがとても大事だと思うんです。本来、集団生活や民主主義を学ぶ場所は教室のはずです。

小島 そうですよね。

荻上 でも、そういうふうな状況にならず、むしろ全体主義の教室になってしまってるのが今の学校空間です。そこでは、違和感を抱くのではなくて、ひどい目にあったとしても何とか対処しようとか、ストレスに慣れようとか、そうした方法のみ習得して育ってしまう。

たとえば学校空間の中で性的マイノリティの人が性的いやがらせを同級生から受けたとします。それは差別であると指摘されなければ、差別を内面化することになってしまうし、様々な属性をもつ人をリスペクトしなさいということも学べない。
そうすると大人になってから、ある種成長しようというよりは適合しようという方向に行ってしまう。つまり過剰適応です。そのような心性を生んでしまう状況に今の学校がなっているのは、残念ですよね。

小島 過剰適応の一つの現れとして、冷笑的な態度があると思うんです。「これおかしいよね」と言う人をイタい人扱いする感じ。

荻上 和を乱すというような。

小島 そうそう、みっともないと嗤う感じですね。現状を追認しているだけなのに、あたかも自分は全体を俯瞰した上で事態を冷静に受け止めているかのような態度をとる。で、違和感を示す人や異なる提言をする人を「幼稚だなあ、もの知らずだなあ」と笑って優越感に浸るんです。一種の逃避行動だと思うんですが、逃げるのは本人の勝手でも、それが態度のモデルとして機能してしまうんですよね。ああ、ああしておけば攻撃されないぞ、って周囲が学習しちゃう。すると、いじめやハラスメントに対して「おかしい、やめろ」と言う人がいても「あんなこと言っちゃって」と放置されてしまう。そもそも学校という場所自体が、子どもが主体的であろうとすることに対して冷笑的な態度をとっていますよね。子どもらしくしていればいいのに、生意気なことを言って、と。本来は、主体的であろうとすることを励ます場でなくてはならないのに。

荻上 市民として、労働者として、セクシャリティの点でも、自分の生きたいように生きることができるのだと、そうしたことを身につけてもらうことが、いろんな不当なものに対する声のあげやすさというものを拡大していくためには必要なんだと思います。それを教えるのが学校であるはずです。

小島　「世界は広いから、ここだけが君の生きる場所ではないんだよ」と視野を広げてあげるのが大人の役目だと思う。環境と適正な距離で向き合う視点があれば、追い詰められずに済みますよね。

私は小学一年のときに海外の日本人学校で苛烈ないじめにあったんですけれども、いじめられていると、いじめっ子が強者に見えるんですよね。自分は自由を剝奪された弱者で、相手は好き勝手なことができる権力者に見える。で、二年生で別の国の日本人学校へ転校したら、いじめられなくなった。そのとき、すごい解放感だったんです。やっと自由を手にしたぞ、〝普通の子〟になれたぞと。で、あろうことか権力者の側に立ちたくなったんですよ。どんな自分にもなれるなら、強者になろうと、いじめに加担したんです。

クラスに一人、ターゲットにされている女の子がいたんですが、私はある日いじめっ子と一緒になって囃し立てて、どさくさ紛れに自分の理科のノートを彼女の机の中に入れたんです。それで「あたしのノートがこの子の机の中にあった」と騒いで、濡れ衣を着せたんです。でもすぐにバレて、今度は私がその場で集中砲火を浴びました。神様はいるなと思いましたね。

そのときの彼女の目は一生忘れられないです。あの眼差しに触れて、人の尊厳がなんであるかを知りました。本当に恥ずかしかった。
いじめられていると、いじめっ子が権力者に見えてしまうという心理は誰の中にもあるんじゃないかと思います。国との関係も同じで、暮らしはしんどいのに、強権的な為政者になぜか憧れてしまうことがあるのかもしれません。

荻上 今の体験には、自分をコントロールすることへの渇望と、コミュニケーションの渇望の両方があると思います。自分をコントロールしたいという欲求は、スポーツやゲームや様々なレクリエーションの中で達成感を味わえば満たされる。なにも、いじめに加担しなくてもいいんです。で、コミュニケーションの渇望も、いっしょにいじめるという行為で満たさなくても、友だちと何か交換をしたり、遊びに行ったり、約束を交わしたりできれば、それで解消されるものなんです。それが特定のモードにしか設定されていないことが問題です。つまりいじめという形でしか成就できない状況になってしまっている。なぜかというと先ほども述べたように、自由が極端に制限されているからなんです。教室の管理者、要は学校側の責任というのは大きい。

小島 なるほど、確かにそうですね。私が転入した二年生のクラスでは、いじめが常態化していました。ところが三年生でクラス替えをしたら、担任が替わりました。その先生は話しやすくて、子どもたちに対しておおらかであたたかい対応をする人でした。すると、いじめっ子はいたし、小競り合いはあったけど、二年生のときのような激烈ないじめは起きませんでした。私も仲良く一緒に遊べる友だちができました。いまチキさんがおっしゃったように、二年生で転入したときに私が渇望していたのは、自分の立場を自分で決めることや、クラスのみんなから仲間として認めてもらうことだったんですよね。それを最も手っ取り早く実現する方法が、日常的に行われている教室でのいじめに参加することだった。でも三年生になったら、平和的な人間関係の中でそれが成就したんです。それ以降、いじめの輪に加わりたいと思ったことはありません。

世の中の空気は変化している

小島　チキさんは『いじめを生む教室』とほぼ同じ時期に、教育社会学者の内田良さんと『ブラック校則――理不尽な苦しみの現実』（東洋館出版社）という本を出されました。いわゆるブラック校則と言われるような、理不尽な校則の問題にかかわるようになったきっかけはなんだったのですか。

荻上　二〇一七年に、校則で禁止されているからと赤味がかった髪の毛を黒髪に染めさせられた高校生が損害賠償を求めた裁判の報道がありました。その生徒の髪の色は生まれつきのものでした。そのときにキッズドアの渡辺由美子さんから「何かしたい」と憤りのメールが来た。こういったことを変えるために、文科省を動かすために何をしていったらいいのか逆算してアドバイスをしたのがはじまりですね。もともと校則は理不尽だなと頭の中にずーっとあったので、話しているうちに、僕もリサーチャーとなってかかわることにしました。

小島 多くの人の共感を呼びましたね。ネットでも広くシェアされましたし、NHK『あさイチ』ではブラック部活の話が取り上げられました。なぜ話題になったのだと思いますか？

荻上 一つは共通体験として理不尽な思いをしてる人が増えてるということです。もう一つは一〇年前、二〇年前よりも個人主義が進んできているからだと思います。

補足しておくと、個人主義のことを利己主義と混同して批判する人が保守系の人に多いんですけど、そういう人たちは「行き過ぎた個人主義」と言うことがある。でも、個人主義に行き過ぎもくそもないです。個人主義は、それまでの絶対王政や、封建主義、あるいは様々な宗教国家のような絶対主義、そうしたものとは違う個人を大事にしましょうというものなので、個人主義に行き過ぎることはないんですよ。全体主義に行き過ぎることはありますけどね。

個人として自分の権限があって、様々な個人がいるんだから、一枚岩になるように命じるということは理不尽だっていう感覚をナチュラルに言語化できる人が少しずつ増えてるんだと思いますね。

小島 個人主義が進んできた背景には何があるのでしょう。

荻上 大雑把にいうと二つあって、一つは思想的な運動があちこちに言説を配っていること。もう一つはやっぱり三〇、四〇年前と比べて豊かになっているので、多くの人たちにとって、画一的ではなくて、抑圧は不合理であり、様々な選択肢を選べるほうが合理的だという感覚が浸透してるということです。

例を挙げると、インターネットが普及して一定程度経つ社会って、いわゆる非行などが減ってくる。それは非行することよりもネットをやることのほうがリスクも少なければ楽しいからです。かつてはヤンキークラスターに入らなければ、学校以外の楽しみを得られなかった人たちが、今はローコストでハイスペックな楽しみを得ることができる。選択肢が増えているということですね。

小島 窮屈な思いをしてまで全体主義に迎合する動機が薄れているということなんですかね。

荻上 つまり「めんどくせ」って思うような人が多くなっている。会社でも飲みニケーションに行かない人が多いそうですね。楽しいと思えないんだったら別に離脱してもいい。そういったふうに校則などが自分にとってめんどくさいと思ってる人と、他人にそれを強制するのはアウトだよなと思う価値感が徐々に拡大をしている。

だからいろいろ反動などはありますけれども、『新潮45』誌上での杉田水脈議員の「LGBTには生産性がない」という発言に対して、多くの人たちが声をあげました。僕にとってはちょっと意外でした。ずっと声をあげてきた身からすると、あ、今回みんなのってくるんだ（笑）。お、どうした、どうしたみたいな。

小島 今までと違うじゃん、と（笑）。

荻上 うん。今回は、ああ、みんなに浸透してきたんだなと思いました。

僕のもぐってたゼミの先生がよく言ってたんですけど、「八木秀次（法学者。同性婚、男女共同参画などには賛同せず、女系・女性天皇を認めない保守派の論客）でさえ、六〇年代の学生運動のどんな左翼よりもフェミニストだよ」と。あの人ですら、「セクシャル・マイノリティの権利は大事だが、同性婚は行き過ぎだ」と。以前は単に「セクシャル・マイノリティ」というだけで、「はっ？　きもい」ですまされていたわけですよ。でも、いまは「権利は大事」くらいは言わないとまずくはなっている。つまりいまは何かを批判するときに、行き過ぎたものをたたくというふうな文法をとるんですよ。だから杉田議員も今回は、LGBTの支援はあってもいいかもしれないけど、度が過ぎてるよというロジックを採用したんです。つまりLGBTやセクシャル・マイノリティ自体は尊重しなくてはいけないものだというのは浸透してるんです。杉田議員を擁護してる人たちも、差別する意図はないと言って擁護する。しかしその後、『新潮45』で、杉田議員の発言に対する擁護特集が組まれ、LGBTに対するヘイト的な言説が掲載されたことを受けて結局『新潮45』は廃刊に追い込まれました。

小島　一見マイノリティの権利を擁護するかのように見せかけたヘイト的な言説は許されないという認識が浸透したってことですね。

荻上　そうですね。政治家の失言なども含めて、その都度憤りの声をあげて、あるいは普段から理不尽に対して、それは理不尽だよね、その理不尽ってなんだろうねと、いろんな言葉を与えていく。そういうことが積み重なって、社会を進めてきた面というのはあると思うんです。

アティテュードモデル

小島 かつて息子が通ってた小学校で配布された区の作ったいじめ防止のプリントに「いじめはカッコ悪いからやめよう」と書いてあって、カッコ悪いとかいう問題じゃないだろうと腹が立ったんですが。

荻上 昔、サッカーの前園真聖選手が、「いじめ、カッコ悪い」というふうにACのCMで言っていて、それから「いじめはカッコ悪い」ものなんだというような言い回しをするようになりました。最近は、「いじめは犯罪です」と言うようにもなってきた。これは事実としては間違いを含んでいますが、でもやり方次第なんですよね。いじめはカッコ悪いというふうにカッコいい人が言ってくれれば説得力をもちます。

小島 うーん、でもいじめを矮小化している印象だしカッコ悪いと言えばやめるだろうというのも、子どもを見くびっていると思ったんですよね。せいぜいカッコつけたくていじめをやるんだろうという認識も甘いし。

荻上 身近な大人や先輩が、そんなことをせずにこうやって遊んだほうがいいんだよとか、何かトラブルがあったときに、責める仕方じゃなくて、ここはこうするんだよってアドバイスできるとずいぶん違ってくるんですよ。マラソンで言う、ラビット（ペースメーカー）みたいな人が、コミュニケーションの中で役割としてそれを担うと、ムードが変わることがあります。

小島 そうなんですね。ロールモデルとアティテュードモデルというふうに、本にも書かれていますね。あの人みたいになりたいというのと、あんなふうに振る舞いたいと、二つあるという。

荻上 はい。カッコいい振る舞いをさっとして見せるのが、大人や年長者の役割で、そのようなことを通じて、いじめはカッコ悪いし、ダサイし、つまらないと学習させるということは大事なんです。ただし学校の中に大人の数を増やすなど、環境整備が必要です。

大人のハラスメント対策は、企業内にセクハラ担当の人や電話相談を設けたりして、環境を整えるように変わってきています。いじめは子どもどうしのハラスメントなのだから、同じように考えて対処しなくてはいけません。トラブルがあったときには子どもが第三者に相談できるようにする、管理者にちゃんと通報すれば介入してくれる、そういった環境が整備される必要があります。

小島 それは職場も学校も同じだと。

荻上 ただし、子どもの問題も基本的にはすべてスクールハラスメントだったり、スクールバイオレンスだと定義し直す必要がありますね。いじめは犯罪だって言ってしまうとかえって問題が見えにくくなってしまう。あくまでハラスメントやバイオレンスの問題として大人たちが様々なケアをしなくてはいけないテーマなんだというふうにはしていかなくてはいけないと思います。

小島 犯罪に相当するような行為のいじめもあるけれど、全部を犯罪だって言ってしまうと解決しないということですね。

荻上　イヤなあだ名をつけたからといって犯罪にはならないし、警察は動いてくれません。いじめは犯罪だと一足飛びになると、いじめには警察が介入しろというような、極端に誤ったほうに行ってしまいます。大雑把なくくりではなく、根拠に基づいて、個別のケースに対応できるような知識とデータを重ねていくというのはとても大事なんです。

空気をつくる

小島　アティテュードモデル、態度のモデルという言葉が出ましたが、メディアを通じて人は良くも悪くもそうしたモデルに影響を受けてしまいますよね。アメリカではトランプ政権になってから憎悪犯罪が増える傾向にあるといいます。権力者が「このような態度はアリだよ」というお手本になってしまうのでは。日本では二〇一七年から一八年にかけて、政治家がまともな答弁をせず、はぐらかしたり、答えたくないことには答えず無視を決め込む、という態度を臆することなく示す姿がよく見られました。杉田議員の発言も、議員辞職してもおかしくないような差別的な内容だと思うのですが。

荻上　そうですね。杉田議員の発言を例にとると、彼女の発言の間違いやどのようなところが差別的なのか指摘することはできます。そこでは議論には勝てるんですよ。ただ、杉田議員のような人の態度のほうが人々に感染しやすい。その感染力に議論して明らかにしたことが勝てるかどうかなんですね。そして、今回の件は、このところ、いろいろはぐらかされているとみんなが思っていたモヤモヤが杉田議員に向かってるようにも思う。

議論を尽くしても、杉田議員のような人のほうが影響力を持ってしまうかもしれないし、彼女をアティテュードモデルにしてしまう人もいるかもしれない。それでも、おかしな発言にはその都度ノーと言っていいんだということは言っていきたい。ノーと言うのがこわいというような風潮はあるんですけど、ノーを言わなくなったらより悪い社会になるというふうに思ってるので、その都度ちゃんと言います。

小島 先日、新幹線に乗っていたら、私の前の席に二歳ぐらいの子どもを連れた夫婦が座りました。子どもは通路にひっくり返ったり親の足元をウロウロしてお喋りしたり、可愛いんだけどなかなかいうことを聞かない。しょうがないですよね、子どもだから。私はかわいいなあ、こっち来ないかなと思ってたんですけど、私と通路を挟んだ反対側に座ってる同世代の男性は、親子に聞こえるように大きなため息をついたり舌打ちしたり睨みつけたりして、まわりにアピールするんです。チラチラこちらを見て同意を求める。その時、子どもが通路を越えて、迷惑アピールしている男性の前の席の男性のところに行っちゃったんです。ここぞとばかり、迷惑アピール男性は半身を乗り出しました。ところが前の席の男性は、恐縮している子どもの親に、「かわいいですねえ」って言ったんですよね。それで状況は二対一になって、子どもに寛容な側がメジャーになったんです。なんかホッとしました。

荻上 「もしよかったらどうぞ」と耳栓をあげればよかったですね（笑）。レイシャルハラスメント（人間を人種や民族、国籍などで差別したり嫌がらせをしたりすること）をはじめとして、ハラスメントの被害にあっている人に向けて、味方ですというふうにちゃんとガードする、ゲートキーパーになるというのも一つの擁護の仕方です。ベビーカーの人に対して、「かわいいね」「こっちへどうぞ」とひとこと言うだけで、雰囲気は変わります。そういうシグナルを送ることで、そこがセーフティゾーンなんだっていうふうに、その人にメッセージを送ると同時にそうしたセーフティゾーンにしていきましょうという周りへのメッセージになります。それも一つのアティテュードモデルになりますね。

普通の人にはなにができる？

小島 専門家じゃない人には、どんなことができますか？

荻上 一番ミニマムには自分自身が間違ったことを言う回数を減らすということだと思います。つまりこの本を読んだ読者が、ああ、そうなんだと認識を改めた点があるならば、もう今日この瞬間から発言内容が変わるわけですよね。あとは何か起こったときに、これを読めばいいというようなものをすぐ思い出せるようにしておく。それを自分の認識を確認するうえでのセルフディフェンスとして使うときもあるし、あるいは人に対しても「この本にこのようなデータが載っていました」と言うことができれば、それはまた一歩です。自分が感染しないだけではなくて、人に感染するのを防ぐことができる。

そうした言説は知識人や評論家などのプロが供給するので、プロへのアクセスの仕方を知っておく。そして本にはSOSにこたえていくような知識がちゃんと書いてあります。

小島 たとえばPTAでいじめについて話し合うといった場合に、チキさんの本に書いてあるデータを出してみるとか、本を薦めてみるとかということでしょうか。

荻上 いや、それはわからないです。本の話になったとたん、めんどくせと思われそうなので。プレゼン手法はケースバイケースで（笑）。

小島 要するに、「私はこう思うんですけど」だけだと心もとないときには、具体的な情報を示すのがいいということですか。

荻上 そうですね。日本全体の傾向というようなあいまいなデータではなくて、仮にPTAの場合だったら、各家庭にアンケートをとってみるのも手ですよね。今の小学生のカバンは七キロから一〇キロぐらいなのですが、「カバンの重さについて、どういうふうにお感じになってますか」ってアンケートをとってみる。子どもがもつには重すぎるという意見が多かったら、みんなでロッカーを設置してほしいと学校に要望を出すこともできます。ロッカーができるんだったらお金は出しますとか。次々に追い込んでいく。

小島 みんなでプチ・チキになりましょうと（笑）。PTAのアンケートはさほどむずかしくなさそうですね。ネットワークはできていますから。あとは回答率がどれぐらいかということですね。

荻上 いったん学校へ子どもを預けたら預けっぱなしの親も多いし、異議申し立てすると面倒な親だと思われるんじゃないか、子にも影響があるのではないかと、学校はそうしたブレーキのかかる場所ではありますね。

小島 学校に子どもを殺されないために、というと大げさに聞こえるかもしれないけれど、学校の理不尽な部活や非人間的な指導や事なかれ主義の結果、事故や自殺で亡くなる子どももいます。学校任せにはできないのは確かですが、PTAのあり方も問題含みですよね。強制加入問題とか。親同士のいじめもあります。結局学校でもPTAでも、全体主義的な抑圧のもとで人心が荒むという同じことが起きているのは本当に根深いと思います。社会全体がこのフラクタルになっている。

荻上 どのハラスメントでも共通しているのは、権力が私物化されると問題が起きるということです。公的な権力なら、こういったルールでやりましょうという透明性が確保されるんだけど、権力が私物化されている職場や学校だと、その都度の先生や上司の気分によって権力の発揮のされ方、叱られ方が変わってしまう。要は権力が公的に公開されず、個人の感情まで揺るがされてしまう。そうしたことが起きにくい環境にしっかりしていくために、学校の中に民主主義の論理を持ち込んでいくということが重要になります。意思決定を透明にすると、先生の気分で指導のしかたが変わったりすることは少なくなります。

小島 学校は治外法権になってしまっている。

荻上 ええ。大人に対してとらない態度は、子どもにもとってはいけないとか、発達障害児に対して言わないことは、そうでない子にも言わないほうがいいとか。個別性への対応を見直したうえで、どのような対応が適切かということをちゃんとパブリックなものにしていく、説明可能なものにしていくことですね。

多様性のためのコスト

小島 多様性のある社会、ダイバーシティに寛容な社会は素晴らしいといいますが、多様性があるということは、自分とは意見の合わない人がたくさんいるということでもあります。今までだったら阿吽の呼吸で通じたものが、一から説明しないと通じない。何かを説明するときにも、全員に同じ説明をしても伝わらないから、相手によって通じる言い方を考える必要がある。合意形成だって大変です。その手間を省きたいなら「みんな同じになりましょう」という世界になるわけですが、それじゃ全体主義になってしまう。個別性に配慮しつつ、普遍的なポイントに届く話法ってなんだろうかとよく考えます。たとえばラジオパーソナリティとしてチキさんや私が職業上やってきたようなことと本質的には同じようなものが、これからは日常のコミュニケーションでもおそらく必要になってくるんじゃないかと思うんです。

荻上 多様性のある社会にどれくらいコストが必要かというと、多様性そのものがコストを必要とするんじゃなくて、多様性どうしがぶつかった時に発生するコンフリクトの高さによって決まるものですね。その時にたとえば「価値観が違うけれども、君をなぐらないよ」と言ったら直截でいいかもしれない。あるいはどんなに立場が違っても排除されないという前提があれば、より安心してコミュニケーションすることができる。だから万人に対して説明のしかたを変えるんじゃなくて、説明のしかたが間違っていて伝わらなかったとしても、二人の間でディスコミュニケーションが暴力に転化することはないような状況を設定していれば、一人一人のコミュニケーションコストというのは結果として下がる。そういったことに慣れてくると、違ったとしても、べつにそれをストレスと感じなくなる。その状況に耐性ができてくる。そうするとわざわざそこで異論を唱えなくても、暴力に訴えなくてもいいというふうになってくると思います。

小島 理解し合うことを目的にするのではなく、理解し合えなくても平和共存できる環境を作るのですね。確かに「人と意見が違っても安心して暮らせる」というのは誰にとっても共通の利益です。

ノーと言うために

小島 先ほどから何度も話に出ていますが、日本は同調圧力が強い。意見を言うには勇気がいります。こんなこと言ったらみんなにバカにされるんじゃないかとか、排除されるんじゃないかとか。

荻上 極端な意見を言わないために、注意しておきたいことがあります。たとえばある意見の反対派がいて、ある意見の賛成派がいたとしますよね。お互いツイッターのクラスターの中ではほとんどばらばらに生存している。で、たまにこれが交錯をすることがあるんです。賛成、反対派のトップ同士がディスカッションすることはない。相手の最下層の失言をトップのオピニオンリーダーが、あいつらこんなこと言ってるぜって拡散する。その失言が目に余ると「これだから保守は」とか、「これだからリベラルは」というようなことになっていく。相手の一番ダメなところを見てレッテルをはりあう。こうした広がりは炎上のケースではよく見られます。そしてその構図の中で、バカな相手より自分を正しいと考えてしまうんです。

いじめの問題にも同じことがあって、メディア経由で一番ひどいケースを見て、これだから学校はダメなんだと、みんながたたいていく。一番ダメな部分をたたいてしまっていないか自覚的であることと、こういったコミュニケーションの様式があることを、何か意見を言うときに知っておくというのは意味がありますね。

小島 学校や職場以外の居場所を持つことで、同調圧力に押しつぶされることを避ける手もありますね。

荻上 居場所を変えるのはいいですね。ほかのクラスターに行くことによって、そこから離脱したり、相対化できたりすることはあります。移動した場所のほうが、多様性を尊重するコミュニティかもしれないし。

もう一つはフェミニズムをはじめとしたいくつかの学問が、どのような知見をパターン化したり、歴史の中でどう発展してきたかということを追体験して見るといいと思います。どういった課題性を持つものなのかということを学習することで、自分に与えられた呪いと、自分が与えがちな呪いを手放すという作業ができると思います。そういったことを重ねることによって、自分がなぜこういった価値観にかたまってるのかということを知ることができます。言葉と世界を広く持つことによってもたらせることは必ずあります。

大学の中のハラスメント

ライター・早稲田大学文化構想学部助教

トミヤマユキコ

YUKIKO TOMIYAMA

一九七九年生まれ。早稲田大学などでサブカルチャー関連講義を担当。少女マンガを題材に、「女にとって労働とは何か」を研究している。またライターとして、『yom yom』『小説すばる』『マンバ通信』など、さまざまな雑誌やネット上の連載で活躍している。著書に『40歳までにオシャレになりたい!』(扶桑社)、『パンケーキ・ノート』(リトルモア)、『大学1年生の歩き方』(清田隆之との共著、左右社)がある。

「あの事件」の真相

小島　二〇一八年は本当にさまざまなハラスメントが明るみに出た年でしたが、早稲田大学文学学術院の渡部直己教授が、元大学院生の女性にセクハラやパワハラをしたという事件も衝撃的でした。トミヤマさんは早稲田で教えていらっしゃるんですよね。

トミヤマ　はい。任期付教員（助教）として教壇に立っています。お声がけいただいた時点では、名もなき若手教員の立場から、大学および大学院でのハラスメントについてざっくばらんにお話しできたらな、くらいの気持ちだったんですが、勤め先のハラスメント事案がここまで大きな問題となったのに、そこを避けて一般論に終始するのも不自然というか、不誠実な気がしますので、可能な範囲でお話しできたらと思います。

ただ、いま申し上げたように、私は早稲田の専任教員ではなくて、任期付教員なんですよ。三年の任期が終わったら延長なしでさようなら、っていう。教員なんですけど、かなり〝外様《とざま》〟感があるというか、非常に中途半端な立場です。教授会に出席する権利もないので、今回の件については、正直よくわからないところもあります。ただ、外様だからこそ、ものが言いやすいという側面もあって。専任の先生方もいろいろと考えていらっしゃるとは思いますが、なんとなく口が重い。大人の事情があるのはわかりますが、押し黙ってしまうと、学生はどうしたって不安になりますよね。その点、非常勤講師とか任期付教員のほうが、組織より学生の側に立てるというか、あまり忖度をしないで「なんとかしなきゃ」とか「学生が心配だ」とか言える空気はあると思います。

小島 ということは、「早稲田大学で教育・研究に携わる有志の声明」(http://waseda2018seimei.blogspot.com/2018/07/blog-post.html) に関わった専任教員の先生方は相当に勇気があるということですね。

トミヤマ 本来なら大学が主導する形で「みなさんに安心してもらえるよう早急に声明を出しましょう」となるのが理想だったと思いますが、なかなか足並みが揃いませんでした。それで有志の先生方が「とりあえず自分たちにやれることをやろうよ」と動き始めたわけです。フットワークが軽いですよね。あの声明を見てほっとした学生も少なくないと思います。

声明の呼びかけ人と賛同人のリストはネットで見ることができるんですが、「他10名(2018・8・13時点)」という形で、匿名の賛同人がいるんですよ。彼らの多くは、関係者に名前を見られると困る人たちです。研究の世界って、いまだに徒弟制みたいなところがあるので、弟子が勝手なことをすると怒り出すお師匠様がいたりする。ハラスメントを許してはならないという、教育者としてごく当たり前の気持ちと、署名したことがバレて、アカデミシャンとしてのキャリアに傷がついたらどうしようという気持ちが、匿名での署名を選択させているんだと思うと切ないですね。

ちなみに私も、この一〇名の中に入っています。私の場合は、名前を出してもよかったんですが、事件が起きたコースに関わりのある人間なので、名前を出してしまうと「いやいや、あなたのところで起きたことでしょう。あなたは批判される側であって、批判する側ではないですよね」という反応がありそうだと考えて名前は出しませんでした。

小島 渡部氏の処分は、結局どうなったんですか。

トミヤマ 調査委員会が立ち上げられて、関係者へのヒアリング等を通じて事実確認をした後、解任処分となっています。解任なので退職金は払うけれどもできれば返納してほしい、という「返納勧告」付きだったようですが、返納はしなかったみたいですね。この辺りのことは、私もネットのニュースで知ったんですけど。

小島 学生たちの反応はどうだったのでしょうか。

トミヤマ ものすごく温度差がありました。一年生は、入学してすぐに報道が出たので、まだ他人ごとなんですよ。「誰ですかそれ?」みたいな感じ。逆に、渡部先生を知っている学生たちは、とてもショックを受けていました。と同時に、いつかこういうことが起こるのではないかと思っていた学生もいたようです。でも、教員たちは、というか、少なくとも私には、そこまでの危機感はなかった。渡部先生が女子学生との距離感を完全に見誤ることはないだろうと信じていたので。教員歴も長いですし、さすがに善悪の判断はつくだろうと。ですから、最初にハラスメントの詳細を聞いたときは心底驚きました。と同時に、自分の鈍感さに愕然としました。すぐそばで働いていたのに、何も察知することができなかったわけですから。教員同士だと見えない部分があるんだと痛感しました。

セクハラの思わぬ二次被害

小島 被害者の女子学生は#MeToo運動を見て、自分も申し立てようと決意したということですが、渡部さんに限らず、同様のことはいままでもあったかもしれませんね。

トミヤマ 大学や大学院でのハラスメントは、個人情報保護や人権保護の観点から、慎重に取り扱われることがほとんどなので、滅多にみなさんの知るところとはなりませんが、実際には、それなりの頻度で起こっています。私が大学院生のときも、とある男性教授が女子院生にセクハラをしたらしい、という話が出てきまして。そうすると、厄介なことに、無邪気な外野の人たちが被害者捜しを始めるんですよ。被害者も私も同じ女子院生なので、「あれってトミヤマさんのこと？」と言われるわけです。でも私じゃないので、「違います」と言うんですが、「違う」と伝えるのってすごく苦しいんですね。ハラスメントの被害者が声をあげるのは当然だと思いますし、それによって私の生活が多少ざわついても、迷惑だなんて思わない。でも「あなたでしょう？」と問われれば「いえ、違います」と答えるしかないし、そうすると、なんだか自分だけ難を逃れようとしているみたいで、とても苦しい。「私ではありません」と強調することで、「ならばあの子かな？」となるかもしれないのも苦しいです。被害者捜しを助けているみたいで本当に嫌でした。でも、当時の私は若すぎて、そういう質問を上手にかわすことができなかった。
最悪なのは、いくら「私じゃない」と言ったところで、信じてもらえないことです。研究者が集まる飲み会なんかで「あれってトミヤマさんなの？」と聞かれて否定すると「あ、そうなんだ」とは言われるんですが、テーブルからどんどん人が離れていく。下手なことを言ったら、私に「セクハラだ！」って訴えられるんじゃないかと怯えてるんですよね。歳をとって図太くなったいまなら「そんなことで怯えるなんて、くだらねえ」とも思えるのですが（笑）、当時はただの大学院生でしたし、これから研究をがんばっていこうと思っているときに人が離れていってしまったので「研究者生命の危機だ」とか思っちゃって。「誰も私と普通に会話してくれないの？ これっていつまで続くの？」と……。

小島 ちょっとめんどくさい人と思われてしまうということですか。

トミヤマ ええ。悲しかったですね。被害者が一番大変に決まってるんですけど、周囲の人間もけっこう大変です。
そんなわけで、セクハラ事案には思わぬ余波があると骨身に染みてわかっていたので、今回の件が起きたときも、被害者・加害者以外の人たちのこともケアしないとまずいなとは思いましたね。

小島 つまり、渡部氏のゼミにいた学生たちのケアということですか。

トミヤマ もっとも緊急性が高いのは渡部ゼミ生ですが、先生の授業を取っていた学生など、何らかの形で関わりを持つ学生はみんなもとめてケアの対象にすべき、というのが私の考えで、これについては、同じように考えている先生が他にもいらっしゃったので、みんなで協力して、学生たちに声をかけることができました。微力ではありますが、過去の経験が役に立ってよかったです。

被害者対応のノウハウが蓄積されない

小島 広島大学ハラスメント相談室教授の横山美栄子さんの書いた『アカデミック・ハラスメントの解決』（北仲千里と共著、寿郎社）によると、大学内でハラスメント被害が起きたときは、まずは、「相談者の話を受容的に聴く」、次に「相談者のおかれた客観的な状況を把握する」、そして「緊急対応」することとなのかどうかを判断して、「次の面談を設定する」、となっています。そこでは「本人の自己決定が大前提」であり、「相談の守秘の範囲を確認しておく」ことが求められるとなっています。今回の早稲田大学の対応は、相談者が窓口に来た時点で……。

トミヤマ 間違えていますよね。追い返すようなことをしてしまったわけですから。

小島 窓口はあっても、機能しない。ノウハウが蓄積されてないというのは早稲田大学に限らないと思いますが。

トミヤマ はい。おそらく、どの大学でも同じような状況だと思います。先ほども言いましたが、プライバシーに配慮して、個別に処理されることが多いので、なかなかノウハウが積み上がらないんですよ。個人情報が特定されてしまうようなディテールは省きつつ、ハラスメントの概要だけをうまく抜き出して共有できれば、状況は違ってくると思うんですけど、実際はむずかしいですね……。あと、これは大学にぜひお願いしたいんですけど、ハラスメント事案が発生したときに、すぐさま現場に来てくれるプロを雇っておいてほしいんですよね。今回だって、もしハラスメント対策のプロが派遣されて「先生方はこの人の指示に従ってください」となれば、どんなによかったか。現場の教員はハラスメント対策のプロフェッショナルではありません。ノウハウもなければ、プロの手助けもないとなると、素人がない知恵絞って考えるしかない。まさにゼロからのスタート。あまりにも効率が悪いし、過去に犠牲になった人たちの経験も生きてこない。

今回はたまたま私が「こういうところに気をつけたらいいんじゃないでしょうか」と言えたし、それをちゃんと聞いてくださる方もいましたけど、本当は「たまたま」じゃだめですよね……。

小島 具体的にはどんなことをしようとしたのですか。

トミヤマ 私個人は、なるべく早く説明会を開くことと、渡部ゼミ生に関して個別にヒアリングをすることを強くお願いしました。とくに大学院は学生数が少ないですから、みんなを集めるのも、個別に話を聞くのも、そこまでむずかしくないと思ったので。

小島 一つの研究室に何人ぐらい院生がいるのですか。

トミヤマ すごく少ないですよ。コース全体での合格者が毎年一〇人に満たないですからね。丁寧なヒアリングは、残された学生の不安を少しでも解消するために絶対すべきことだと思います。その手間を惜しめば、さらに学生を傷つけることになりかねません。先生がいなくなっても、どっか別のゼミに引っ越して、そこで研究が継続できればいいでしょ、みたいな対応はなんとしても避けたかった。

小島 渡部さんのゼミにいた学生たちはどんなふうに感じているのでしょうか。

トミヤマ うーん、どうなんでしょう。彼らの気持ちを代弁することは私にはできないですけど、自分を責めないでほしいなとは思っていて。というのも、卒業生が「在学中に先生のセクハラを止められていたら、犠牲者を出さずに済んだんじゃないか」と悔やんでいるという話を聞いたんですよ。そういうふうに苦しめてしまうこともあるんだと思うと、本当に申しわけないです。セクハラを止めるのは、学生ではなく、私たち大人の仕事ですから、「あなたたちは何一つ悪くない」と伝えたいです。

信用と不信の境界線

小島 私はいままで大学院という場所がどれほど閉鎖的な縦社会なのか、まったく知りませんでした。先生の力が圧倒的に強くて、そこから外れたら生きていけなくなるかもしれないと思わされるような環境なんですね。今回の場合はセクハラで話題になっていますが、アカデミック・ハラスメントでもある。大学院生からみれば、自分の評価のすべてをその先生が握ってるわけですからね。

トミヤマ 何かあっても「持ち場」を離れにくいのが研究の世界なんですよね。移動し放題！　みたいなところもあるとは聞きますが、それは本当にレア。仮に現在の持ち場を離れて、別の研究室に移動できたとしても、そのことについてなんの心理的負担も感じずにいられるような環境じゃないんです。一つの研究室に所属し、そこの先生に何年ものあいだ指導を受けるのがふつうですから、先生や先輩の顔色をうかがうこともありますし、厳しい指導なのかハラスメントなのかわからないようなことをされても、とりあえず我慢しよう、と思ってしまう。私の指導教員は本当にのびのびやらせてくれる人でしたけど、そうじゃない先生の話もたくさん聞きます。

小島 絶対的な存在である先生と自分、その上下関係しかないという極めてハラスメントが起きやすい環境なので、権力を持つ側とその環境を提供する側がよほど自覚的でない限り、被害を申し出るのはむずかしそうです。

トミヤマ そうですね。教員側がかなり気をつけておく必要があると思います。フレンドリーな教員ほど、学生との距離が近くなったときに、「立場の違いを超えて人間同士の付き合いができている」と思ってしまいがちなんですが、そこで、「いや、待てよ、学生が我慢して合わせてくれてるだけじゃないか？」って疑う必要があるんじゃないかと。ちょっと人間不信なくらいが、丁度いいんじゃないですかね。

今回の件に関しても、教員はちょっとした失言だと思っているものを、学生は権力関係を背景にした恫喝と受け取ったわけですよね。そういう齟齬が起こるんだってことは、教員側がわかってないといけない。被害女性が退学後に声をあげたのも、狭い大学院内での人間関係を気にしてのことだと思います。やっぱり、学生に気をつかわせてしまう空間なんですよね、大学院って。

小島　訴えを受けたときに、たとえば「泣き寝入りしちゃだめよ、絶対に教授をクビにしましょう」などと、相談を受ける側が誘導してはいけないし、勝手にすすめてはいけないと言われていますね。あくまでも本人の自己決定を尊重しなければならないと。

トミヤマ　それはその通りだと思います。被害者自身が混乱状態でどうしたいかわかっていないこともあるので、他人が導きすぎてしまうと、「あのときは言われた通りにしたけど、本心からではなかった」といったことになりかねない。本人の気持ちが一番ですし、こちらから何か提案するにしても、できるだけ幅広い選択肢を示して、本人が自由に選んだり、アレンジしたりできるようにすることが大事だと思います。

まず謝って善処する、を基本に

トミヤマ　今回の件が明るみに出たとき、私は被害学生に謝ったんですよ。彼女にハラスメントをしたわけでも、その現場を見たわけでもないけれど、謝るべき点はあると思ったので。「私はやってない」よりも「無意識とはいえそうした環境作りに加担していたのかも」という思いが強かったので、そこは謝りたいなと。ハラスメントの構造を作り出すのはいつだって教員なんですから、「私はやってない」じゃ済まされないと思います。

でも、「私はやってない」タイプの先生も結構いるんですよね。対岸の火事って感じで。あるいは、被害者が気の毒だと思っても、謝れないのかもしれないですね。「謝ると死ぬ病気」という言い方がありますが、まさにそんな感じ。

小島 被害者に対して適切な対応ができず、事件が明るみに出たあとの対応も鈍かったですよね。

トミヤマ 下手だと思われてもしかたがないなと思います。私は記者会見を開くべきだったと思っていますが、大学はそうしなかった。おそらくは、過去の事例と比べて、そこまでするレベルにないと判断したのでしょう。まあ、実際のところはよくわかりませんが。

学生にとって、ハラスメントはいつ自分に降りかかってくるかわからない災厄ですから、大学がそれについてどう考えているのかを示さなければ、やっぱり不安になりますよね。子どもを通わせている親御さんだって不安だと思いますよ。万が一ハラスメントを受けても、ちゃんと我が子を守ってくれる大学なんだな、って思いたいじゃないですか、単純に。

今回の件を受けて、有志の会の代表者が鎌田前総長と面談をしました。そのことはすでにネット上でも報告されているんですが、大学側は「被害者保護の観点から情報開示には様々な困難もある」と回答してるんですね。それは正論なんですけど、情報開示以外にできることがあったはず。いま振り返っても「大学は弱者である学生の味方です」というメッセージがいま一つ伝わってこなかった感は拭えません。

小島 企業でも学校でも、何か不祥事があったときには記者会見を開いてまずは謝罪し、きちんとした対応策を明示したほうが、メリットがあるという考え方が広まればいいのに。

トミヤマ 本当ですね。「事実はこれから調査するからまだわからないこともあるんだけど、これからきちんと調査していくから信じて待っていてほしい」と宣言することの効果は小さくないと思います。もちろん、宣言するだけじゃなくて、実行してもらわなくちゃいけませんが。

なくならない、を前提に

小島 今回の場合、大学側にも危機を回避するチャンスはいくつもあったということですね。

トミヤマ あったんじゃないですかね。大学側が初手で被害者を排除する方向に行ったから、彼女は傷つき、大学を信用できなくなって、メディアの人間に話そうと思ったんでしょうから。

小島 被害者側に寄り添ったほうが、自分たちの被る被害を最小限に止めることができると学んだほうがいいですね。

トミヤマ その通りです。ハラスメントの被害者って、最初から事を荒立てたいと思っているわけではないんですよね。早い段階で善処してもらえるなら、そのほうがいいに決まっています。そして、被害者のケアと同時に、加害者のケアも必要だと思います。立場の弱い人に圧力をかけてしまう、しかもそれが止められない。それは、一種の「症状」ですよね。だとすれば、単に反省を促したところで解決しないんじゃないかと。本人任せでは、きっとまた同じようなことを繰り返してしまう。こういう不祥事が起こると、すぐに解雇とか減給といった手段で反省を促しますが、本当の解決は、加害者が自分の病理を理解することなしにあり得ないと思います。

小島　まったく同感です。いじめも同じ構造だと思います。加害者側が加害者でなくなるためのケアがないと根絶することはありません。

トミヤマ　ですよね。ただ教育の現場から追い出すことが解決につながるとは思えません。たとえば、今回の加害者と被害者が街でバッタリ会ったらどうするんでしょう。そんなたとえ話、非現実的だと思われるかもしれませんけど、大学院って好きなこととかやりたいことが似ている教師と学生が集まる場所ですから、その後の人生で接近遭遇する可能性はゼロじゃないと思います。それを考えたら、両者を丁寧に癒していくことが必要だと思うんです。それは和解って意味じゃなくて、もしどこかでバッタリ会っても、もう攻撃はしないし、されないんだという安心材料があってしかるべきという意味です。具体的には、カウンセリングや矯正プログラムの受講ですよね。ハラスメントについては「加害者にも人権がある」という人がいますが、そうであるなら、なおさら罰するだけではない対処法を考えていかないと。

ハラスメントって、けっしてなくならないと思うんです。だから再発防止に努めるというよりは、定期的に起きてしまうもの、という前提で、被害を最小限に止めることを考えたほうがいいと思います。再発防止だけを目指すと「今年も被害件数〇でした！」というのが目標になってしまいますが、件数を減らすよりも、一件一件の当事者満足度を上げることに注力すべきです。

小島 ハラスメントについて先進的な取り組みをしている名古屋大学や広島大学などが横につながって、学び合えればいいですよね。

トミヤマ 本当ですね。まあ、早稲田大学も何もやってないわけじゃなくて、毎年教職員向けのハラスメント講習はやっているんですけどね。

小島 東大も教員向けに研修をしていると聞きました。

トミヤマ そうですか。早稲田では、視聴を義務づけられている映像があって、それを観たあとに確認テストを受けるんです。でも、そのビデオに出てくるハラスメントが「それはどう考えてもアウトだよね」というハラスメントばかりなんですよ。もっと微妙な案件を取り上げてほしい！

小島 実際にはグレーなことばかりですからね。訴えられた側は「自分にはそんなつもりはなかった」と言い、被害者側はどう考えても人格否定だと言う、双方の感じ方が噛み合わないけれど、部外者には微妙でわかりにくいケースが多い。

そういうグレーなケースでは加害者側も被害者側も平行線をたどってしまうかもしれないということを前提に、話し合いの場を充実させるしかないと思います。事実認定をしっかりとし、両者の言い分を公平に聞いた上で、当人たちが納得できる判断をする環境を整える。今回みたいに「俺の女になれ」とか、そんな極端な例は稀だと思うので。

カウンセリングのプロと教員の連携を

小島 でも、大学側が一つ一つのケースについて聴き取りをするというのは大変な労力なので、やっぱり専門のセクションを作ったほうがいいですね。たとえばトミヤマさんがそこに入るっていうのは、どう考えても……。

トミヤマ どう考えてもおかしいですよ。やるしかないのでやってますけど。ハラスメント防止室があったり、大学の保健センターにカウンセラーがいたりしますが、結局は現場の教員が動いている。お名前は出せないですけど、有志の会以外にも、通常の授業をこなしつつ、この件に全力であたっておられる先生たちがいて、本当に頭が下がります。

小島 防止室は十分に機能していないのでしょうか。

トミヤマ 今後の改善に期待したいところですが、なかなかハードルが高いんですよね。必ず予約をしなくちゃいけない上に、入り口に鍵がかかっていてインターフォンを押さないと中に入れてもらえない。近所の診療所みたいにフラッと行けないんですよ。それならと思って電話をかけると「担当者は名前が言えないことになってますので」と言って絶対に名乗らない。いや、そこは、職場ネームでいいから名乗ってくれよと思いますよね。

ハラスメントが起こったときに、学生が一番悩むのが「誰に相談するか」だと思うんです。そのときに、顔見知りの先生に相談したくなる気持ちは、すごくよくわかる。秘密を守ってくれそうな先生に話したいじゃないですか。そうやってこちらを信用してくれるのはすごくありがたいんですけど、やっぱり私たちはハラスメント解決のプロじゃないので、限界がある。

小島　新入生は入学時に学内でハラスメントにあったときの対処のしかたを学ぶのですか。

トミヤマ　パンフレットが毎年配られています。でも、パンフレット通りにはいきませんよね。今回の件もそうです。被害女性は、周囲の教員に話をするところから始めて、後から防止室を訪れている。最初から信頼できるプロに頼れていたらまた違ったんだろうなと思うと、歯がゆいですね。

小島　プロと実際に指導している教員との連携が必要なんでしょうね。

トミヤマ　そうですね。あとは、とにかく通報しやすい仕組みを作ることが必要だと思います。「あれ？　気のせいかもしれないけど、これっておかしくない？」ぐらいの段階で、プロに話を聞いてもらえる仕組みを作ってほしい。茶飲み友だちと喋る、くらいの気持ちで扉を叩ける、カジュアルで開かれた通報機関だといいですよね。

小島　あとになってわかることって、けっこうありますよね。そのときはこんなもんかなあと思っていたけど、だんだん、あれってセクハラだったんじゃないのと気づくこともある。

トミヤマ　その場で気づかないこと、気づいていても拒否できないことはありますよね。

小島　「私の気のせいかもしれないのですが、ちょっともやもやするんです」というようなことを気楽に言えれば、被害の把握にもなるし、この程度でも相談できるんだという安心にもなります。周りの子に「あそこに行ってみたら」とすすめたり、社会に出てからも「もやもや程度でも声をあげていいんだ」と思える。それはすごく大きなことだと思います。

あの事件後、学生たちが一番不安に思っているのはどんなことですか。

トミヤマ　学生の数だけ不安があると思いますが、おおまかに言えば、自分がハラスメントの被害者になったとき、守ってもらえるのかわからない、という不安があると思います。

それから、大学の評判が落ちるということも大きな不安要素でしょう。大学はいま、就職予備校のようになっていますから。今回のことが原因で、就活で自分の所属を言いづらくなったという学生も出てきていますし。もちろん、実際に就職で不利になることはほとんどないと思いますけど、そういう不安を抱いてしまうのもしかたがないなと。

学生だけじゃなくて、教員にも不安はあると思いますね。早稲田大学は組織が巨大なので、教授会ではいろいろと話があったのかもしれませんが、それ以外の教員に向けた説明会は開かれていないんです。私のような任期付教員とか非常勤講師には、メールが届くだけ。だからよくわからない状態のまま、教壇に立つしかない。当然、学生にもきちんとした話ができない。学生から見ればみんな同じ先生なのに、人によって持っている情報とか対応のしかたが違ってしまえば、不安になります。

そういう「対応のムラ」が招くことの一つとして、誰が味方で誰が敵なのか、わからなくなるという不安もありますよね。どの先生に相談すれば本気にしてもらえて、どの先生がもみ消してしまうのか、わからないですからね。

小島　うわー、でもそんなのどうやって調べれば。学生も混乱しますよね。

トミヤマ　ええ。大人が信じられなくなるのって、すごいストレスだと思います。不用意な発言でこれ以上学生を傷つけてはいけないと思って黙っているのか、こんなこと話題にする価値もないと思って黙っているのか、学生からしたらわかりませんからね。

小島　人間関係の中で信頼できる人を探すよりも、窓口のような仕組みがしっかりしているほうがいい。

トミヤマ　そうですね。たとえばですが、メールよりもっと気軽なＬＩＮＥで相談できるとなれば、初期の段階でケアができるかもしれない。「自分の名前も相手の名前もまだ出したくないんだけど、こういうことがあったんですよね」みたいな形で対話ができて、「いきなり相手を訴えなくてもいいみたいだし、この次は窓口に行ってみようかな？」って思えるような、非常にハードルの低い窓口があったらいいのかなと。

小島　「これはセクハラ？　アカハラ？　両方かも。うーん、ちょっと聞いてもらおう」とかね。

トミヤマ　そうですね。あとは、我々教員からは見えていないところで、学生間のハラスメントもあるかもしれない。そういったものも含めて気軽に相談できるといいですよね。

学生から教員へのハラスメント

小島　早稲田大学の教員全体に占める女性の割合ってどれぐらいなんですか。

トミヤマ　男女比はおよそ五対一ですね。

小島 教授会で権限を持っている人は、男性が多いのでしょうか。

トミヤマ そうだと思います。助教になった時、着任のご挨拶をするため一瞬だけ教授会に出させてもらったことがありますが、見渡す限り男性でしたね（笑）。女性はほんとに「ちらほら」って感じでした。

小島 意思決定層の集まりは日本中、どこもそういう感じですからね。それを変えていかなくてはいけないと思います。最近の学生さんたちのジェンダー意識やハラスメントへの人権意識は、どんな感じなのでしょうか。

トミヤマ 今回の件に関してはさすがに「ちゃんと説明してくれなきゃ納得できない」と声をあげる学生もいましたが、それはごく一部で、理不尽なことがあっても、ぐっと堪えてしまう「いい子」が多いように思います。その一方で、教員に対して平気でハラスメントを働くような学生もいるんですよ。大学でのハラスメントって、教員から学生へ、というパターンだけじゃなくて。とくに若手女性教員は狙われやすい。私にも経験がありますが。

小島 「先生彼氏いなそう」などと言われる。

トミヤマ そうです。見た目をいじったり、性的なことを言ったり。あと、「おまえより自分のほうが有能だ」と挑発してくる学生もいます。ツイッターで「トミヤマの授業は今日もへぼかった」などと書かれることもありますよ。まあ、実際へぼいのかもしれないですけど（笑）。そこまで批判するのであれば、学期末のレポートはすごいものを書いてくるんだろうなと期待するじゃないですか。でも、書いてこないんですよ。レポートが途中で終わっていて、

「すみません、途中までしか書けませんでした」という謝罪で終わっている。

小島 まじか。

トミヤマ まじです。挑発してくる学生は毎年いますね。彼らのメッセージって要は「若い女のくせに偉そうに教壇立ってるんじゃねえよ」ということなんで、女性差別だし、マウンティングでもある。それについては、とにかくいい授業をやって、認識が変わるのを待つしかないのかなと思いますが、心ない言葉をぶつけられる教員は本当に大変だと思います。

小島 学生にセクハラされた教員が相談できる窓口はあるんですか。

トミヤマ ぱっと思いつきません。学部事務所の人に言うしかないのかな……ちゃんとした窓口はないかもしれません。

小島 それも問題ですね。

トミヤマ はい。教員もつねに強いわけじゃなくて、傷つけられることもあるというのは、知っておいてもらえるといいですね。

イマドキ学生の生きづらさ

小島 大学に入るまでに、家庭教育に始まり、小中高での教育があるわけですが、その間にもう少しジェンダーや人権について勉強してきてくれないかな、と思ったりしませんか？

トミヤマ すごく思います！　なんというか、人にもっと興味を持ってほしいんですよね。お勉強はできるけど、人に興味がないがゆえに、適切な距離感をはかれず、その結果トラブルを起こしてしまう学生が増えている気がします。教員にメールしてくるときも、距離感が全然わかってなくて「先生、こんにちわ《ママ》。レポート出すの忘れちゃいました、困ってます(>_<)」みたいな。完全に友だち感覚ですよね(笑)。これは、ライターの清田隆之さん(桃山商事)が「新型コミュ障」と呼んでいるタイプの人たちです。コミュ障というと、引っ込み思案で、他人とうまく関係が結べない人というイメージですが、逆に他人との距離が異様に近い、という新型もいるらしくて。

　他人との距離感がわからない学生が、ハラスメントや人権のことを理解できるのかなぁと思ってしまいますが、わからないのであれば、教えるしかない。そういう意味で言えば、大学はいよいよ研究ではなく、教育をメインに考えないといけないところに来ているんだろうと思います。

小島　しつけも含めて教えないといけないということですね。

トミヤマ　はい。行儀作法レベルからはじめないとダメかもしれないです。

小島　学力はあるんですね。

トミヤマ　みんな優秀ではあるんですよ。

小島　家で勉強さえできればいいと言われてきたのか、全人的な教育がされていないのか。

トミヤマ　それはなんとも言えないところですが「しつけは教員の仕事じゃないんで」と突き放しても、何もいいことはないと思いますね。伸び代《しろ》がないわけじゃないので、粘り強く仕込んでいくしかないです。

ただ、いまの学生って「成功したい」より「失敗したくない」という気持ちが強いんですよね。できのいい子ほど、守りに入るのが得意。伸び代があっても、ほどほどのところで止まってしまう。そういう子に「もっと自由になっていいんだよ」と伝えることも私たちの仕事になりつつあります。「いい子」ほど、目立つこと、失敗することを許さない社会のあり方を内面化していると感じます。

早稲田の助教になる前、非常勤講師としていろいろな大学に行っていたのですが、美大で教えるのは楽しかったですね。作品を講評され慣れているので「失敗するのは当たり前」という感覚が備わっている学生が多いんですよ。でも、他の大学に行くと、Aをとれるに越したことはない、みたいな空気がもろに出ている。イチかバチかのおもしろレポートは、なかなか書いてくれない。読みたいんですけどね、そういうの（笑）。

小島 チャレンジしないんですね。一つでも落ちないように、傷がつかないようにと思っているということでしょうか。

トミヤマ そう思っているのでしょうね。失敗しても仕切り直せるのって、学生の特権だと思っているので、私はつい「もっと自由に！」ってけしかけちゃうんですけど（笑）。

自由になってもらうための第一歩として、私は「高校までの国語教育で教わったことは、いったん忘れてください」と伝えています。研究の場で求められるのは、資料を調べ、信用できる情報を示しながら、自分の考えを述べる能力です。でも、高校までの作文って、エピソードトークっていうか、人と違う何かを持ってるとそれだけでかなり有利なんですよ。あれを大学まで引きずるのは本当によくないと思いますね。いるんですよ、レポートに個人的なエピソードを書いて、スペシャル感をアピールする学生って。どんな凡人でも正当な手続きを踏めばちゃんと認められるのが研究のいいところなので、そこはわかってほしいです。

見出されたい！

小島 お話をうかがっていると、いまの学生世代は、なるべく自分が手にしているものを失いたくないというマインドで動いているということに尽きますね。

トミヤマ そうですね。あんまり野心がないのかも……。

小島 若いけど守りに入っていて、エリートほどその守りが固い。

トミヤマ 男女ともにその傾向はあります。

ものの考え方がとてもおもしろくて、内心すごく気に入っていた学生に、「いやあ、この年になって怒られたり、叱られたりしたくないんで、レポートは八〇点とれる感じで書きますわ」と言われたことがありました。ショックでした。一二〇点とれるかもしれない子が、わざと八〇点の答案を書くんですから。教科書をちゃんと覚えて八〇点をとることの大事さはもちろんあるんですが、文学のような、正解が一つではないジャンルでは、点数なんか気にしないで思い切りやったほうがいい結果が出ることもある。でも、「いやいや、変なこと書いて怒られたくないっす」と言われてしまう。

小島 自分の限界を試したいという覇気がない一方で、アカデミックなレポートを書くときに「傷つきたくない」という私《わたくし》の感情を優先するというのは、矛盾しているように感じます。私を爆発させるのは怖いけど、手近なところでは私を認めてほしい。それこそ承認欲求がうまく満たされずに大学に来ている気がする。

トミヤマ みんなの前で「私はすごい！」とはさすがに言わないけど、密かに自分の才能を信じていて、見出されたいという願望はあるのかもしれないですね。「先生、気づいて！　先生ならわかってくれるでしょ！」っていう。

小島 ここで先生に気に入ってもらえたら、文芸誌に作品を載せてもらえるとか、期待しているのでしょうか。

トミヤマ あー、そういう学生もいるでしょうね。私はライターもやってますけど、学生の前では「コネなんてないよ」って顔をしてますね。そうすると学生も「こいつに気に入られても、その先には何もない。自分でなんとかしよう」と思うようになるので（笑）。気を持たせてはいけないと思うんですよ。先生のコネなんかなくても、やりたいことはできるもんね、って気持ちでいてほしい。生意気なほうがいいんです。先生に気に入られたらいいことあるんじゃないかって思ってしまったせいで、師弟間のコミュニケーションが接待みたいになるの、地獄じゃないですか。でも、その地獄は、教員側が気をつければいくらでも回避できます。

小島　文芸評論家でもある渡部氏は、作家志望の学生の期待を利用しやすい立場ですね。

トミヤマ　今回の件に関するネットの反応を見ていたら、文学との絡みで語りたがる人が結構いましたけど、被害者が文学を学んでいようが、物理学を学んでいようが、そんなの関係ないです。「教育空間に性的なものを持ち込んではいけない」とシンプルに捉えてほしいですね。

小島　そんな杓子定規なことを言ったら文学なんか理解できないんじゃないか、という擁護論とか。

トミヤマ　「文学やってるなら人間の機微をわかれよ」みたいな話になっていくんですよね。でも、それって、文学作品の中で表現すればいいわけで、別に生身の人間相手じゃなくてもいいですよね。文学というベールがかかった瞬間に、「教授の口説き文句くらいかわせてなんぼだろ」となるのはおかしい。

小島　そうなると、文学という名の暴力ですね。

トミヤマ　教員と学生は、権力の面においても、文学的な能力においても差があるのに、そこを見ないふりして「教授と互角に渡り合え」と言うのは、それこそ人間の機微をわかってない、暴力的な物言いだと思いますけどね。

小島　学ぶことがかかわっているから、余計に根深いですね。

トミヤマ　そうですね。とくに「この人から学びたい」と思っている相手からのハラスメントは、それがセクハラであれパワハラであれ、本当にきついことだと思います。

浸透するオッサンOSコミュニケーション

トミヤマ　以前授業でLGBTの話をしたところ、匿名で「俺は中高男子校だったけど、ホモとかいなかったっすよ」というコメントを書いてきた学生がいたんです。「ゲイ」ではなく「ホモ」と書いてあったのもすごく気になった。翌週の授業で「自分の通っていた男子校に『ホモ』はいなかったというコメントがあったけれども、人口に占める割合を考えれば、いたと考えるほうが自然だし、いなかったのではなく、いることを知らなかっただけだと思います。ゲイの生徒に『この人は多様性を理解しそうにないな』って思われれば、当然ゲイであることを教えてなんかもらえませんよね」という話をしました。いま振り返ると、結構ムキになってしまったなと反省しているんですが、放っておくと学生間でのハラスメントに繋がりかねないと思ったし、黙っていられなかった。

小島　今の学生にも、男は女を狩ってなんぼとか、女に欲情することが男らしさの証明だと思っている男性はいるのですか。

トミヤマ　マッチョな学生は一定数いますね。まだ若いですから、高校までの環境とか、親御さんの影響もあると思います。ちゃんと勉強して、そこから抜けだしてくれるといいんですが。

先ほどの学生のコメントには、性的なからかいのニュアンスが含まれていたと思うんですが、男女関係なく、セクハラを犯しがちな人って、下ネタによって対人関係が円滑になるという幻想を抱いてますよね。私、オッサンはOSだと思ってるんです。オッサン的思考がインストールされている人は、中年男性だろうが、若い女性だろうが、オッサン。下ネタをぶっこめば一気に相手との距離が縮まると思っている。それに対して、心の中では「ふざけんな」と思っても、とっさに微笑みを返してしまう人がいる。そうするとオッサンOSの人は「受け入れてもらえた！」と勘違いしてしまう。

小島　オッサンOS、私も身に覚えがあります。放送局で生きていくためにはインストールが必要でした。自虐下ネタや貧乳ネタでウケたら、「ああ、よかった。受け入れてもらえた」と普通に思ってました。

トミヤマ　私もややオッサン寄りというか「女性ならではのきめ細やかさとか持ち合わせてないんで！」という態度をとることで居心地をよくしてしまうタイプです。もっと自然体でいたいとは思ってるんですが、ついやってしまいます……。

小島　そのOSを使ったコミュニケーションでどんどん職場の人間関係が成り立っちゃうから、いまさらアンインストールするのはむずかしいと思ってしまうんですよね。でも、もうやめないといけないですね。私自身、自戒を込めて「やめようよ」と言っています。

　男性が多い組織だと、そういう男同士の下ネタコミュニケーションがベースになりがちですが、大学では女性教員はどうやってサバイブするんですか。

トミヤマ　女の人たちを見ていると、ホモソーシャルな集団における「紅一点」として立ち回るぶりっ子お姫様タイプもいるし、オッサンOSをインストールしたサバサバ姉御タイプもいて、いろいろなんですが、いずれにせよ、まだまだホモソ対策が必要な世界なんだなとは思いますね。これは大学に限らず、どこでもそうですよね。

「女は得してるよな」圧力

小島　男性たちは、男性が多い職場で紅一点的な存在の女性は特権を得ている、ずるいと思っていますね。正規メンバーとみなされていないからなんですよ。

トミヤマ　おいしい思いをしてると思われますよね。

小島　メタで考えてほしいですよね。つまり〝特権〟を得てしまうのはなぜなのかということを考えてほしい。

トミヤマ　私が早稲田の助手になったとき、「おまえ（女）が助手になれて、あの人（男）がなれないのはおかしい」とわざわざ言いに来たのは、男の人でした。若い女が実力で助手になったなんて、絶対に信じたくなかったんじゃないですかね（笑）。

小島　私が働いていたテレビの世界も男性比率が高いので、女性アナウンサーは男性たちに「チヤホヤされたくて男たちの中に入ってきてるんだろう」と思われるんです。ホモソーシャルな男性の中にごく少数の女性が混ざると、女子であることをわきまえろという踏み絵を踏まされた上に、女はおいしい思いをしていると嫉妬される。別に男性に限らず、女性ディレクターからも同様の視線を感じることがありました。これ、セクハラ以上にしんどい気がする。

トミヤマ　しんどいですね。

小島　そういうとき、どう精神のバランスをとればいいのか。

トミヤマ　私の場合は、ライター業もやっていたので、研究の世界で何か言われても、別の世界に逃げることができたので助かりました。もし論文しか書いてなかったらどうなっていたんでしょうね。大事にされたければぶりっ子お姫様になれ、男並みに扱われたいならサバサバ女になれ、みたいな二択を出されたら、やっぱりどっちか選んで一所懸命に演じてたと思います。男性中心主義を強化しちゃってることはわかっていても、やめられない、みたいな。これ後輩の女性研究者たちには継承してほしくないなあ。

小島　私もある時期までは、女であることは得だと思っていました。でも大人になって、女が得をするように見えるという構造自体が女を貶めていることに気づき、怒りがわいてきて。そういうことは、ある程度年齢を重ねないと見えてこないことかもしれません。

男でも、女でもなく

小島　学界は少数の人々で閉じているし序列に厳しいので、ハラスメントを生みやすい環境ですよね。

トミヤマ　学生を囲い込まないタイプの先生もいますけど、そうじゃない先生に当たったら大変ですよ。耐えるしかないっていうか。でも、耐えたところでいいことなんて、何一つない。みんなの前で「君たちのことは何があっても一生かけて面倒を見ていく」とか言うくせに、就職の世話を一切しない教員とかいますからね。研究室に所属はしていても、心は野良犬。それぐらいでいいんじゃないですか。誰の手も借りずに生きていくことはさすがにできないですけど、この世界には自分と指導教員しかいない、と思い込む必要もない。野良犬になったらなったなりに世話してくれる人が現れると思いますけどね、真面目にやってさえいれば。

小島 私も会社員だった頃は、偉い人たちが来る飲み会なら行ったほうがいいのかなと思ってました。でも、それが次の仕事につながったことなんて、実際は一度もありませんでした。あれって自分が安心したいだけなんですよね。アナウンサー時代にはいろんな先輩がいましたが、えげつない手を使った人がいま大物になっているかといえば、そんなことはありません。

トミヤマ 小島さんはもともと「好きにやらせてもらいます」タイプだったと思いますけど、独立されてからますます自由闊達になられましたよね。

小島 「女子アナ」的に見た目もキャラクターもいけてなかったから野良アナみたいに生きのびた結果なんですけどね。

トミヤマ 日本では女子アナはかわいいほうがいいという傾向があるけど、小島さんはなんか「大人の女」でした。

小島 私には幸運にも、宇野淑子さんという先輩がいたんです。宇野さんもいわゆる「女子アナ」

的な人ではなかった。だから早いうちに「自分の意見は言ってもいいんだ」と思えて、辞めてからも好きにやることができたんです。もし身近に「かわいくやっていれば得をするよ」と私を説き伏せる人がいたら、適応しようとしたかもしれない。もしくは適応できずに早く会社を辞めるか、心身を壊していたかもしれない。本当にそう思います。

トミヤマ いい先輩がいてよかったですね。私、TBSの宇垣美里アナウンサーが大好きなんですよ。自分の考えをはっきりとおっしゃるし、女子アナ的な振る舞いを拒否する強さもあるので。彼女を見ていると、会社の先輩である宇野さんや小島さんの存在はでかいんじゃないかと思いますね。そういう先輩がいてこそ、後輩の発言の自由度が高まるんじゃないかなって。

小島 私も宇垣さんや小川彩佳さんががんばって非女子アナ的発言をしているのをみて応援していたのですが、小川さんは『報道ステーション』を降板してしまいました。ご本人としても不本意だったのではないかと思います。局アナが台本にない自分の意見を言うなんて、怖くて普通はできません。「むずかしい問題ですね」といった当たり障りのないことなら言えますが、それ以外のオピニオンを言ったら「生意気だ」「勘違いするな」と言われますもん。だから彼女たちのしていることは、すごく勇気のいることです。

トミヤマ 宇垣さんにはときどきラジオ番組でお会いするんですが、実際にお会いすると、ここまでしゃべれるようになるまでには、いろいろあったんだろうな、という戦いの痕が垣間見える。あれはシビれますね。

小島 いま彼女と一緒にラジオをやっている宇多丸さんから「宇垣さんはラジオで好きなことを

言い始めてから、いいところがすごく伸びてきた」と聞いてます。お会いしたことはないんですけど、いいぞーと勝手に応援してます。

トミヤマ テレビだとなかなか自由に発言できないですよね。

小島 同じことをやっても、テレビでは叩かれるけどラジオでは絶賛される。それなら女の「ガワ」(外見)なんかいらないから、おじさんの「ガワ」を私にくれ、と思ったこともありますね。でも、ラジオで「局アナを辞めてタレントになります」と宣言したら、「局アナがやってるからおもしろいのに」と言った人もいました。私は女の「ガワ」の上に会社員という「ガワ」を着てたからおもしろいと言ってもらえたのか、と。会社を辞めて八年経ち、四六歳になった今は、女の「ガワ」を着せられることもなくなって、えらい楽になりました。

トミヤマ 人になったって感じですね、男でも、女でもなく人になったと。

小島 いや、ほんとそうです。やっとですよ、人になるまでほぼ半世紀。今日はありがとうございました。学内の赤裸々なお話をお聞きしてしまいましたが。

トミヤマ いろいろとしゃべり散らかしてしまいましたが、任期付教員って中途半端すぎて世間的には滅多に可視化されない存在なので、そういう人も大学で働いてるんだってことを知るきっかけにしてもらえたらと思います。あとは、とにかくハラスメントで苦しむ学生がひとりでも減るよう、引き続き現場でがんばります。専任教員と学生の間をウロウロするのは得意ですから(笑)。

社会の変化と自分の変化を恐れない

政治学者

佐藤信

SHIN SATO

一九八八年生まれ。日本政治外交史を中心に、政治学を研究。博士(学術)。東京大学先端科学技術研究センターの助教を務める傍ら、青山学院大学でも教鞭をとる。内政や外交のみならず、ソフトな政治への注目から、空間や婚活についての研究を進めている。著書に『鈴木茂三郎 1893-1970——統一日本社会党初代委員長の生涯』(藤原書店)、『60年代のリアル』(ミネルヴァ書房)、『政権交代を超えて——政治改革の20年』(御厨貴、牧原出との共編著、岩波書店)などがある。

政治は身近なものか

小島 佐藤さんは政治学者ですが、最近、ハラスメントについて書いていらっしゃるのはなぜですか？

佐藤 『ジャーナリズム』（朝日新聞出版）で「政要事情」という政治時評を連載していたとき、その二〇一八年二月号で＃ＭｅＴｏｏを扱ったのがはじめてです。セクハラだけでなく、あらゆるハラスメントが、社会の中で抜きがたい問題になっているとき、いかにハラスメントをめぐって、知らないうちに社会が分断されているかを書いたんですが、社会の中の対立を扱う政治学は、こうした分断を決して無視できないと思ったんです。

小島 二〇一七年にアメリカの＃ＭｅＴｏｏ運動からはじまって、日本では伊藤詩織さんなどが性暴力被害について声をあげました。二〇一八年四月には福田淳一元財務事務次官のセクハラ事件が起き、五月には日大アメフト部の悪質タックル問題。他にも、荻上チキさんたちがブラック校則の問題を取りあげたり、スポーツ界のパワハラが告発されたり、これまではニュースにならなかったことが、問題視され始めています。

アメリカのフェミニスト、キャロル・ハニッシュの「個人的なことは政治的なこと」という言葉が有名ですが、生きていれば政治と無縁ではいられないはず。でも政治を語ると「意識が高い」とか「偏っている」と言われることも。

佐藤 確かに「政治」と聞くと、たとえば外交や財政とか、大きくてむずかしいものを想像しがちです。でも、たとえばいま国は少子化対策の一環として婚活や三世代同居を推進したりしています。また各自治体は待機児童からヘイトスピーチ規制まで、私たちの生活環境を大きく規定しています。実は外交や財政も含めて、政治行政って私たちの生活とつながってるんですよね。

身近なこととはどんなことか

佐藤 それから、いわゆる政治が私たちとつながっている別の側面は、福田元次官のセクハラ問題に象徴されるものです。この事件が起こったとき、「公務員なのに、エリート中のエリートなのに、このような発言をするのはおかしい」と、多くの人が批判をしました。

でも、セクハラって官僚の世界だから起こったことじゃないですよね。官僚たちも私たちと同じ人間なので、時代からの影響は受けるし、家族もいる。生活している環境は地続きだから、官僚や政治家のそういった問題も、私たちの生き方や働き方と関わっているというふうに考えないといけないと思うんです。

周囲の官僚やメディアの人たちの話を聞くと「福田さんはもともとああいう人だから」っ

て言うんです。女性記者と二人きりの場だけじゃなくて、男性たちがいる場所でもセクハラ発言をする人だった。だからある意味でこわくないと、言うんです。で、それとは別に福田さんの能力や懐の広さを評価したりする。

　こういった感覚って、財務省だからあるわけじゃなくて、普通に生きる私たちの社会にも実際にある。社会のいたるところにある。だから、福田元次官のセクハラ問題は、そもそも私たちの社会の縮図、氷山の一角に過ぎない。財務省のトップだったから非常に叩かれたけど、私たちの身近な社会だったらどうだったんだろう、そういうふうに考えなきゃいけないと思うんですよ。

小島　官僚や政治家を自分とは違う特権階級だと考えると、彼らの不祥事はあくまでも「エリートの腐敗」で、自分とは関係ないと思ってしまうんですね。

佐藤　政治家や官僚もその国の文化や規範をいくばくか反映するわけです。だから、その意味でも私たちの生活態度は確かに政治ともつながっているんです。

　切り離したいって気持ちはわかるんですよ。「この人はハラスメントをしている人、自分は違う」というかたちで線を引きたいという発想が常に、人の心の中にはあるんだと思うんです。でもね、「あいつはセクハラ的だよな」とか、「あれはパワハラだよ」とかと周りの人に言っているオッサン自身が、「おまえもなー」とツッコミたくなるような人だってこと、比較的よくある。自分の感覚が古いと疑ってすらいないから、他人を嗤える。切り離してしまうと、対岸の火事になってしまって、自分はどうなんだろうっていうところに、なかなかつながらない。そうすると、社会は変わっていかない。福田元次官に対する批判は、その典型例じゃないかと思うんです。

時代に淘汰されていく

小島 それは大事ですよね。ハラスメントなんて特に、無意識のうちに自分も加担していることや傍観していることがあるだろうし。私もいろいろ考えるうちにある日気がついたんですよね。ああ自分は被害者だとばかり思っていたけど、加害者や傍観者でもあったんだなって。だから反省を込めて「もうやめよう」って言うようにしてます。

佐藤 ハラスメントに関していうと、個人個人を変えていくって実はとてもむずかしいことだと思うんですね。そこでは社会の認識がどう変わっていくか、「ハラスメントをするってどうなの？」という雰囲気を醸成していくことができるかが焦点だと思います。つまり個人を変えるんじゃなく、社会全体がどう変わっていくか。

小島 『WEBRONZA』の「ハラスメント・レス社会は可能か？」というコラムの中で、佐藤さんは社会が変わっていくにあたっては「教育」と「淘汰」という二つの考え方があると論じています。

佐藤 はい、東大の前田健太郎先生の整理を前提として、既存の組織に従来のハラスメント・フルな構造を改めてもらう「教育」と、既存の組織が変わらないときハラスメント・レスな

小島 組織が既存の組織を圧倒する「淘汰」とを区別しました。

佐藤さんは、ハラスメントに鈍感な組織や個人を「教育」によって変えるより、「淘汰」していくほうが早いと考えているのですね。

佐藤 はい。前田先生は社会の少子高齢化局面では既存の組織が相対的に強く、新しい組織が弱いので、「教育」の可能性が高いというような見立てなんですが、僕は自分の周囲で、ハラスメント・フルな組織がいかに変わらないか、逆にハラスメント・レスな組織がどれだけ元気か見ていて、「淘汰」のほうに可能性を見ています。

小島 組織を教育するのは大変かもしれないですね。感度ゼロの職場だと厳しいかも。

佐藤 たとえば、極めて男性が上位で、同じ職位で入っているはずなのに女性が必ずお茶くみをすることになっていたり、コピーをとるようになっていたり、そういうマインドの会社っていまでもたくさんありますよね。他方で、ＩＴベンチャーなどの中には、男女の差などまったくなくて、外国人の採用もどんどん進めていくし、労働環境も極めてよいみたいな職場があったりする。いまの若い人たちの間では、後者の職場が人気を集めて、驚くほど優秀な人たちが集まっている現状がある。

小島 ああ、なるほど。いわゆる昭和レガシー的な組織は、優秀な人材から選ばれなくなるということですね。で、淘汰されると。若い世代は、選ぶ基準が親世代とは違うしね。

佐藤 東大法学部みたいなエリート集団でもそうです。かつては官庁、中でも大蔵省・財務省に行くのが人気だったのが、いまでは日銀とかの人気も高いんです。

小島　なぜ日銀？

佐藤　官僚はいやになるほど働きづめの生活を強いられるし、国民からたたかれるし、それに比べて日銀の方がワーク・ライフ・バランスもよいっていう感覚があるみたい。そしてまた、かつては大蔵省・財務省にいったん入ったら辞めないのが普通だったんですけど、最近は辞めてベンチャーに加わったりする人たちがかなりいる。その理由は、社会貢献をするのなら別の方法が有効だと考えるのと、それからやはり働き方の問題です。女性だけじゃなくて男性にも、自分はワーク・ライフ・バランスを考えて、もっと家庭にコミットしながら働きたいという人たちがたくさん出てきた。

小島　確かに、そういう人はソーシャルセクターにも多いです。官僚の副業も解禁されたので、それをきっかけに、脱霞が関を志向する人はもっと増えるかもしれませんね。

佐藤　そういう人たちは古い企業じゃなくて新しい価値観を持っている企業に行く。そうして、ハラスメントが少なく、働き方も自由な組織は、人気が出て、優秀な人が集まり、成長していく。古い価値観の企業は相対的に人気を落として、優秀な人材を集めるのに苦労することになる。それが「淘汰」です。

小島　当然の流れですね。で、古い体質のままの組織は絶滅しちゃうのかしら。

佐藤　「淘汰」はそうした既存の企業を完全に駆逐しちゃうってことじゃありません。そこまで追い詰められれば変わるんです。いままでの職場環境や働き方を見直さなければならない。たとえば会社の面接の雰囲気なども気にかけないといけない。就活生たちは、この企業は、女性や若い人のことをどういうふうに見てるんだろう、飲み会などでどういうふうに振る舞うんだろうって、みんな見てますから。いまは企業を例に挙げましたが、官庁でも学校でも同じことが言える。

小島 淘汰されまいとすると、体質を変えざるを得ないですもんね。いままではセクハラ的な振る舞いが許されていた職場でも、そうはいかなくなる。実際、エリート中のエリートである財務省のトップが、セクハラで失脚したんだし。セクハラに無頓着な態度は、組織にとっても個人にとってもリスク要因になりましたよね。

完全に淘汰してもいいのか

佐藤 もっとも、どれだけ大きいリスクと見積もられるか、あまり期待できません。今回、エリート官僚、しかも責められている財務省の事務方トップだったからようやく問題になった。メディアに持ち込んでも取り上げてもらえない中小企業のワンマン社長のセクハラなど、想像してみてください。現実の社会全体ですぐに大きな変化が生じるとは考えにくい。

小島 まあ一斉に瞬時に変わるのは無理でしょうけど、少なくとも後退することはないのでは。

佐藤 外側は確かに変わるかもしれない。けれど、培った規範ってなかなか変わらないでしょう。たとえば、年配の人たちと男性ばかりで飲みに行くと、「ここは男性ばかりの場だから言えることだけど」という前ふりで本音が漏らされたり、よくします。

小島　どういうことですか。

佐藤　オモテとウラの乖離が激しくなっているということです。男性ばかりの場で女性蔑視発言が出ていればそれはそれで問題なんですけど、もう一つ問題だと思っているのは、そこで実は女性蔑視なんてないことのほうが多いことなんです。じゃあ、女性抜きで何を話すのかといえば、たとえば性的な話題です。別に女性を前にするから性的な話をしちゃいけないわけじゃない。けれど、性的なことを話すとセクハラになるかもしれないっていう、過度な防御が働いてる。本当は議論すべきことを過剰防御して、新しい価値観の人が遠ざけられる。若い人や女性や性的マイノリティが大事な話、機微のある話から排除される。

小島　ああ、なるほど。私は話題の設定よりもどのような「態度」でそれを語るかを重視するので、性的な話をするだけでは怒らないですけど、中には性的な話を聞くこと自体に嫌悪感がある人もいるから判断はむずかしいですね。ただ、つまりはそういうことをいちいち考えるのがめんどくさいから「怒られそうなことは男だけで話そう」となることに問題があると佐藤さんは感じているわけですね。それもわかります。男性が全員同じ価値観でもないしね。

佐藤　性的な話自体を嫌う人は、女性だけじゃなくて男性にもいるわけですよ。それに配慮するのはエチケットでしょう。その配慮がなされているなら、同性間でも、異性間でも、同じように話していいじゃないかというのが、僕の感覚です。

小島　そうですね。「どんな配慮があればこの話はありなのか」を考えるのがめんどくさいという態度は、性教育に否定的な人にも見られるかも。そもそもわい談と性について教えることの区別がついてないことが問題なんだけど。まあそれはともかく、佐藤さんは、「ここは男性ばかりだから言えるけど」のときにはどうしているのですか？

佐藤 おとなしく聞いています。もう呼ばれたくないなっていうときは、口を挟むこともありますけど。そうするとほぼ、次からお声がかからないですね。別に既存の価値観を否定するつもりはないんですよ。ただ、それだけを前提として成立する場は、やっぱり窮屈なんです。

小島 この前、あるパーティーに少し遅れて行ったら、一人の熟年男性がセクハラトークを連発していたんです。で、私の目の前にいた若い男性に「おまえ、彼女いないのか。童貞か。俺が紹介してやるぞ」なんて言っている。その若い男性は私を見て「小島さん、助けてください」って言ったんですよ。だから「さっきから思い切り昭和に戻ったみたいなひどいトークですね」と嫌味を言っておやじを黙らせようとしたんですけど、当然そんな婉曲表現が通じるはずもなく。でも初対面の酔っ払いにさすがに「今のはセクハラです。やめなさい」と説教もできなくて。

佐藤 今の話はまさしく「淘汰」の話だと思います。だって、その年配の人を変えられるって思わないでしょう。

小島 そうですね。早くこの手の人がいなくなればいいなあと願いましたよ。つまりは胸の中で「まじで消えろ」と小さく呪ってしまったんですけど。で、周囲の人に対しては、いくら酔っ払いでも今時こういうトークはありえないよっていうメッセージは出したつもりです。その点は「教育」になるのかな?

佐藤 現場では「淘汰」と「教育」とハイブリッドでやるしかない。僕も理解してもらえそうな人には言ったりします。ただ、そういう機会は滅多にない。その飲み会にいた若い男性だって、職場での繋累もありますから、次の機会に小島さんと同じことが言えるわけじゃないと思います。

そうしていると分断は深まるばかり。既存の組織がすぐに「教育」されるなんてとても思えないです。結局「淘汰」に行き着くしかないんじゃないかと思っています。

小島 組織全体の教育は無理でも、個人レベルでの自発的な学習、気づきには期待したいですね。

佐藤 もう一度、福田元次官のセクハラ問題に戻ると、福田さんのセクハラ発言が有名だったんだとしたら、若い女性記者を差し向けたテレビ局の側も、やっぱりハラスメント・フルの片棒を担いでるわけですよ。

小島 知ってて若い女性を差し向けるわけですからね。しかし、そうであったとしても、記者にセクハラをしていい理由にはならないです。

佐藤 もちろん。ですが、ハラスメントの原因は、その個人だけじゃなくて、それを許容してる社会にもあります。そもそもセクハラ発言を許している場があるということ。それを記者の上司たちも含めて、外側でも認容しているということ。それ全体に問題があるんだと思います。だから問題のある個人を狙うんじゃなく、社会全体が変わっていく必要があるんです。

多様化する幸福観

小島　いきなりですけど、佐藤さんは、どんな環境で育ったんですか？

佐藤　僕は生まれは奈良の端っこで、育ちは横浜の果ての新興住宅地です。経済的に多少余裕がある家庭が多かったんじゃないかな。新興住宅地だったからか公立中学校が遠くて、僕が通っていた小学校では、七割くらいが中高一貫の私立に行ったんじゃないかと思うんです。神奈川の中高一貫の私立って、たいてい男女別なんですよ。だから、僕もそこから六年間、美しい女子校生を横目で見ながら、丘の上の男子校に通ってました。

　小島さんも女子校ですよね？

小島　そうですよ。いわゆる伝統校と言われる私立の一貫校です。東京郊外の多摩丘陵を切り開いた新興住宅地から都心まではるばる通ってました。八〇年代当時は、まだ中学受験する子は少数派だったけど。

佐藤　女性たちの進路ということでいうと、僕の周囲では、敬虔なキリスト教の学校に通う女の子たちでも、将来は専業主婦って思ってた人は少なかったような気がします。進学校に行った女の子たちは特にそうでしたね。いまでも医者とか研究者とか、バリバリやってたりする。住んでた地域は親世代はサラリーマン＋専業主婦家庭が多かったんですけど、不思議ですね。

小島　私の周囲も母親は専業主婦ばかりで、まだ、卒業して数年働いたら寿退社的な価値観が生きてました。でも、私の同級生で、実際は仕事を続けている人も結構いる。私が一〇代だった八〇年代終わりから九〇年代頭にかけては〝キャリアウーマン〟がかっこいいぞという空気もあり、そちらを目指す子も少しずつ出てきた時期かも。

佐藤 八〇年代後半は「非婚」を謳った本が流行った時期ですもんね。八八年生まれの僕らの時期ということでいうと、小学校に入る前にバブルがはじけてる。だから親も、不況だから女の子も働かなければっていうのが無意識のうちにあったのかも。自分たちの意識もそうでした。上の世代は就職氷河期だったし、自分たちも就職は厳しかったし、いまの学生たちと比べると、生きるために働くっていう感覚がずっと強かった気がする。

小島 なるほどー。私はバブル期に中高生でした。九歳年上の姉はまさに母の希望通りに女子大に入り、インカレサークルで一流国立大生の恋人を作って、そのまま大手企業勤務の夫を支える専業主婦になったんですよ。それを一五歳で見てしまって、こんな順風満帆な人生、自分には歩めるのか？　と不安でたまらなくなり、中三にして早くも婚活を意識し始めた。

佐藤 お、僕も高三くらいで婚活考え始めたけど、僕より早いですね（笑）。

小島 でもって、そういうハイスペックな男を奪い合う恋の野戦場で勝ち残る自信がなくて、経済的な自立を目指したんです。そしたら相手の年収肩書き関係なく、好きになった男と番《つが》えるし。大学に入った一九九一年の頃はまだバブルがはじけた実感はなかったけど、もう男頼みの人生って時代じゃないよな、という気はしていました。

佐藤 僕らの世代って、人生の選択をする時期にロールモデルが身近になかったんですよね。バブルの中で自由に翔んでる女性のイメージもないし、自分の母親のような専業主婦というステータスも得難い。親世代だと、専業主婦をやっていて正規に再就職できずにパートに出るみたいな例もよく聞いたりしましたから。それで、どこに向かえばいいかわからなくて、みんな何らかの能力証明がほしいと思って、資格取得が流行ったりもしました。

小島 今は女性も働かないと生きていけないという意識があるけど、私が学生の頃はまだ生きるための職業ではなく、女としてのスペックをあげるためのオプション、という感覚で将来を考えていました。「女は働かなくても生きていけるけど、あえて男性と対等に働き続ける自分でいたい」と。そこは佐藤さんの周囲とは違いますね。

佐藤 ただ、実際には職場でも「対等」でないことが多かったし、結婚すれば共働きでも家事や子育ては女性側の負担が圧倒的に多かったわけじゃないですか。そういう状況を身近や報道で見ていたから、働くことをそんなにポジティブに捉えることができなかった世代な気がします。

小島 私はまだ、両立は大変だという情報すら身近でなかったんですよ。だから踏み出せたのかもしれないですね。佐藤さんとは一六年の差があるけど、ちょうど私ぐらいの世代が働き始めてすぐに、ガラガラと「ずっと聞かされていた幸せ神話」が崩れて、潰れるはずのない企業が潰れ、日本は長い不況へと突入しました。そういう端境期に大人になった自分たちを私は勝手に「空手形世代」「ハシゴ外され世代」と呼んでいるんですけど。信じていた幸せのモデルがなくなっちゃった。話が違うよ！　という感覚で、でもその分、前例にとらわれず自由に生きることもできた気がする。

佐藤　その意味では、僕らは初めから幸せモデルがなかった世代かも。その中で生きてくために、女性側は先に変化した。

ただ、男性側の価値観の変化は遅かった気がする。いまの若い人は少し違うんですけど、僕くらいの世代だと、まだ男性側には専業主婦を求める人は多かった。僕は東大に入ったんですけど、東大でもそうでした。

小島　妻を養うのが男の甲斐性、という価値観がまだあったんですか？

佐藤　「甲斐性」なんて古めかしいことはなくて、むしろ家庭を万全にサポートしてもらって、自分は職場でバリバリやりたいっていう感覚なのかな。

女性側も、稀少だから諦めてるだけで、専業主婦が理想だっていう人はいるので、将来がある男性は魅力あるんですよね。東大のテニサー（テニス・サークル）とか、聞くところによれば慶應医学部のサークルとか、その大学の男子学生と女子大の学生のインカレが多いんですが、そこでは女性が集まりすぎて「セレク」（セレクション）っていって入る人を選んだりするんですよ。セレクは男性側にもあるんですけどね。

小島　まあ、稼ぎのいい配偶者と結婚して働かずに暮らすのが幸せという価値観もありますよね。配偶者探しのためにサークルに入るのも現実的な戦略だし。

佐藤　ただ、一人の稼ぎ手で豊かな生活を実現できる男性は多くないし、男性側の感覚も変化してきていて、最新の二〇一五年の調査では結婚相手の条件として経済力を「重視・考慮」

する男性は四一・九%まで上昇してるんですよ。だから、速度の差はあれ、凝り固まった性別役割分業意識から離れていく全体的趨勢は変わらないと思います。

価値観は変わっていく

佐藤 新しい価値観を持つ若い人たちは古い価値観はいつか淘汰されると思っているんじゃないでしょうか。不愉快な場で黙っているのは、古い価値観を持った人たちはどうせいなくなると思っているからですよ。

小島 言ったところで損するだけ、という割り切りもありそうですね。

佐藤 基本的にはマイナスの見返りしかないですからね。そうすると古い感覚の人たちは、自分が変わる契機がないということになる。

小島 置き去りにされていくわけですね。

佐藤 そう。「淘汰」のビジョンにのっとっている限り、別にそれでもいいんです。僕自身はそれでいい。「教育」とかすごく大変だから。自分たちが影響力を増していって、そういう人たちの影響力をなるべく少なくしていくというのがストラテジーですよね。

小島 でも、彼らを淘汰するためには、同じものが次の世代で再生産されないようにしなくちゃいけないでしょう。ハラスメントに鈍感な感性は、もしかしたら自分の中にもあるかもしれないと考えないと。

佐藤 それは新旧の二分法ではなくて、時代の価値観は変わっていくっていうところが大事だと思う。男尊女卑的な考え方が体に染みついている年上の人たちは、そういう世の中で生きてきて、そういうふうにしかできなかった人たちなんです。

小島 そうでしょうね。

佐藤 昔の人たちは男が外で働いて女が家を守るというのが当然であるという価値観を持っていた。そのときはそれが普通だと思っていたわけですね。八〇年代でも、独身女性には結婚圧力が強くて、独身で居続けると「独婦連」（戦争未亡人や独身の人が互助のために作った組織）に行くしかないなんて差別的な記事があったりします。いまはそんな価値観自体がおかしいということになっている。

だから、これからも社会の価値観は変わっていくと思うんです。いま自分が新旧で分けると「新」の方にいるから、そのままで居続ける、次世代にも「新」になってもらう、そういうことじゃないと思う。次の時代にはたぶんさらに新しい価値観が出てくるはずですよ。それが、より生きやすい社会のための価値観であれば、自分が変わる準備もしておかなければならないということだと思います。

小島 子育て論でもそうなんですけど、新旧とか男女の二項対立の構図にすると分断を生むだけで不毛なんですよ。そうとしか生きられなかった人たちのどうにもならなかった気持ちとか、彼らなりに傷ついてきたものだとか、痛みとかがあるはずなんですよね。で、それに対するある種のねぎらいというか、社会の中でも、個人的な関係の中でも「赦し」が必要だと思う。

佐藤 そうですね。今日はずっと「淘汰」について話しましたけど、それは「淘汰」の方が現実的だと思っているからで、可能なら「教育」が望ましいですよ。既存の組織にもハラスメント・レスになってほしい。

その変化において最も重要なのは、変わるモチベーションだと思っているんです。古い価値観の人たちの変化を褒め、赦し、受け入れるんでなければ変化するインセンティブがないですから。

学問の世界でも、ほかのいろんなところでもそうだと思いますけど、今の日本社会ではどうしても首尾一貫していることが称揚されるじゃないですか。昔言ったことと変わらないとか、前言ったことそのまま履行しているとか。それが評価される社会ですよね。逆に、意見が変化すると、変節とか軽薄とか、批判される。でも、変わることが受け入れられる社会になってほしいと思います。

小島 私は変節することを自分に赦したら、とても楽になりました。かつてはラジオで自虐下ネタみたいなことを言ってましたけど、もうそんなのは要らないんじゃないかって、気がついた。下ネタも言える自由な女です、っていう構え自体がもう不要だよな、と。で、その頃の自分を否定するのではなくて、それはそれで認めて、でも今は露悪的にならないようにしよう、と思っています。ただときには、怒ることもあってもいいよねと。一方で、怒ることが目的化した運動にも違和感があって。#MeTooが時として反男性運動のようになるのは、これまた不毛だなと。

違う価値観を認めるということ

佐藤 なんか「解脱」みたいな話ですね（笑）。

小島さんの、その頃の自分を否定しない、っていうのは共感できるなぁ。若い人たちで地位がない人たちは、男尊女卑的な場に身を置かなきゃならなかったり、自虐的にセクハラネタを言わなきゃいけない場面ってあると思うんです。そんなとき、彼女／彼らに怒れと求める言説は無責任だし、現実性を感じない。

将来はこうあるべきなんだから、こうしなきゃいけないと、理想から演繹的に語るのはかえって簡単なんですよ。我々が書いたり、発言したりする中で、若い人たちもこうしてくださいというのは、すごく簡単。その理想が、仮に将来的には若い人たちのためになるとしても、若い人たちにそのために闘えとは、私は言えない。

たとえば東大のインカレサークルに参加する女子大の学生たち、その中には専業主婦になって、東大生のエリートを支えるのが望ましい人生だと思っている人たちもいると思います。そういった価値観自体を否定するべきじゃないと思う。いろんな価値観を持っている人がいて、それぞれの多様な価値観をちゃんと追求できる社会であるべきで、新しい価値観も古い価値観も押し付けるべきではない。

小島 闘えとは言わなくてもいいけど、違う視点もあるよ、と言ってあげるのは親切では？

佐藤 その通りです。いろんな価値観があっていいし、とりわけ若いときに、古い価値観と折り合いをつけなきゃいけないときもある。自分の中に古い価値観が根付いてるときだってありますから。そこで第三者は「これが現在の、ないし未来の価値観だ、貫き通せ」というのではなく、知識は与えた上で、彼／彼女たちの自由な選択を待てばいい。夫婦のかたちでいえば、共働きもある、女性の専業主婦もある、男性の専業主夫もある、自由で多様な生き方があっていいというふうに変わっていってほしいと思います。

すでに多様な社会

佐藤 そんなわけで、私にとっては多様性のほうが大事なんですね。ハラスメント・レス社会への変化を求めているのは、あくまで自分やその周囲にとって新しい価値観のほうが圧倒的に生きやすく、長い目で見たらそう変化すると思っているから。そして上の世代の方々も、実はいざ変わってみればそちらのほうが楽になると思っているから。その変化がノロノロしていると、過渡期における軋轢とか社会の損害が多すぎるからもったいないというだけです。

小島 多様な社会って、意見の違う人が多い社会ってことですから、みんななかよしになりましょうってことじゃないと思うんですよね。意見が違う人同士がお互い嫌な思いをしないで共存できるための仕組みが大事なんじゃないかと思うんです。そもそも日本って同じ色の髪や目をした人がいて、同じ言語を喋っているから多様性がないって思いがちですけど、半径二メートルでも十分多様ですよね。私よく講演でもその話をするんですけど、多様性っていうと「外から異物が入ってくる」って思いがちだけど、目の前の差異に気づくようになるってことだと思います。そのためには社会の仕組みの変化も必要ですが、見方を変えるって、個人でもできることです。

オーストラリアに住むようになったら、移民の国ですから、多様であることは価値があるという前提で社会が成り立っています。でもそれは、語り続けることで多様なもののありようを肯定するという不断の努力が必要で、いかに見た目や人種が様々であっても「正しさは一つしかない」と言い始めたらあっという間に、多様性なんて認めないという社会になるでしょう。

佐藤 そうですね。多様性を認めるということの肝は、ただ自分たちの生きる社会の実相をそのまま受け入れることで、どれだけ生きやすくするかということだと思う。

そんなとき、ただ自分の欲求に従って、新しい価値観の人たちで集まったり、違う意見も自由に議論できる仲間とつるむ、ってだけでも十分なんだと思うんです。そして、その組織の、仲間内の社会的評価や生産性を上げていく、それは自分の身の回りの生活環境も改善するし、長い目でみれば「淘汰」によって社会を変えていくんじゃないでしょうか。

世代だけではくくれない

小島 佐藤さんは学生さんと接していますが、いまの学生は今般のハラスメントの問題をどう考えているんですか？

佐藤 不安と期待がないまぜといった感じでしょうか。実際に学生と対面していると、一方ではハラスメントのみならずジェンダーについて全体的に無知です。いまの高校教育がどうなっているか知らないけれど、多様性を理解する機会が限られているんじゃないでしょうか。LGBTQA（L「レズビアン」、G「ゲイ」、B「バイセクシャル」、T「トランスジェンダー」、Q「クィア／クエスチョニング」、A「アセクシャル」と頭文字をとって性的マイノリティの人々を表わす）の問題とか話すと、「今日の話で友人のことをよく理解できた」ってレスポンスが返ってきたりしますから。身近には現実があっても、枠組みが与えられていない。公教育でいま提供できていないなら、（価値観の押し付けではなく）知識の提供はメディアなどの使命だと思います。

他方、期待もあります。それはLGBTQAの話もそうなんですけど、身近に現実があるんですよね。理解する枠組みはなくても、自然にカムアウトできる友人がいたり、身近に自由な働き方をしている人がいたりする。社会がどういう過渡期にあるのかが理解できれば、より自分たちの生きやすい未来を選択できるのではないかと思っています。

そんなわけで、若い世代は新しい価値観の土壌は比較的豊かだけれど、価値観そのものを共有しているわけじゃない。だから、世代ではくくれないと思うんです。振る舞い方の問題だから、家庭で古い価値観のまま育ってきてる人たちもいるし、会社でもそういう会社に入ったら当然そういうふうに振る舞う人たちもいる。典型的なのは飲み会とか、風俗通いとかの文化だと思うんですけど、どういう大学の仲間とつるむか、どういう風土の職場に入るかによって、左右されているでしょう。比較的ハラスメント・レスな考え方の若い世代が年を取ると、社会全体がハラスメント・レスになる、という簡単な図式ではない。

小島 世代じゃないというのは痛感してます。私もかつては、自分の世代の男性はオヤジ世代とは違うだろうと無邪気に期待したんですが、年齢じゃなくて文化ですよね、その人の。職場で学習することもあるし。

佐藤 だから、「淘汰」は、必ずしも古い世代と若い世代の対決というイメージじゃないんです。古い世代の中にも、もちろんハラスメントから自由な人たちも当然たくさんいますから。より自由な働き方や考え方を持った人たちが、職場や地域でよりよいパフォーマンスを上げて、そういう人たちが支持され、増えていくことが、ちゃんとした淘汰の道筋だと思っているんですけどね。

事実と枠組みを知る

小島 佐藤さんは、学生運動していた人たちが、運動をやめた後、どのようになっていったかの研究もされていますね。

佐藤 社会変革への要求が挫折したあとにどうするかってことですね。たとえば六〇年安保闘争というのは、確かに政治的、社会的インパクトはあったんですけど、当時の学生や大衆が望んでいたような結果は得られなかった。そんなとき帰郷運動という動きがあったんです。安保闘争に参加した人たちの中には、田舎から出てきた大学生がたくさんいました。この人たちは、国会議事堂を囲んで闘ったけれど、結局、政治がすっかり変わることはなかった。国会の外でいくら声をあげても、国会の中には声が届かない。それは、自分たちの生まれ故郷である地方で自民党が圧倒的な支持を得ているからだ。そして、それを支えているのは民主主義がどんなものか、中央政界で何が起きているかも知らない、自分の親戚や近所の人々だ、と考えたわけです。そこで彼/彼女らは夏休みに地元に帰って、いままで顔を知っているからといった理由で投票していたような地元の人たちに、民主主義のしくみを説明したり、当時の選挙の要点を説いたりした。

小島 へえ。

佐藤 大きな運動にならなかったし、大きな影響があったとは言えない。でもあきらめてしまうのか、別の手段を使ってもう一回前に進もうとするのかは、やはり違うと思うんですね。

＃ＭｅＴｏｏ運動は、日本でも一定の成果はあがってると思うんですけれども、諸外国に比べると大きく動いてはいないかもしれない。でも、次に何ができるんだろうって考えることはやはり大事ではないでしょうか。そこでまた、帰郷運動みたいに、自分たちの生活に戻ってこの会社だったり、この地域だったりを変えていくっていうのは一つの考え方ですよね。

そしてまた、詩織さんのことを契機にして、刑法などの法制度をどのように見直すかと考えるのも一つの考え方です。

小島 詩織さんは元ＴＢＳのワシントン支局長の山口敬之氏を準強姦罪で訴えましたが、不起訴になりました。メディアはなぜ不起訴になったかの調査報道はしませんでした。そのことから＃ＭｅＴｏｏに対しても腰が引けてるというか、心理的な距離を感じている人は多いと思います。そういう人たちに「一緒に怒れ」と言っても広がらないのは当然でしょう。性暴力被害にあった人だけでなく、理不尽な目にあった人が「これはおかしい」と言える世の中にすることが大事なので、より多くの人がより参加しやすい形でそのメッセージを出すことが重要だと私は考えています。明るく楽しく、ハードル低く。二〇一八年に立ちあがった＃ＷｅＴｏｏＪａｐａｎというキャンペーンはその一つですね。

佐藤 今後、どうやってより多くの人を巻き込むかということについて、「教育」と「淘汰」に分けてお話しします。

まず「教育」、つまり古い価値観を持っている人たちにどうやってわかってもらえるか。

三つポイントがあると思っています。

第一は、先も話に出た通り、変わることを推奨し、許容して、変わるインセンティブを与えることです。一貫性を問うより、柔軟性を評価すること。

第二は、なるべく事実を押さえること。ハラスメントでも性犯罪でも、世間には「被害者の言ったもんがち」というイメージがあるのは確かです。これまで問題化して、社会規範を少しずつでも変える契機になったのは、やっぱり音声やビデオなどの証拠ですから、それをなるべく根拠にしていくことは大切だと思う。

第三は、言葉を正しく使うことです。私はハラスメントと性犯罪とは明確に区別して議論するべきだと思っています。強制性交や痴漢などは刑法上の犯罪や条例違反だったりするわけですね。それをたとえば、スメハラ（スメルハラスメント）とかヌーハラ（ヌードルハラスメント）とかいったようなものと一緒にしないでほしい。というか、もっというとスメハラとかヌーハラにも「ハラスメント」という言葉を使わないでほしい。ちゃんと区分して重み付けしないと、物事の重大さがちゃんと伝わらない。

小島　なんとかハラという造語の濫用で気になるのは、そもそものハラスメントという言葉の捉え方が雑なことです。単に「相手の体臭や麺をすする音が気に入らない」のと「尊厳を傷つけるような嫌がらせをされる」のとはまったく別物。そもそもハラスメントが何かを理解していないから安易に造語を作るんでしょう。その結果、セクハラやパワハラも「ああ、なんか気にくわない人が言い立ててるやつね」という軽い扱いになりかねないと懸念しています。

佐藤 「淘汰」については、新しい人たちをどう巻き込むかってことが大事です。そこには二つポイントがあると思うんです。

一つは、まさに小島さんが言われた通り、いかに楽しそうにやるか、そして明るい将来像を示せるか。たとえば、若い人の中にもLGBTとか、ましてQAとか、むずかしそうだし、めんどくさいって思う人はたくさんいる。実際にどうかは別として、自分も自分の周りも性的マジョリティばっかりに見える、考えるの馬鹿らしい。自分は結婚したら喜んで夫の姓に変えるから、選択的夫婦別姓、そんなの関係ない。ハラスメントなんて、どこからがハラスメントなのか、全然わからなくてめんどくさい、思考停止したほうが楽。こうした考え方は実に自然です。だから、変えようとするときには、そのヘッドギアを外した世界の方がよっぽど生きやすいよ、理解しやすいよ、って伝えることがとても大事ではないでしょうか。

小島 同感です。

佐藤 もう一つは情報や知識の共有。さっきLGBTQAの友人を持つ大学生の例を出しましたけど、変わりつつある社会の最先端にいる人たちって、新しい生活スタイルとか眼の前で見てるんですよね。ただ、そういった自分と身近な生活態度が実は、より大きな問題、ひいては政治とつながっているって、情報や知識を与えられないとわからない。就職したりして「これくらいはセクハラにならない」とか、「そもそもこれくらいの叱責は当たり前だ」

とか、言われているうちにそれに慣らされていく。そういう環境が社会的にどういう意味を持っているか、その枠組みを与えてあげることは肝要だと思います。今日は「新しい価値観」ってかなり曖昧にずっと話してきましたけど、そのすべてがすべて正しいか、将来実現するべきかどうかはわからない。でも、どういう立場を採るにせよ事実と枠組みを理解することは必須です。

メディアの役割

小島 情報や知識の共有のために、メディアの果たす役割は大きいですよね。ただ、メディアの課題として、特にテレビがそうですけど、みんなが見たいものを見せるのが親切だっていう思い込みがある。思い込みを強化する側に回るんですよ。

佐藤 そうですね。ただ、人は必ずしも自分の思い込みを強めるものだけが見たいとも限らないでしょう。

小島 驚きたいという気持ちもありますね。

佐藤 ハラスメントの報道も、森友問題も、誰にとっても不愉快な事実だけど、みんな知りたい。社会に実際に存在する多様性を伝えるニュースはそれなりに需要はある。

それを止めているのは、制作者側がむずかしい話題だなとか、みんな扱ってないなとか、そういうことを考えているからじゃないでしょうか。

いまの地上波は、インターネットメディアが先鋭的な報道をするから、むしろ放送法の政治的中立性を根拠に「事なかれ」であることを旨味としている側面があるように感じます。そういう側面もあっていいんですが、政治的中立性とは別に、体力のある大手テレビ局だからできる深掘りとか、解説とか、ドキュメンタリーとか、もっとやってほしい。

小島 いま官僚にも副業が認められて、たとえばソーシャルセクターでの副業で視野を広げることができるようになりました。メディアの人もやるべきだと思う。特にテレビの人はなるべくテレビの現場から遠いところでNPOなどで働き、視野を広げてほしいんです。そうすると、彼らが世間だと思っているものと全然違う世界が体験できると思う。

佐藤 メディアもいずれ「淘汰」はあるんじゃないでしょうか。若い人はテレビあんまり見ないし、地上波自体「淘汰」されるかもしれない段階になれば、放送内容も働き方も変わってくる。僕自身はここしばらくアベマTVの『けやきヒルズ』という番組に関わらせていただいているんですけど、核問題とか移民問題とか、こちらから特集を持ち込ませてもらったりしていてすごくいいんです。これは僕みたいな人間がむずかしそうな話題を噛み砕いて持っていくのと、若くてオープンな心性のスタッフの挑戦の気概に支えられているからできるんだと思います。

小島 インターネットテレビは比較的新しいことをやろうという気概がある人が集まっていますね。ただ一方で、収益をあげるシステムがちゃんとできるまでは、とりあえずビューワーの数を稼ぐことが大事だからといって、ひどい番組もいっぱいやっている。あれはどうにかならないかと思います。

佐藤 確かに差別やセクハラまがいのことがまかり通っているものもありますよね。そしてそういう番組は、地上波だとできない過激さを売りにしていたりもする。

でもそれは日本だけが抱えてる問題じゃない。海外でも、たとえばアメリカのインターネットテレビでトランプ大統領を揶揄して人格攻撃してる番組はとても多い。トランプ大統領がひどいから、それに対抗して何をやってもいいというような風潮がある。いわゆる「リベラル」という側もそうなっている。見るに堪えないですよ。

小島 言い始めたらきりがないですけどね。それと、何でも「右か左か」「反政権かそうでないか」で色付けするのは本当に不毛。ジェンダーの話をすると「出たフェミ!」とかね。私は右でも左でもなく、私でしかない。他人にレッテル貼りする暇があったら、どんな世の中だったら自分はハッピーかを真面目に考えたほうがよほど建設的ですよ。

佐藤 複雑な問題について、右とか左とか、今だと安倍か反安倍かみたいな対立にどうしても落ち着けちゃうんですが、それをいかにやわらかくして、自分たちの生活のレベルに落として考えていけるかというのが本質的で、それを担うのがメディアの役割だと思うんですけどね、本当はね。

小島 そうですね。

佐藤 政治報道だけじゃなくて、バラエティでもそうです。社会の変化する実相をちゃんと前提とした笑いや娯楽を提供できるか。いまの日本のメディア、とりわけテレビがそれを担えているとは思えないけれど、でも、明らかに変わってきているという印象はあって、たとえば典型はお笑い芸人・渡辺直美さん。

小島　インスタグラムで大人気です。

佐藤　はじめは太っていることをイジったり、イジられたりという、既存の価値観のお笑いの枠で捉えられていたんだと思うんですけど、いまもう全然違いますよね。「インスタ女王」としてフォロワーは八〇〇万人近い。デブキャラなんか抜きで、彼女の生活スタイルやファッションを楽しみにしている若い人たちがいっぱいいる。

そしてまた、彼女はお母さんが台湾の人なわけですけど、そういう出自も隠すことはない。ちなみに現時点での日本国内のインスタのフォロワー数の二位は水原希子さん、三位はローラさんだそうですけど、お二人とも国際的な出自で、親御さんが韓国とかバングラディシュとかだったり。いまの若い人たち、そしてまた若い人たちに向き合っているタレントたちは、もう違う時代を生きてるのかもしれない。

社会は時々刻々と変化しているので、メディアもそうですし、私たち自身もそうですけど、あらゆるところで、毎回自分たちの価値観や態度について、点検し、反省し続けながら進んでいかなきゃいけない。その先にちょっとでも生きやすい世の中が実現すればいいなと思います。

おわりに

二〇一八年はハラスメントや性差別について、日本の人々の意識が変わった年でした。四月には財務事務次官の女性記者に対するセクハラが告発され、次官は辞任。女性記者はネットなどで攻撃されました。これに対してメディアで働く女性たちが連帯して声をあげ、＃ＭｅＴｏｏの動きなども大手メディアで取りあげられるようになりました。セクハラは「仕方のないもの」ではないという認識が次第に広まり、人々の関心も高まって、これまでならニュースにならなかったような案件が次々と明るみに出るようになったのです。

セクハラだけにとどまりません。部活や仕事では当たり前の精神論や年功序列は、パワハラの温床となってきました。五月に報じられた日大アメフト部の悪質タックル問題や、その後次々と明らかになったスポーツ界でのパワハラの問題は、日本社会が体質改善をしようとしていることの表れでもあります。

学校の運動会での巨大人間ピラミッドなどは子どもの安全を無視しているとしてかねて一部の識者から問題視されてきましたが、そうした声もより多くの人の共感を呼ぶようになりました。

また、七月には早稲田大学で男性教授による深刻なセクハラ・アカハラ事件が発覚。キャンパスでも力の差を利用して弱い立場の学生に対するハラスメントが行われていたことが大きく報じられました。

さらに八月には東京医大が入試で点数操作を行って女性などを排除していたことが判明。同様の操作は他の医大でも行われていたことが次々と明らかになりました。女性は医師になってもやめてしまうことが多いという理由で長年にわたって性差別が黙認されてきたのです。合わせて、医師たちが心身の限界まで追い詰められた状態で働いていることもわかりました。そのような非人間的な働き方を強いられている状況を改善するのではなく、そこに適応できない人材は排除するという措置によってその状況が温存されてきました。

このように、理不尽な慣習や、非人間的な働かされ方や差別に対してNOと言うことが当たり前になってきたのは、大きな変化です。ハラスメントとは、人の尊厳をないがしろにする行為。差別や暴力と密接に繋がっています。様々な種類のハラスメントが、これまでは学ぶことや働くことにはつきものだとみなされてきました。どんな酷いことにも適応するべきなのだと。でもそれが「あってはならないこと」という認識に変わったのですね。

二〇一九年の年明け早々には、週刊誌の「ヤレる女子大学生ＲＡＮＫＩＮＧ」という記事に対して都内の女子大生が抗議の署名活動を立ち上げ、瞬く間に数万人分の署名が集まりました。学生たちと編集部は対話を行い、その内容が公開されました。おかしいと思ったことには声をあげ、相手を批判するだけではなく、対話を通じて合意を作り出そうという試みです。学生だけでなくその声に耳を傾けた編集部に対しても肯定的な評価がされました。

テレビでの性差別的な発言やいじめのような笑いも厳しく批判されるようになっています。時代は変わったのです。

このままでは窮屈になるのではないかと心配しないで。変化はいつも不安を伴うものですが、ハラスメントや差別や暴力の許されない社会は、より多くの人が安心して暮らせる社会です。お互いに今までの習慣を改めて「もうやめよう」を合言葉にすれば、やがてそれが当たり前になります。かつての自分から、新しい自分へ。今はその過渡期なのです。

私も過去の言動を随分と悔やむことがあります。一人一人のみなさんの話を伺って、それは私だけではないのだ、だから「もうやめよう」と言おう、という思いを強くしました。さて、あなたは何を考えましたか。この本がもしもあなたの行動を何か少しでも変えるきっかけになったのなら嬉しいです。

二〇一九年一月末

小島慶子

編著者について

小島慶子（こじま・けいこ）

一九七二年オーストラリア生まれ。エッセイスト、タレント。東京大学大学院情報学環客員研究員。九五年TBSにアナウンサーとして入社。九九年、第三六回ギャラクシー賞DJパーソナリティ部門賞を受賞。二〇一〇年TBSを退社後、エッセイや小説を執筆し、各種メディア出演や講演活動を精力的に行っている。また仕事のある日本と、家族と暮らすオーストラリアとを往復する出稼ぎ暮らし。『解縛――母の苦しみ、女の痛み』（新潮文庫）、『女たちの和平交渉』（光文社）、『これからの家族の話をしよう』（海竜社）、『るるらいらい 日豪往復出稼ぎ日記』（講談社）、小説『わたしの神様』（幻冬舎文庫）、『ホライズン』（文藝春秋）、『幸せな結婚』（新潮社）など、著書多数。

さよなら！ハラスメント

――自分と社会を変える11の知恵

二〇一九年二月二五日　初版

編著者　小島慶子

著者　桐野夏生、武田砂鉄、伊藤公雄、斉藤章佳、白河桃子、中野円佳、伊藤和子、浜田敬子、荻上チキ、トミヤマユキコ、佐藤信

発行者　株式会社晶文社

〒101-0051
東京都千代田区神田神保町1-11
電話　03-3518-4940（代表）・4942（編集）
URL http://www.shobunsha.co.jp

印刷・製本　中央精版印刷株式会社

ISBN978-4-7949-7068-8 Printed in Japan

好評発売中

日本の気配　武田砂鉄

ムカつくものにムカつくと言うのを忘れたくない。「空気」が支配する日本の病状がさらに進み、いまや誰もが「気配」を察知することで自縛・自爆する。その危うさを、政治状況、社会的事件、流行現象からあぶり出し、一億総忖度社会化に歯止めをかける評論集！

コラム　小田嶋隆

政治家たちの失言･スキャンダル、スポーツ･芸能界のゴシップ、メディアの機能不全まで、世の気になる出来事に対して常に辛辣で的確なツッコミを入れ続けるコラム界の至宝・小田嶋隆。初の自選ベスト＆ブライテストコラム集。コラムの金字塔にして永久保存版。

子どもの人権をまもるために　木村草太編

大人の「管理の都合」ばかりが優先され、「子どもだから仕方ない」で片づけられてはいないか。貧困、虐待、指導死、保育不足など、いま子どもたちに降りかかる困難から子どもをまもるべく、現場のアクティビストと憲法学者が手を結んだ緊急論考集。

民主主義を直観するために　國分功一郎

「何かおかしい」という直感から､政治へのコミットメントははじまる。パリの街で出会ったデモ、小平市都市計画道路反対の住民運動、辺野古の基地建設反対運動……哲学研究者が、政治の現場を歩き対話し考えた。一歩踏み出すための、アクチュアルな評論集。

男子劣化社会　ジンバルドー・クーロン　高月園子 訳

ゲーム中毒、引きこもり、ニート……いまや記録的な数の男たちが、社会からはじかれている。世界的な不況や、社会構造の変化、そしてネットの普及が、彼らをより窮地に追い込んでいる。彼らに何がおきているのか。先進国共通の問題に、解決策はあるのか？

声をかける　高石宏輔

ナンパは自傷。社会への復讐？　あるいは救い？　クラブで、路上で、女性たちに声をかけ続ける。人と分かりあうということはどういうことか。断絶やさびしさを、どのように抱えればいいのか。ナンパを通して辿りついたコミュニケーションの小さな萌芽。

濃霧の中の方向感覚　鷲田清一

先の見えない時代に、必要とされ信じられる知性・教養とはなにか？　それは、濃霧の中でも道を見失わずにいられる「方向感覚」のこと。社会、政治、文化、教育、震災などの領域において、臨床哲学者がみずからの方向感覚を研ぎ澄ませながら綴った思索の記録。